この問題集《もんだいしゅう》の特長《とくちょう》

「活用《かつよう》」と「定着《ていちゃく》」を追求《ついきゅう》した問題集《もんだいしゅう》!

「テストで長文《ちょうぶん》を読《よ》んでいると、知《し》らない言葉《ことば》が多《おお》くて歯《は》が立《た》たない」

「文章《ぶんしょう》を書《か》くにも、表現《ひょうげん》が浮《う》かんでこないので鉛筆《えんぴつ》が止《と》まる」

「言葉《ことば》を覚《おぼ》えるための問題集《もんだいしゅう》をあれこれ試《ため》してみるのだが、結局《けっきょく》いつも三日坊主《みっかぼうず》で終《お》わってしまう」

　こんな悩《なや》み、ありませんか?

　ひ　ば、「手《て》の施《ほどこ》しようが　った感覚《かんかく》。

　よ　。

　そ　消《しょう》してくれるのが、この

　この本《ほん》は、ただランダムに集《あつ》めた言葉《ことば》の海《うみ》に子《こ》どもを投《な》げ込《こ》み三日《みっか》で溺《おぼ》れさせるような本《ほん》とは違《ちが》います。

　載《の》っているのは**「反対語《はんたいご》」だけ**。しかも、**厳選《げんせん》100セット**(見出《みだ》し語《ご》)。それを、抽象度《ちゅうしょうど》の低《ひく》いものから高《たか》いものへと徐々《じょじょ》にレベルアップさせながら、整然《せいぜん》と並《なら》べています。

　そして、この問題集《もんだいしゅう》の最大《さいだい》の特長《とくちょう》は、**「定着《ていちゃく》」を意図《いと》した問題集《もんだいしゅう》**であるということです。各《かく》ページに配置《はいち》された「活用問題《かつようもんだい》」は、さらっと言《こと》葉《ば》に〝触《ふ》れる〟だけでは終《お》わらせない、脳《のう》に汗《あせ》をかくような問題《もんだい》ばかり。言葉《ことば》というものは、具体的《ぐたいてき》な文脈《ぶんみゃく》の中《なか》で実際《じっさい》に「活用《かつよう》」したときに初《はじ》めて、定着《ていちゃく》するのです。

感謝《かんしゃ》の声《こえ》、続々《ぞくぞく》!

　ふくしま式《しき》・国語力育成法《こくごりょくいくせいほう》、そして、そこから生《う》まれた問題集《もんだいしゅう》(8ページ参照《さんしょう》)は、家庭《かてい》ではもちろんのこと、各種《かくしゅ》の塾《じゅく》や公立《こうりつ》・私立《しりつ》の各学《かくがっ》校《こう》の授業《じゅぎょう》の場《ば》で、幅広《はばひろ》く活用《かつよう》されています。**「他《た》の問題集《もんだいしゅう》には見向《みむ》きもしなかったわが子《こ》が熱中《ねっちゅう》している(小五保護者《しょうごほごしゃ》)」「格段《かくだん》に成績《せいせき》が上《あ》がった生徒《せいと》から、問題集名《もんだいしゅうめい》を名指《なざ》しして感謝《かんしゃ》された(塾教師《じゅくきょうし》)」「学校挙《がっこうあ》げての研究授業《けんきゅうじゅぎょう》に活用《かつよう》している(校長《こうちょう》)」**。こういった声《こえ》が、日々《ひび》届《とど》きます。この本《ほん》は、そんな「ふくしま式《しき》」で初《はつ》となる「語彙本《ごいぼん》」です。著《ちょ》者渾身《しゃこんしん》の一冊《いっさつ》です。さあ、ご一緒《いっしょ》に始《はじ》めましょう!

ふくしま式《しき》「本当《ほんとう》の語《ご》彙《い》力《りょく》」が身《み》につく問題集《もんだいしゅう》[小学生版《しょうがくせいばん》]

目次・もくじ

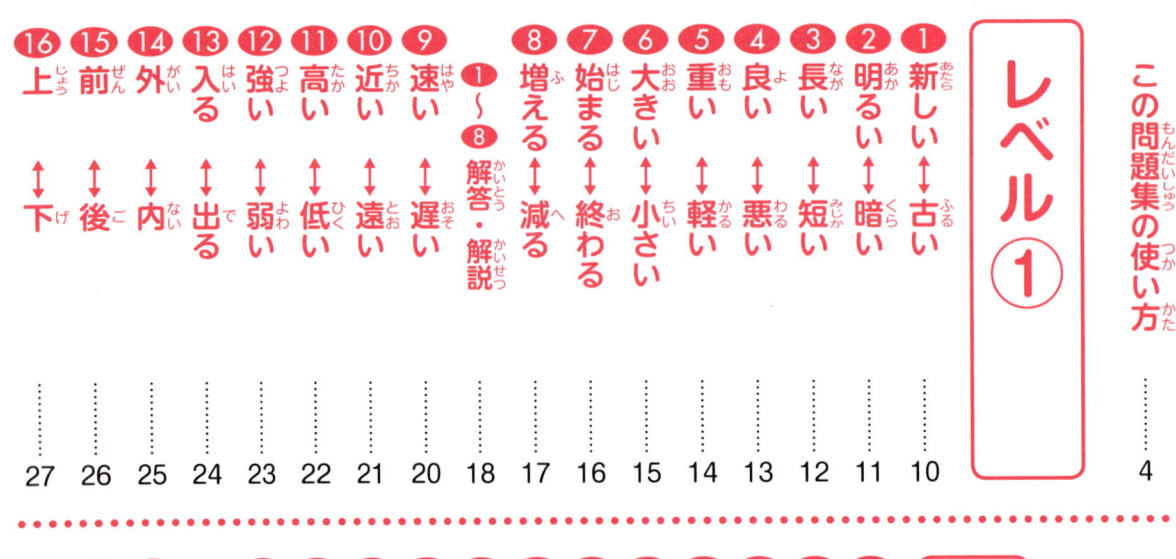

レベル④

ブックデザイン／村﨑和寿

この問題集《もんだいしゅう》の使《つか》い方《かた》

「知《し》っているだけの語彙《ごい》」から「使《つか》いこなせる語彙《ごい》」へ

「語彙力《ごいりょく》」とは、何《なん》でしょうか。

語彙《ごい》の「彙《い》」は、「集《あつ》める」という意味《いみ》を持《も》ちます。語彙《ごい》とは、簡単《かんたん》に言《い》えば、単語《たんご》の集《あつ》まりのことです。となると、語彙力《ごいりょく》とは、言葉《ことば》をどれだけ知《し》っているかという、「量《りょう》」のことでしょうか？

それは、間違《まちが》ってはいません。しかし、「量《りょう》」だけでは「力《りょく》」の説明《せつめい》がつきません。

「力《りょく》」とは、「技術等《ぎじゅつとう》を使《つか》いこなす能力《のうりょく》」を指《さ》します。

つまり、**語彙力《ごいりょく》とは、「言葉《ことば》を使《つか》いこなす能力《のうりょく》」のこと**です。それが、「本当《ほんとう》の語彙力《ごいりょく》」です。「たくさん知《し》っている」だけでは、ニセものなのです。

使《つか》いこなす能力《のうりょく》を高《たか》めるために、この本《ほん》では、**「読《よ》み・書《か》き」双方《そうほう》の活用場面《かつようばめん》**をバランスよく配置《はいち》し、かつ、**「正《ただ》しい使《つか》い方《かた》」だけでなく「間違《まちが》った使《つか》い方《かた》」も分《わ》か**るように工夫《くふう》されています。一《いち》ページ解《と》き進《すす》めるたびに、力強《ちからづよ》い手《て》ごたえを感《かん》じることができるでしょう。

「反対語《はんたいご》」こそが論理的思考《ろんりてきしこう》の地盤《じばん》となる

この本《ほん》は、無限《むげん》に広《ひろ》がる語彙《ごい》の中《なか》でも**「反対語《はんたいご》」**に焦《しょう》点《てん》を当《あ》てています。

なぜ、「反対語《はんたいご》」なのでしょうか？

答《こた》えは簡単《かんたん》です。反対語《はんたいご》（対義語《たいぎご》・対照語《たいしょうご》）の知識《ちしき》を深《ふか》めることは、「くらべる力《ちから》」（対比関係整理能力《たいひかんけいせいりのうりょく》）を高《たか》めるための必須条件《ひっすじょうけん》だからです。「くらべる力《ちから》」とは、「論理的思考力《ろんりてきしこうりょく》」を構成《こうせい》する「三《みっ》つの力《ちから》（言《い》いかえる力《ちから》・くらべる力《ちから》・たどる力《ちから》）」の中《なか》の一《ひと》つです（8ページ参照《さんしょう》）。対比関係《たいひかんけい》（二項対立《にこうたいりつ》）をとらえる能力《のうりょく》があらゆる思考《しこう》に不可欠《ふかけつ》であることを知《し》っていただくため、ここで、三《さん》人《にん》の大学教授《だいがくきょうじゅ》の言葉《ことば》を紹介《しょうかい》しておきます。

◆まず、早稲田大学教授《わせだだいがくきょうじゅ》・石原千秋氏《いしはらちあきし》（日本近代文学《にほんきんだいぶんがく》専門《せんもん》）。**「意味《いみ》の対立《たいりつ》する言葉《ことば》の組《く》み合《あ》わせを多《おお》く覚《おぼ》えて**

おくと、様々《さまざま》な物語《ものがたり》や批評《ひひょう》が理解《りかい》しやすくなる」「〈内《ない》／外《がい》〉〈心《こころ》／物《もの》〉〈都市《とし》／自然《しぜん》〉〈生《せい》／死《し》〉〈中心《ちゅうしん》／周縁《しゅうえん》〉…（中略《ちゅうりゃく》）僕《ぼく》たちはこういう二元論《にげんろん》によって世界《せかい》を分類《ぶんるい》している」「二元論《にげんろん》は僕《ぼく》たちの物《もの》の見方《みかた》を支配《しはい》している」**「入試《にゅうし》を解《と》く時《とき》には二元論《にげんろん》は絶対的《ぜったいてき》な力《ちから》を発揮《はっき》する」**

以上《いじょう》、『秘伝《ひでん》 中学入試国語読解法《ちゅうがくにゅうしこくごどっかいほう》』（新潮選書《しんちょうせんしょ》）より。

◆次《つぎ》に、東海大学教授《とうかいだいがくきょうじゅ》・芦田宏直氏《あしだひろなおし》（ドイツ哲学《てつがく》・現《げん》代思想専門《だいしそうせんもん》）。**「人間《にんげん》は二項対立《にこうたいりつ》でしかものを考《かんが》えることが出来《でき》ない」**「アリストテレスもカントもヘーゲルもハイデガーもヴィットゲンシュタインもみんな二項対立《にこうたいりつ》」

以上《いじょう》、ツイッター（@jai_an）２０１２年《ねん》２月《がつ》12日《にち》のツイートより。

◆最後《さいご》に、多摩大学教授《たまだいがくきょうじゅ》・樋口裕一氏《ひぐちゆういちし》（文章術専門《ぶんしょうじゅつせんもん》）。「何《なに》かを考《かんが》えるとき、その出来事《できごと》が、どのような二項対《にこうたい》立《りつ》のどの位置《いち》にあるかを理解《りかい》することが有効《ゆうこう》だということなのだ。それが、分析《ぶんせき》の第一《だいいち》の作業《さぎょう》だと言《い》えよう」**「ある行動《こうどう》をとるということは、二項対立《にこうたいりつ》のうちのどちらかを選択《せんたく》するということなのだ」**

以上《いじょう》、『ホンモノの思考力《しこうりょく》』（集英社新書《しゅうえいしゃしんしょ》）より。

いかがでしょうか。

反対語《はんたいご》は、成績向上策《せいせきこうじょうさく》・入試対策《にゅうしたいさく》として即効性《そっこうせい》を持《も》つのはもちろんのこと、人間《にんげん》の思考《しこう》の根底《こんてい》を支《ささ》える「地盤《じばん》」としての役割《やくわり》を持《も》っているのです。

「述語優先《じゅつごゆうせん》の発想《はっそう》」と「逆説的発想《ぎゃくせつてきはっそう》」

「亀《かめ》は遅《おそ》い。しかし、兎《うさぎ》は速《はや》い」という文章《ぶんしょう》を考《かんが》えます。「亀《かめ》は・兎《うさぎ》は」と「遅《おそ》い・速《はや》い」のうち、この文章《ぶんしょう》の主《しゅ》張《ちょう》（価値判断《かちはんだん》）を伝《つた》えているのは後者《こうしゃ》、つまり述語《じゅつご》です。

この問題集《もんだいしゅう》は、述語《じゅつご》になり得《う》る言葉《ことば》を中心《ちゅうしん》に集《あつ》めています。「亀《かめ》・兎《うさぎ》」といった具体的《ぐたいてき》な言葉《ことば》は無数《むすう》にありますが、「遅《おそ》い・速《はや》い」といった抽象的《ちゅうしょうてき》な言葉《ことば》は、ポピュラーなものをある程度《ていど》絞《しぼ》り込《こ》むことができます。

そして実《じつ》は、子《こ》どもたちが最《もっと》も苦戦《くせん》しているのも、この「抽象語《ちゅうしょうご》」です。これを使《つか》いこなせるようになったとき、初《はじ》めて、「語彙力《ごいりょく》がついた」と言《い》えるのです。

さらに、問題《もんだい》の中《なか》では、「逆説的発想《ぎゃくせつてきはっそう》」を重視《じゅうし》しました。

「亀《かめ》は遅《おそ》いが努力家《どりょくか》だ。兎《うさぎ》は速《はや》いが怠《なま》け者《もの》だ」というような、価値《かち》の逆転《ぎゃくてん》をふんだんに取《と》り入《い》れました。こうすることで、たとえば「速《はや》いことこそが良《よ》いこと」というように言葉《ことば》の意味《いみ》（価値《かち》）を偏《かたよ》って認識《にんしき》してしまう危険性《きけんせい》を逃《のが》れ、より自在《じざい》な活用力《かつようりょく》を得《え》ることができるのです。

より分《わ》かりやすい「対比《たいひ》の文《ぶん》」を書《か》くために

この問題集《もんだいしゅう》には、次《つぎ》のような対比《たいひ》の型《かた》を使《つか》った短作文《たんさくぶん》の問題《もんだい》が登場《とうじょう》します（24、26、43、48、59、73、87、95、108、120、137の各《かく》ページ）。

型《かた》1　［　］は、［A］ではなく、［B］。

型《かた》2　［　］は［A］。しかし、［　］は［B］。

この問題《もんだい》を解《と》く際《さい》には、三《みっ》つの注意点《ちゅういてん》があります。

【1】反対語《はんたいご》はなるべくAとBの位置《いち》（述語《じゅつご》の位置《いち》）に入《い》れます。これにより対比関係《たいひかんけい》が明確《めいかく》になり、分《わ》かりやすい文章《ぶんしょう》に仕上《しあ》がります（先《さき》の「述語優先《じゅつごゆうせん》」の考《かんが》え方《かた》に通《つう》じます）。A・B以外《いがい》の欄《らん》に入《い》れたほうが書《か》きやすい場合《ばあい》はそれでもかまいませんが、その都度《つど》、「述語《じゅつご》の位置《いち》に入《い》れる場合《ばあい》とどちらが読《よ》みやすいか」と考《かんが》える機会《きかい》を持《も》つことにより、反対語《はんたいご》の活用力《かつようりょく》は一段《いちだん》と高《たか》まります。

【2】できるだけ「対比《たいひ》らしい対比《たいひ》」にします。とりわけ型《かた》2の場合《ばあい》、次《つぎ》のような差《さ》が出《で》てくることがあります。「朝《あさ》」と「夜《よる》」を用《もち》いた例《れい》を見《み》てみましょう。

①「日本《にほん》はもう朝《あさ》だ。しかし、アメリカはまだ夜《よる》だ」
②「日本《にほん》はもう朝《あさ》だ。しかし、空《そら》はまだ夜《よる》のように暗《くら》い」

①は対比《たいひ》らしい対比《たいひ》ですが、②は対比《たいひ》と呼《よ》ぶにはやや無理《むり》があります。私《わたし》は、②のようなタイプ（後半《こうはん》が前半《ぜんはん》に対《たい》して「予想外《よそうがい》の展開《てんかい》」になるタイプ）を「逆接《ぎゃくせつ》」とし、「対比《たいひ》」とは区別《くべつ》しています。できるだけ①のタイプを目指《めざ》して書《か》いてください。ただし、この問題集《もんだいしゅう》では、「くらべる力《ちから》」を用《もち》いて短文《たんぶん》を書《か》くための細《こま》かなステッ

プを導入《どうにゅう》しているわけではありませんから※、②のタイプでも減点対象《げんてんたいしょう》とはしません。意味《いみ》のとおる短文《たんぶん》を、反《はん》対語《たいご》を用《もち》いて書《か》けてさえいれば、よしとします。

※そのための問題集《もんだいしゅう》については８ページ参照《さんしょう》

【３】二《ふた》つの型《かた》には「は」という文字《もじ》が書《か》かれていますが、必《かなら》ずしも「は」にこだわることはありません（解答《かいとう》例《れい》も、こだわらずに作《つく》られています）。「が」「も」「こそ」等々《とうとう》、その都度《つど》、最適《さいてき》の表現《ひょうげん》を探《さぐ》ってください。

盤石《ばんじゃく》な国語力《こくごりょく》を築《きず》き上《あ》げる

この問題集《もんだいしゅう》の対象《たいしょう》は主《おも》に小学生《しょうがくせい》ですが、中高生《ちゅうこうせい》にも大《おお》いに役立《やくだ》つ内容《ないよう》になっていることは一目瞭然《いちもくりょうぜん》でしょう。言葉《ことば》の学習《がくしゅう》において、学年《がくねん》・校種等《こうしゅとう》の枠組《わくぐ》みは本来不要《ほんらいふよう》です。その意味《いみ》で、この本《ほん》は、一度《いちど》やって終《お》わりの問題《もんだい》集《しゅう》としてではなく、**活用自在《かつようじざい》の反対語辞典《はんたいごじてん》として長《なが》い間《あいだ》ずっと手元《てもと》に置《お》き、使《つか》い続《つづ》けていただきたい**と思《おも》います。

ところで、反対語《はんたいご》というものは、絶対《ぜったい》の答《こた》えがあるものではありません。姉《あね》の反対語《はんたいご》は、「男女《だんじょ》」を軸《じく》とすれば兄《あに》、「年齢《ねんれい》の上下《じょうげ》」を軸《じく》とすれば妹《いもうと》です。何《なに》を軸《じく》（対《たい》比《ひ》の観点《かんてん》）とするかによって、反対語《はんたいご》は変化《へんか》します。極《きょく》端《たん》な話《はなし》、軸《じく》は無限《むげん》にあります。山《やま》の反対語《はんたいご》を海《うみ》、川《かわ》、平《へい》野《や》、ビル、あるいは人間《にんげん》とすることができるように、反《はん》対語《たいご》は無限《むげん》に創造可能《そうぞうかのう》です（ちなみに、太宰治《だざいおさむ》『人間失《にんげんしっ》格《かく》』にも、反対語《はんたいご》を作《つく》るやりとりが登場《とうじょう》します）。この本《ほん》は、そういった可能性《かのうせい》の中《なか》から最《もっと》もポピュラーな例《れい》を取《と》り上《あ》げたものであるとお考《かんが》えください。

さて、この本《ほん》の主眼《しゅがん》は「語彙力《ごいりょく》」ですが、私《わたし》の前著等《ぜんちょとう》では、国語力《こくごりょく》とは「論理的思考力《ろんりてきしこうりょく》」である、としています。これらの関係《かんけい》は、骨《ほね》と筋肉《きんにく》によって説明《せつめい》できます。言葉《ことば》を知《し》ることは、骨《ほね》を強《つよ》くすることです。言葉《ことば》の活用《かつよう》力《りょく》（語彙力《ごいりょく》）を高《たか》めることは、骨《ほね》と骨《ほね》をつないでいる筋《きん》肉《にく》を動《うご》かす力《ちから》を高《たか》めることです。そして、論理的思考力《ろんりてきしこうりょく》は、その筋肉《きんにく》を、走《はし》る・投《な》げる・跳《と》ぶといった目的《もくてき》のために組《く》み合《あ》わせて効果的《こうかてき》に動《うご》かすための技能《ぎのう》です。

つまり、**「語彙力《ごいりょく》」は筋力《きんりょく》であり、「論理的思考力《ろんりてきしこうりょく》」は運動能力《うんどうのうりょく》である**ということです。

その「論理的思考力《ろんりてきしこうりょく》」は、三《みっ》つに分類《ぶんるい》できます。すなわち、「言《い》いかえる力《ちから》（抽象《ちゅうしょう》・具体《ぐたい》の関係《かんけい》を整理《せいり》する力《ちから》）」「くらべる力《ちから》（対比関係《たいひかんけい》を整理《せいり》する力《ちから》）」「たどる力《ちから》（因《いん》果《が》関係《かんけい》を整理《せいり》する力《ちから》）」です。これら「三《みっ》つの力《ちから》」を高《たか》める方法《ほうほう》を詳説《しょうせつ》したのが、**『「本当《ほんとう》の国語力《こくごりょく》」が驚《おどろ》くほど伸《の》びる本《ほん》』**です。また、力《ちから》を高《たか》める練習《れんしゅう》の場《ば》として最適《さいてき》なのが、**『ふくしま式《しき》「本当《ほんとう》の国語力《こくごりょく》」が身《み》につく問題《もんだい》集《しゅう》［小学生版《しょうがくせいばん》］』『ふくしま式《しき》「本当《ほんとう》の国語力《こくごりょく》」が身《み》につく問題集《もんだいしゅう》［小学生版《しょうがくせいばん》ベーシック］』を始《はじ》めとする「ふくしま式問題集《しきもんだいしゅう》シリーズ」です。**本書《ほんしょ》とともにこれら（いずれも大和出版《だいわしゅっぱん》）を活用《かつよう》すれば、国語力《こくごりょく》は盤石《ばんじゃく》のものとなることでしょう。

大好評! ふくしま式問題集シリーズ

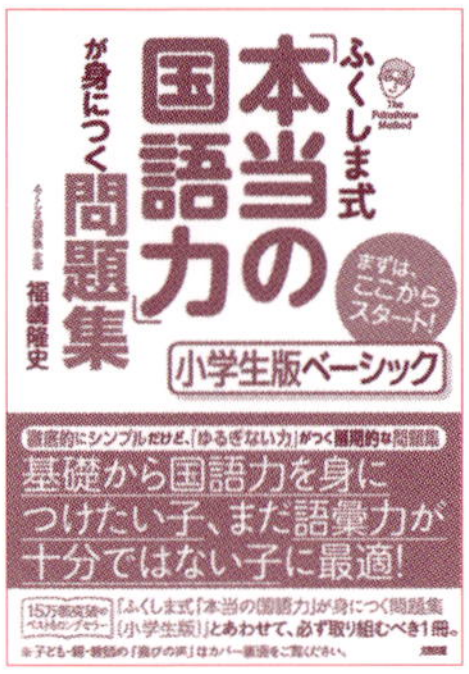

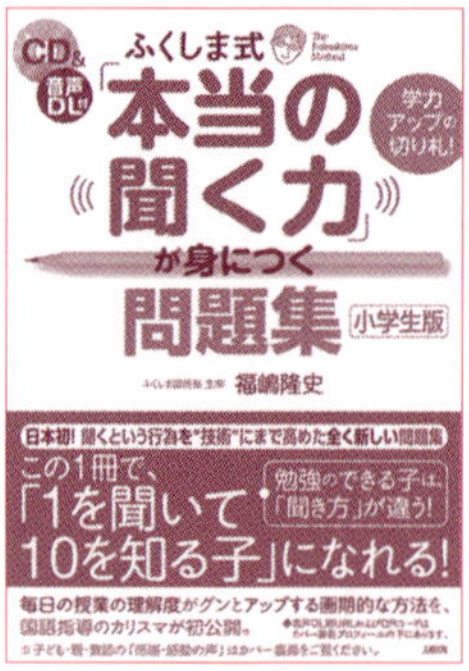

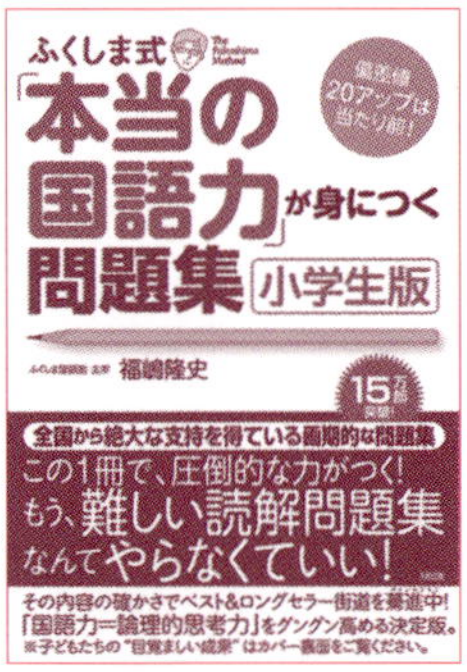

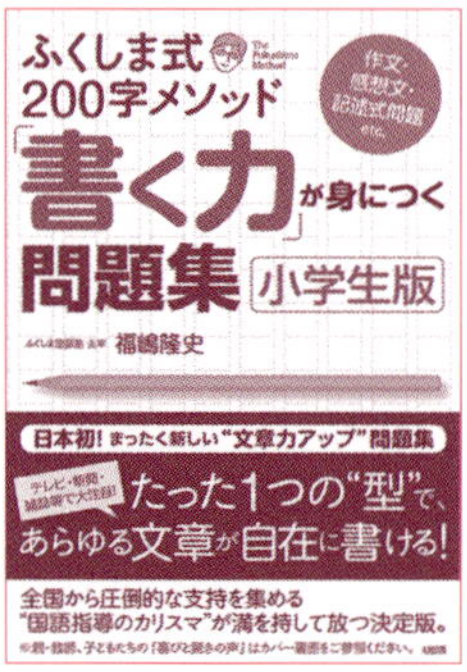

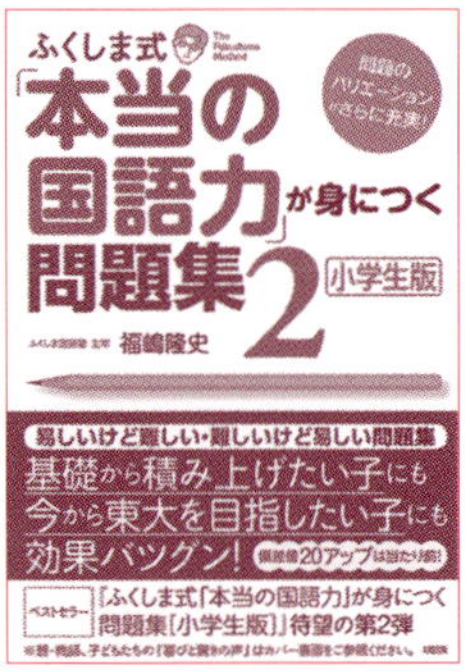

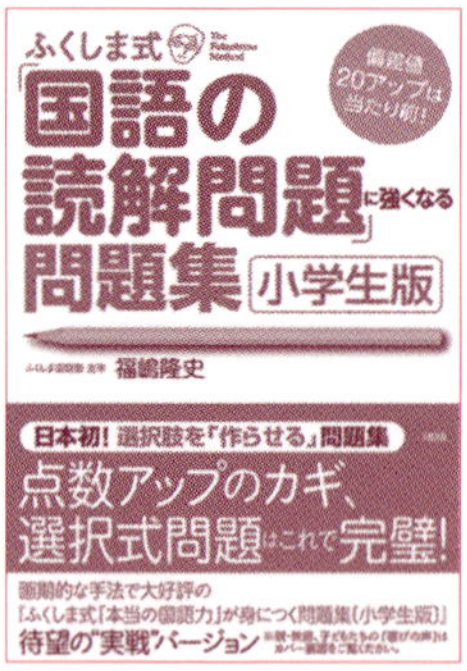

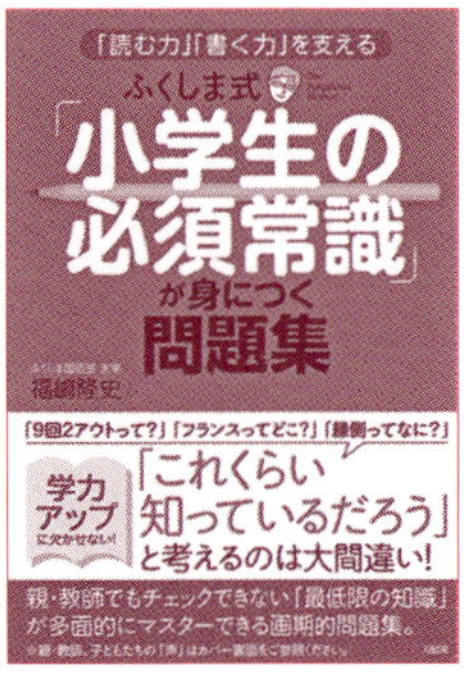

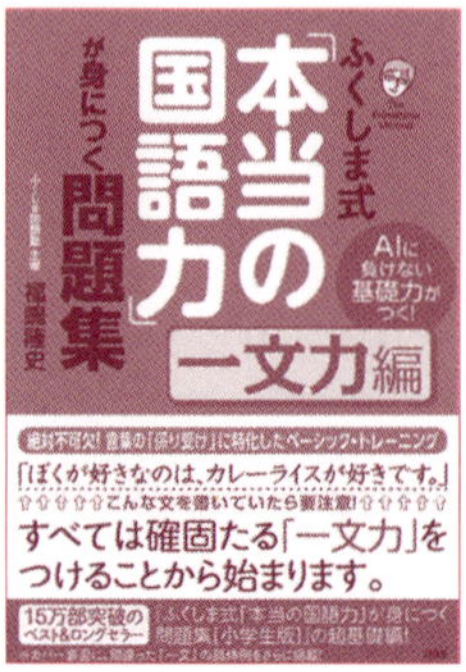

レベル①

簡単《かんたん》な言葉《ことば》ほど、実《じつ》は様々《さまざま》な意味《いみ》を持《も》ち、
多《おお》くの場面《ばめん》で広《ひろ》く使《つか》われるものです。
「こういう意味《いみ》もあったのか」「こんな使《つか》い方《かた》もあるんだな」
といった発見《はっけん》が、たくさん得《え》られることでしょう。

月　日

100点満点《てんまんてん》　　点《てん》

●解答《かいとう》・解説《かいせつ》18・19ページ

1 新《あたら》しい↕古《ふる》い

●組《く》み合《あ》わせると「新旧《しんきゅう》」

関連語《かんれんご》

これから↔これまで
未来《みらい》↔過去《かこ》（現在《げんざい》）A
現在《げんざい》↔過去《かこ》　B
今《いま》↔昔《むかし》
革新《かくしん》↔保守《ほしゅ》
モダン↔クラシック

解説《かいせつ》

未来《みらい》まで考《かんが》えれば、現在《げんざい》は「古《ふる》い」と言《い》えます（下図《かず》A）。一方《いっぽう》、未来《みらい》を考《かんが》えなければ、現在《げんざい》が「新《あたら》しい」と言《い》えます（下図《かず》B）。

モダンは「今風《いまふう》（近代的《きんだいてき》・現代的《げんだいてき》）」、クラシックは「昔風《むかしふう》（古典的《こてんてき》）」という意味《いみ》です。

昔《むかし》・過去《かこ》	今《いま》・現在《げんざい》	未来《みらい》 →	
古《ふる》い	古《ふる》い	新《あたら》しい	A
古《ふる》い	新《あたら》しい		B

活用問題《かつようもんだい》　①…20点《てん》×4　②…20点《てん》

① 次《つぎ》の文章《ぶんしょう》の空欄《くうらん》を埋《う》めます。後《あと》の□から語句《ごく》を選《えら》んで書《か》きなさい。同《おな》じ語句《ごく》は一度《いちど》しか使《つか》えません。

発売当初《はつばいとうしょ》はその新《あたら》しいデザインが話題《わだい》になった電化製品《でんかせいひん》も、時間《じかん》が経《た》てば（　　　）デザインの商品《しょうひん》として忘《わす》れられ、注目《ちゅうもく》されなくなっていく。また、初《はじ》めて世《よ》に出《で》たときには「モダンな音楽《おんがく》」と思《おも》われていた曲《きょく》も、いずれは「（　　　）な音楽《おんがく》」の仲間入《なかまい》りをすることになるかもしれない。

要《よう》するに、どんなに（　　　）ものも、いずれは（　　　）なるというわけだ。

新《あたら》しい　古《ふる》い　新《あたら》しく　古《ふる》く　クラシック

② 次《つぎ》の文章《ぶんしょう》の空欄《くうらん》を埋《う》めなさい。

よりよい未来《みらい》をつくるためには、現在《げんざい》や未来《みらい》にばかり目《め》を向《む》けていてはだめだ。むしろ（　　　）にこそ目《め》を向《む》け、昔《むかし》の人々《ひとびと》の知恵《ちえ》を借《か》りることが大切《たいせつ》だ。

「旧《きゅう》」……古《ふる》い。「革新《かくしん》」……昔《むかし》から続《つづ》いているものごとを新《あたら》しく変《か》えていくこと。
「保守《ほしゅ》」……昔《むかし》から続《つづ》いているものごとを変《か》えずに守《まも》っていくこと。

2 明《あか》るい↕暗《くら》い

●組《く》み合《あ》わせると「明暗《めいあん》」

関連語《かんれんご》

明示《めいじ》 ↔ 暗示《あんじ》

光《ひかり》 ↔ 闇《やみ》

光《ひかり》 ↔ 影《かげ》

陽気《ようき》 ↔ 陰気《いんき》

詳《くわ》しい ↔ 疎《うと》い

前向《まえむ》き ↔ 後《うし》ろ向《む》き

解説《かいせつ》

「明《あか》るい・暗《くら》い」のような基本的《きほんてき》な言葉《ことば》は、たとえ（比喩《ひゆ》）として使《つか》われることがよくあります。

たとえば、「明《あか》るい性格《せいかく》」と言《い》えば、「陽気《ようき》で前向《まえむ》きな性格《せいかく》」を意味《いみ》します。「暗《くら》い性格《せいかく》」と言《い》えば、「陰気《いんき》で後《うし》ろ向《む》きな性格《せいかく》」を意味《いみ》します。

また、「機械《きかい》に明《あか》るい」と言《い》えば、「機械《きかい》について詳《くわ》しい」といった意味《いみ》です。「機械《きかい》に暗《くら》い」と言《い》えば、「機械《きかい》について詳《くわ》しくない（疎《うと》い）」といった意味《いみ》です。

活用問題《かつようもんだい》

①ア…15点《てん》×4　イ…10点《てん》　ウ…15点《てん》×2

① 次《つぎ》の文章《ぶんしょう》の空欄《くうらん》を埋《う》めます。後《あと》の□から語句《ごく》を選《えら》んで書《か》きなさい。同《おな》じ語句《ごく》を二度以上使《にどいじょうつか》ってもかまいません。

ア 日《ひ》の当《あ》たる（　　　）場所《ばしょ》にいると、気持《きも》ちまで（　　　）なってくる。逆《ぎゃく》に、光《ひかり》の当《あ》たらない建物《たてもの》の中《なか》などの（　　　）場所《ばしょ》にいると、気持《きも》ちがだんだんと（　　　）なってくる。

つまり、光《ひかり》というものは、気持《きも》ちまでコントロールしているのだ。

イ 初《はじ》めて訪《おとず》れる場所《ばしょ》だから、地理《ちり》に（　　　）人《ひと》と一緒《いっしょ》に行《い》ったほうがいいよ。

ウ アナウンサーの（　　　）表情《ひょうじょう》は、これから読《よ》まれるニュースがもの悲《がな》しい内容《ないよう》であるということを（　　　）していた。

明《あか》るい　暗《くら》い　明《あか》るく　暗《くら》く　明示《めいじ》　暗示《あんじ》

「明示《めいじ》」……はっきりと示《しめ》すこと。「暗示《あんじ》」……はっきりとは示《しめ》さず、手《て》がかりだけをそれとなく示《しめ》すこと。「闇《やみ》」……光《ひかり》が差《さ》していない状態《じょうたい》（場所《ばしょ》）。

レベル①

月　日

100点満点《てんまんてん》

点《てん》

●解答《かいとう》・解説《かいせつ》18・19ページ

レベル①

月　日

100点満点《てんまんてん》　　点《てん》

●解答《かいとう》・解説《かいせつ》18・19ページ

3 長《なが》い↕短《みじか》い

●組《く》み合《あ》わせると「長短《ちょうたん》」

関連語《かんれんご》

長期《ちょうき》↔短期《たんき》
長時間《ちょうじかん》↔短時間《たんじかん》
長所《ちょうしょ》↔短所《たんしょ》
気長《きなが》↔気短《きみじか》（短気《たんき》）
ロング↔ショート

解説《かいせつ》

「長《なが》いひも」「短《みじか》い髪《かみ》の毛《け》」といった「モノの長《なが》さ」や、「長《なが》い時間待《じかんま》つ」「短《みじか》い時間《じかん》で着《つ》く」といった「時間《じかん》の長《なが》さ」を示《しめ》す言葉《ことば》です。

ただし、それ以外《いがい》にも、ものごとの「価値《かち》」を示《しめ》す場《ば》合《あい》があります。この場合《ばあい》、「長《ちょう》」には良《よ》い意味《いみ》（プラスの価値《かち》）が、「短《たん》」には悪《わる》い意味《いみ》（マイナスの価値《かち》）が含《ふく》まれることが多《おお》くなります。たとえば、長所《ちょうしょ》は「優《すぐ》れたところ」「良《よ》い面《めん》」、短所《たんしょ》は「劣《おと》ったところ」「良《よ》くない面《めん》」といった意味《いみ》です（↓13ページ、84ページ）。

活用問題《かつようもんだい》　①ア…15点《てん》×2　イ…15点《てん》×2　②…40点《てん》

① 次《つぎ》の文章《ぶんしょう》の空欄《くうらん》を埋《う》めます。後《あと》の□から語句《ごく》を選《えら》んで書《か》きなさい。同《おな》じ語句《ごく》は一度《いちど》しか使《つか》えません。

ア「迷《まよ》ってばかりで、どうするかをなかなか決《き》められない」という言《い》い方《かた》をすれば、それは（　　　　）に聞《き》こえるが、「ものごとをいつも慎重《しんちょう》に進《すす》めようとしている」という言《い》い方《かた》をすれば、それは（　　　　）に聞《き》こえる。

イ（　　　　）待《ま》たされているからってそんなにイライラしないで、もっと（　　　　）に待《ま》とうよ。

気長《きなが》　長所《ちょうしょ》　短時間《たんじかん》　気短《きみじか》　短所《たんしょ》　長時間《ちょうじかん》

② 次《つぎ》の文章《ぶんしょう》の後半《こうはん》を考《かんが》えて書《か》きなさい。

短期的《たんきてき》な天気予報《てんきよほう》は、的中《てきちゅう》しやすい。それに対《たい》して、（　　　　　　　　）。

「気長《きなが》」……せかせか焦《あせ》らず、ゆっくりとしている様子《ようす》。「気短《きみじか》（短気《たんき》）」……すぐ怒《おこ》ったりイライラしたりする様子《ようす》。「ロング」……長《なが》い。「ショート」……短《みじか》い。

4 良《よ》い↕悪《わる》い

●組《く》み合《あ》わせると「良《よ》し悪《あ》し」

関《かん》連《れん》語《ご》

善《よ》い ↔ 悪《わる》い（組《く》み合《あ》わせると「善悪《ぜんあく》」）
プラス ↔ マイナス
メリット ↔ デメリット
長所《ちょうしょ》 ↔ 短所《たんしょ》
強《つよ》み ↔ 弱《よわ》み
ベスト ↔ ワースト

解《かい》説《せつ》

通常《つうじょう》、書《か》くときは「良《よ》い」または「よい」と書《か》きます。「善《よ》い」と書《か》くのは、とくに道徳的《どうとくてき》な意味《いみ》（世《よ》のため、人《ひと》のためにプラスとなっている様子《ようす》）を強調《きょうちょう》するときです。「席《せき》をゆずるのは善《よ》い行《おこな》いだ」というような場合《ばあい》です。

なお、「いい」は主《おも》に話《はな》し言葉《ことば》の場合《ばあい》の表記《ひょうき》です。

メリットは「利点《りてん》」「良《よ》い点《てん》」、デメリットは「欠点《けってん》」「悪《わる》い点《てん》」を意味《いみ》します。また、ベストは「最《もっと》も良《よ》い」、ワーストは「最《もっと》も悪《わる》い」という意味《いみ》です。

活《かつ》用《よう》問《もん》題《だい》 ①…50点《てん》 ②…50点《てん》

① 次《つぎ》の文《ぶん》の空欄《くうらん》を考《かんが》えて書《か》きなさい。

努《ど》力《りょく》をしても悪《わる》い結果《けっか》になることはあるし、逆《ぎゃく》に、努《ど》力《りょく》をしなくても（　　　　　　　　）が出《で》ることもあるだろう。

② 次《つぎ》のア～エの中《なか》に、――を引《ひ》いた言葉《ことば》の使《つか》い方《かた》がおかしいものが一《ひと》つあります。記号《きごう》にマルをつけなさい。

ア　メールには、よく考《かんが》えて返事《へんじ》を書《か》けるというメリットがあるが、その分《ぶん》だけ返事《へんじ》が遅《おそ》くなるというデメリットもある。

イ　声《こえ》が大《おお》きいという強《つよ》みを生《い》かして、運動会《うんどうかい》の応援団《おうえんだん》をやってみることにした。

ウ　少《すこ》しくらいのケンカは、相手《あいて》との関係《かんけい》を悪《わる》くすることはない。むしろ、プラスに働《はたら》くだろう。

エ　私《わたし》のメリットは、友《とも》だちに親切《しんせつ》なところです。デメリットは、すぐ心配《しんぱい》してしまうところです。

通常《つうじょう》、「メリット」「デメリット」は、人《ひと》の性格《せいかく》の良《よ》し悪《あ》しには使《つか》いません。

レベル①

月　日

100点満点《てんまんてん》

点《てん》

●解答《かいとう》・解説《かいせつ》 18・19ページ

●解答《かいとう》・解説《かいせつ》18・19ページ

5 重《おも》い ↕ 軽《かる》い

●組《く》み合《あ》わせると「軽重《けいちょう》」

関連語《かんれんご》

重々《おもおも》しい ←→ 軽々《かるがる》しい

口《くち》が重《おも》い ←→ 口《くち》が軽《かる》い

気重《きおも》 ←→ 気軽《きがる》

重厚《じゅうこう》 ←→ 軽薄《けいはく》

ヘビー ←→ ライト

解説《かいせつ》

12ページでは、「長《ちょう》」にプラスの意味《いみ》が、「短《たん》」にマイナスの意味《いみ》が含《ふく》まれることが多《おお》いという点《てん》について述《の》べました。では「重《じゅう》」「軽《けい》」についてはどうかと言《い》うと、こちらは簡単《かんたん》には決《き》められません。使《つか》われ方《かた》によって、良《よ》い意味《いみ》にも悪《わる》い意味《いみ》にも変《か》わるのです。たとえば、重《じゅう》厚《こう》は、人《ひと》やものごとがどっしりと落《お》ち着《つ》いている様子《ようす》(プラス)、軽薄《けいはく》は逆《ぎゃく》に、落《お》ち着《つ》きがない様子《ようす》(マイナス)を意味《いみ》します。その一方《いっぽう》で、気重《きおも》(気《き》が重《おも》い)と言《い》えばマイナス、気軽《きがる》と言《い》えばプラスの意味《いみ》になるわけです。

活用問題《かつようもんだい》　①…10点《てん》×8　②…20点《てん》

① 次《つぎ》の各文中《かくぶんちゅう》の――を引《ひ》いた言葉《ことば》が、プラスの意味《いみ》で使《つか》われているなら⊕に、マイナスの意味《いみ》で使《つか》われているなら⊖に、どちらとも言《い》えないならNに、それぞれマルをつけなさい(Nはニュートラル・中立《ちゅうりつ》の意味《いみ》)。

ア 謝《あやま》ったとたん、気分《きぶん》が軽《かる》くなった。（⊕ N ⊖）

イ 一円玉《いちえんだま》は軽《かる》い。（⊕ N ⊖）

ウ 彼《かれ》は口《くち》が軽《かる》いから秘密《ひみつ》は話《はな》せない。（⊕ N ⊖）

エ 曲《きょく》の良《よ》し悪《あ》しを軽々《かるがる》しく断定《だんてい》する。（⊕ N ⊖）

オ この絵《え》の富士山《ふじさん》は重厚《じゅうこう》な感《かん》じがする。（⊕ N ⊖）

カ このラーメンはちょっとヘビーだな。（⊕ N ⊖）

キ 水《みず》を含《ふく》んで重《おも》くなったスポンジ。（⊕ N ⊖）

ク 練習不足《れんしゅうぶそく》だから、発表《はっぴょう》は気《き》が重《おも》い。（⊕ N ⊖）

② 次《つぎ》の文《ぶん》の――部《ぶ》を、「軽《けい》」の字《じ》を用《もち》いた表現《ひょうげん》に書《か》きかえます。後《あと》の空欄《くうらん》を考《かんが》えて埋《う》めなさい。

待合室《まちあいしつ》では、気持《きも》ちの良《よ》いリズムの音楽《おんがく》が流《なが》れていた。

（　　　　なリズム）

「軽重《けいちょう》」……「軽重《けいちょう》を判断《はんだん》して問題《もんだい》を解《と》く順序《じゅんじょ》を変《か》える」などと使《つか》います(ここでは「大事《だいじ》な問題《もんだい》とそうでない問題《もんだい》」の意味《いみ》)。「ヘビー・ライト」……英語《えいご》で「重《おも》い・軽《かる》い」。

6 大《おお》きい↕小《ちい》さい

●組《く》み合《あ》わせると「大小《だいしょう》」

関連語《かんれんご》

大型《おおがた》↔小型《こがた》
大規模《だいきぼ》↔小規模《しょうきぼ》
拡大《かくだい》↔縮小《しゅくしょう》
大幅《おおはば》↔小幅《こはば》
マスコミ↔ミニコミ

解説《かいせつ》

大規模《だいきぼ》とは、何《なに》かを作《つく》ったり行《おこな》ったりするときの仕組《しく》みなどが大《おお》がかりである様子《ようす》です。スケールが大《おお》きい、といった言《い》い方《かた》もします（小規模《しょうきぼ》はその逆《ぎゃく》）。「一〇万人《じゅうまんにん》が集《あつ》まった大規模《だいきぼ》なイベント」「全生徒数《ぜんせいとすう》一五名《じゅうごめい》の小規模《しょうきぼ》な塾《じゅく》」「八年《はちねん》がかりの大規模《だいきぼ》な都市計画《としけいかく》」などと用《もち》います。

マスコミはマス・コミュニケーションの略語《りゃくご》で、マス（大衆《たいしゅう》＝一般《いっぱん》の人々《ひとびと》）にメッセージを伝《つた》える際《さい》の仲立《なかだ》ちとなるもの、たとえば、テレビ、ラジオ、新聞《しんぶん》、雑誌《ざっし》などを指《さ》します（ミニコミについてはページ下部《かぶ》を参照《さんしょう》）。

活用問題《かつようもんだい》

①　次《つぎ》の各文《かくぶん》の空欄《くうらん》を考《かんが》えて書《か》きなさい。　①ア…10点《てん》×2　イ…20点《てん》　②…20点《てん》×3

ア　小学校《しょうがっこう》の大規模《だいきぼ》な行事《ぎょうじ》と言《い》えば、まず運動会《うんどうかい》だろう。それに対《たい》して、（　　　　）な行事《ぎょうじ》と言《い》えば、（　　　　）などが挙《あ》げられる。

イ（　　　　）。それに対《たい》して、スズメは小型《こがた》の鳥《とり》だ。

②　説明《せつめい》に合《あ》うよう、空所《くうしょ》に「大《だい》」か「小《しょう》」を書《か》き入《い》れなさい。

ア　小《ちい》さなことを大《おお》げさに言《い》い立《た》てること。（針《しん》　　棒《ぼう》　　）

イ　小《ちい》さな違《ちが》いはあっても、大体《だいたい》が同《おな》じであること。（同《どう》　　異《い》　　）

ウ　大《おお》きいものは小《ちい》さいものの代《か》わりにもなる。（　　は　　を兼《か》ねる）

「ミニコミ」……マスコミの反対語《はんたいご》として作《つく》られた言葉《ことば》。マスコミが大衆向《たいしゅうむ》けであるのに対《たい》し、ミニコミは限《かぎ》られた少数《しょうすう》の人々《ひとびと》に向《む》けて情報《じょうほう》を発信《はっしん》します（地域情報紙《ちいきじょうほうし》など）。

月　日

100点満点《てんまんてん》

点《てん》

●解答《かいとう》・解説《かいせつ》18ページ

レベル①

月　日

100点満点《てんまんてん》

点《てん》

●解答《かいとう》・解説《かいせつ》18ページ

7 始《はじ》まる↕終《お》わる

●組《く》み合《あ》わせると「始終《しじゅう》」「終始《しゅうし》」

関連語《かんれんご》

開始《かいし》↔終了《しゅうりょう》
起点《きてん》↔終点《しゅうてん》
振《ふ》り出《だ》し↔上《あ》がり
オン↔オフ
プロローグ↔エピローグ

解説《かいせつ》

起点《きてん》は「ものごとの始《はじ》まるところ」を、終点《しゅうてん》は「ものごとの終《お》わるところ」を意味《いみ》します。「起《お》こる」には、「始《はじ》まる」と同様《どうよう》の意味《いみ》が含《ふく》まれています。

振《ふ》り出《だ》しは、「すごろくでサイコロを振《ふ》り始《はじ》めるスタート地点《ちてん》」のことです。とくに、「振《ふ》り出《だ》しに戻《もど》る（＝始《はじ》まりに戻《もど》る）」という用法《ようほう》がよく見《み》られます。上《あ》がりは、ゴール地点《ちてん》、すなわち「終《お》わり」の意味《いみ》を持《も》ちます。

プロローグは序章《じょしょう》、エピローグは終章《しゅうしょう》を意味《いみ》し、転《てん》じて、ものごとの始《はじ》まりと終《お》わりの意味《いみ》にも用《もち》いられます。

活用問題《かつようもんだい》

①…20点《てん》×4　②…10点《てん》×2

① 次《つぎ》の文章《ぶんしょう》の空欄《くうらん》を埋《う》めます。後《あと》の□から語句《ごく》を選《えら》んで書《か》きなさい。同《おな》じ語句《ごく》は一度《いちど》しか使《つか》えません。

ア　発表《はっぴょう》を（　　　）前《まえ》は緊張《きんちょう》するが、発表《はっぴょう》を終《お》えた後《あと》は緊張《きんちょう》がほぐれる。

イ　このマラソン大会《たいかい》は、スタートとゴールが同《おな》じ場所《ばしょ》です。つまり、（　　　）と終点《しゅうてん》が同《おな》じ所《ところ》です。

ウ　この映画《えいが》は上演時間《じょうえんじかん》がちょうど二時間《にじかん》だから、上演《じょうえん》終了時刻《しゅうりょうじこく》が三時半《さんじはん》なら、上演《じょうえん》（　　　）は一時半《いちじはん》ということになる。

エ　せっかく書《か》き上《あ》げた作文《さくぶん》だったが、原稿用紙《げんこうようし》二枚《にまい》までという決《き》まりを忘《わす》れ、五枚《ごまい》も書《か》いてしまった。これでは、（　　　）に戻《もど》って書《か》き直《なお》すしかない。

振《ふ》り出《だ》し　始《はじ》まる　起点《きてん》　始《はじ》める　開始時刻《かいしじこく》　上《あ》がり

② 次《つぎ》の空欄《くうらん》に、「始終《しじゅう》」か「終始《しゅうし》」を書《か》き入《い》れなさい。

ア　（　　　一貫《いっかん》）して無罪《むざい》を主張《しゅちょう》する。

イ　出来事《できごと》の（一部《いちぶ》　　　）を見《み》てしまった。

「オン・オフ」……スイッチなどが入《はい》っているかどうか（機械《きかい》などが作動中《さどうちゅう》かどうか）を意味《いみ》します。転《てん》じて、「オフ」が「休憩《きゅうけい》・休日《きゅうじつ》」等《とう》を意味《いみ》することが多々《たた》あります。

8 増《ふ》える↕減《へ》る

●組《く》み合《あ》わせると「増減《ぞうげん》」

関連語《かんれんご》

増《ま》す ↕ 減《へ》る

増《ふ》やす ↕ 減《へ》らす

多《おお》い ↕ 少《すく》ない

増加《ぞうか》 ↕ 減少《げんしょう》

急増《きゅうぞう》 ↕ 急減《きゅうげん》

解説《かいせつ》

「増《ふ》える・減《へ》る」は、どちらも数量《すうりょう》の変化《へんか》を示《しめ》す表現《ひょうげん》です。

「五人《ごにん》が一〇〇《ひゃく》人《にん》になった」という文《ぶん》は、単《たん》に「変化《へんか》」を伝《つた》えているとも言《い》えますが、「増加《ぞうか》」あるいは「急《きゅう》増《ぞう》」を伝《つた》えているとも表現《ひょうげん》できます。

このように、一《ひと》つのことがらを様々《さまざま》に表現《ひょうげん》できるよう、語彙《ごい》を豊《ゆた》かにしておくことが大切《たいせつ》です。

数量《すうりょう》の変化《へんか》

- 増加《ぞうか》
  - 急増《きゅうぞう》
- 減少《げんしょう》
  - 急減《きゅうげん》

活用問題《かつようもんだい》

① 次《つぎ》の文章《ぶんしょう》の空欄《くうらん》を埋《う》めます。後《あと》の□から語句《ごく》を選《えら》んで書《か》きなさい。同《おな》じ語句《ごく》は一度《いちど》しか使《つか》えません。

①…12点《てん》×8　全問正解《ぜんもんせいかい》でプラス4点《てん》

ア　人《ひと》が（　　　）と、ゴミも増《ふ》える。

イ　持《も》つ人《ひと》を（　　　たら）、跳《と》び箱《ばこ》を運《はこ》ぶのが楽《らく》になった。

ウ　水《みず》の量《りょう》を（　　　ば）、こぼれないはずだよ。

エ　天候《てんこう》の影響《えいきょう》で、レタスの価格《かかく》が二割《にわり》（　　　）になっているらしい。

オ　日本《にほん》の人口《じんこう》は今《いま》、（　　　）の一途《いっと》をたどっている。しかし、世界《せかい》の人口《じんこう》は逆《ぎゃく》に（　　　）続《つづ》ける一方《いっぽう》であり、食糧不足《しょくりょうぶそく》が深刻《しんこく》になりつつある。

カ　猫一匹《ねこいっぴき》が食《た》べたにしては、エサの（　　　）具合《ぐあい》が激《はげ》しい。カラスでも来《き》たんじゃないの。

キ　インフルエンザの流行《りゅうこう》により、クラスの欠席者数《けっせきしゃすう》が、三人《さんにん》から一六人《じゅうろくにん》へと（　　　）した。

減《へ》らせ　増《ま》し　減《へ》り　増《ふ》える 増《ふ》やし　減少《げんしょう》　急増《きゅうぞう》　増《ふ》え　減《へ》らし

レベル①

月　日

100点《てん》満点《まんてん》

点《てん》

●解答《かいとう》・解説《かいせつ》18・19ページ

1～8 解答《かいとう》・解説《かいせつ》

解答《かいとう》

1 ① **新《あたら》しい ←→ 古《ふる》い**（10ページ）

古《ふる》い・クラシック・新《あたら》しい・古《ふる》く

② 過去《かこ》

2 ① **明《あか》るい ←→ 暗《くら》い**（11ページ）

ア…明《あか》るい・明《あか》るく・暗《くら》い・暗《くら》く

イ…明《あか》るい　ウ…暗《くら》い・暗示《あんじ》

3 ① **長《なが》い ←→ 短《みじか》い**（12ページ）

ア…短所《たんしょ》・長所《ちょうしょ》　イ…長時間《ちょうじかん》・気長《きなが》

② 長期的《ちょうきてき》な天気予報《てんきよほう》は、的中《てきちゅう》しにくい

4 ① **良《よ》い ←→ 悪《わる》い**（13ページ）

良《よ》い結果《けっか》

② エ

5 ① **重《おも》い ←→ 軽《かる》い**（14ページ）

ア…⊕　イ…N　ウ…⊖　エ…⊖

オ…⊕　カ…⊖　キ…N　ク…⊖

② 軽快《けいかい》なリズム（「軽《かろ》やかな」も可《か》）

6 ① **大《おお》きい ←→ 小《ち》さい**（15ページ）

ア…小規模《しょうきぼ》・お楽《たの》しみ会《かい》（「音楽集会《おんがくしゅうかい》」「学年遠足《がくねんえんそく》」「防災訓練《ぼうさいくんれん》」「社会科見学《しゃかいかけんがく》」等《とう》も可《か》）

イ…タカは大型《おおがた》の鳥《とり》だ（「ワシ」「ダチョウ」等《とう》も可《か》）

② ア…針小棒大《しんしょうぼうだい》　イ…大同小異《だいどうしょうい》　ウ…大《だい》は小《しょう》を兼《か》ねる

7 ① **始《はじ》まる ←→ 終《お》わる**（16ページ）

ア…始《はじ》める　イ…起点《きてん》

ウ…開始時刻《かいしじこく》　エ…振《ふ》り出《だ》し

② ア…終始一貫《しゅうしいっかん》　イ…一部始終《いちぶしじゅう》

8 ① **増《ふ》える ←→ 減《へ》る**（17ページ）

ア…増《ふ》える　イ…増《ふ》やしたら　ウ…減《へ》らせば

エ…増《ま》し　オ…減少《げんしょう》・増《ふ》え　カ…減《へ》り　キ…急増《きゅうぞう》

ピックアップ解説《かいせつ》

❶ 新《あたら》しい ↔ 古《ふる》い（10ページ）

②を「昔《むかし》」とするのは、あえて不正解《ふせいかい》とします。「現《げん》在《ざい》」「未来《みらい》」と出《で》てきたのなら、「過去《かこ》」という言葉《ことば》が自《し》然《ぜん》に出《で》てこなければなりません。

❷ 明《あか》るい ↔ 暗《くら》い（11ページ）

①イの「地理《ちり》に明《あか》るい」というのは、「その土地《とち》の様《よう》子《す》について詳《くわ》しく知《し》っている」という意味《いみ》です。11ページ上段《じょうだん》で挙《あ》げた「機械《きかい》に明《あか》るい」と同様《どうよう》の使《つか》い方《かた》です。

❸ 長《なが》い ↔ 短《みじか》い（12ページ）

②の「短期的《たんきてき》な天気予報《てんきよほう》」とは、今日《きょう》の天気《てんき》、明日《あした》の天気《てんき》などを指《さ》します。一方《いっぽう》、「長期的《ちょうきてき》な天気予報《てんきよほう》」とは、週間天気《しゅうかんてんき》などを指《さ》します。

❹ 良《よ》い ↔ 悪《わる》い（13ページ）

②ウは、「関係《かんけい》を悪《わる》くする」↔「プラスに働《はたら》く」という対比関係《たいひかんけい》になっています。これは、正確《せいかく》には、「関《かん》係《けい》を悪《わる》くする」↔「関係《かんけい》を良《よ》くする」、あるいは、「マイナスに働《はたら》く」↔「プラスに働《はたら》く」とすべきところでしょう。

しかし、文章《ぶんしょう》というのは、いつもこのようにくっきりと分《わ》かりやすい書《か》かれ方《かた》をするとは限《かぎ》りません。むしろ、ウの文《ぶん》のようにバランスが崩《くず》れているのが普通《ふつう》です。

そこで、「悪《わる》い＝マイナス」「良《よ》い＝プラス」といった言《い》いかえを頭《あたま》の中《なか》ですらすらと行《おこな》えるよう、関連語《かんれんご》をたくさん知《し》っておくことが大切《たいせつ》になるのです。

❺ 重《おも》い ↔ 軽《かる》い（14ページ）

①イ・キは、単《たん》に重《おも》さ（軽《かる》さ）を表現《ひょうげん》しているだけで、その重《おも》さ（軽《かる》さ）が良《よ》いとも悪《わる》いとも言《い》っていません。オは、絵《え》をほめている文《ぶん》です。いかにも富士山《ふじさん》らしくどっしりと落《お》ち着《つ》いている、といった意味合《いみあ》いです。

❽ 増《ふ》える ↔ 減《へ》る（17ページ）

①オの内容《ないよう》は覚《おぼ》えておく必要《ひつよう》があります。日本《にほん》の人口《じんこう》は減《へ》り、世界《せかい》の人口《じんこう》は増《ふ》えています。食糧不足《しょくりょうぶそく》は、人口《じんこう》増加《ぞうか》によって生《しょう》じる重大《じゅうだい》な問題《もんだい》の一《ひと》つです。

レベル①

月　日

100点満点《てんまんてん》　点《てん》

●解答《かいとう》・解説《かいせつ》30・31ページ

9 速《はや》い↕遅《おそ》い

●組《く》み合《あ》わせると「遅速《ちそく》」

関連語《かんれんご》

早《はや》い↕遅《おそ》い
早《はや》まる↕遅《おく》れる
早退《そうたい》↕遅刻《ちこく》
拙速《せっそく》↕巧遅《こうち》
ファースト↕スロー

解説《かいせつ》

「速《はや》い」はスピード、「早《はや》い」はスピード以外《いがい》、と覚《おぼ》えると、意味《いみ》の違《ちが》いをつかみやすくなります。たとえば、「速《はや》い電車《でんしゃ》」と言《い》えば「スピードのある電車《でんしゃ》」の意味《いみ》となり、「早《はや》い電車《でんしゃ》」と言《い》えば「駅《えき》を出《で》る順序《じゅんじょ》が先《さき》である電車《でんしゃ》」（始発列車《しはつれっしゃ》、先発列車《せんぱつれっしゃ》など）の意味《いみ》となります。

「重《じゅう》・軽《けい》」（↓14ページ）と同様《どうよう》、「速《そく》・遅《ち》」「早《そう》・遅《ち》」も、どちらがプラスの価値《かち》を持《も》ち、どちらがマイナスの価値《かち》を持《も》つとは決《き》めづらく、使《つか》われ方《かた》によって違《ちが》いが出《で》てきます。

活用問題《かつようもんだい》

①　次《つぎ》の文《ぶん》の空欄《くうらん》を考《かんが》えて埋《う》めなさい。　①…25点《てん》×3　②…25点《てん》

注文《ちゅうもん》してすぐに食《た》べられるハンバーガーや牛丼《ぎゅうどん》などのような食品《しょくひん》（及《およ》びそれらを提供《ていきょう》する店《みせ》）を、（　　　　）と言《い》う。食《た》べることをできるだけ（　　　　）済《す》ませたいという効率重視《こうりつじゅうし》の考《かんが》え方《かた》が、そこには表《あらわ》れている。一方《いっぽう》、ゆっくりと味《あじ》わいながら楽《たの》しんで食《た》べるような食品《しょくひん》（及《およ》びそれらを大事《だいじ》にしようとする活《かつ》動《どう》）のことを、（　　　　）と言《い》う。食《た》べることそのものを大事《だいじ》にしたいという思《おも》いが、そこには表《あらわ》れている。

②　次《つぎ》のア～ウの中《なか》に、——を引《ひ》いた言葉《ことば》の使《つか》い方《かた》がおかしいものが一《ひと》つあります。記号《きごう》にマルをつけなさい。

ア　今《いま》のところ、遅《おそ》かれ早《はや》かれうまくいっている。
イ　A君《くん》は、朝《あさ》は遅刻《ちこく》し、帰《かえ》りは早退《そうたい》してしまった。
ウ　割《わ》り算《ざん》で解《と》く問題《もんだい》だったのに、早合点《はやがてん》してかけ算《ざん》で解《と》いてしまった。

「拙速《せっそく》」……拙《つたな》く速《はや》いこと。できあがりは良《よ》くないが、短時間《たんじかん》で終《お》えること。
「巧遅《こうち》」……巧《たく》みで遅《おそ》いこと。できあがりは良《よ》いが、長時間《ちょうじかん》かかること。

月　日

100点《てん》満点《まんてん》

点《てん》

●解答《かいとう》・解説《かいせつ》30・31ページ

10 近《ちか》い↕遠《とお》い

●組《く》み合《あ》わせると「遠近《えんきん》」

関連語《かんれんご》

程近《ほどちか》い ↔ 程遠《ほどとお》い

近《ちか》づく ↔ 遠《とお》ざかる（遠《とお》のく）

近距離《きんきょり》 ↔ 遠距離《えんきょり》

近辺《きんぺん》 ↔ 遠方《えんぽう》

卑近《ひきん》 ↔ 高遠《こうえん》

解説《かいせつ》

「近《ちか》い・遠《とお》い」も、「明《あか》るい・暗《くら》い」などと同様《どうよう》、比喩的《ひゆてき》に用《もち》いられやすい言葉《ことば》です。本来《ほんらい》は空間的《くうかんてき》な距離《きょり》を表《あらわ》す言葉《ことば》ですが、時間的《じかんてき》にも使《つか》われます。たとえば、「近日《きんじつ》中《ちゅう》に」は「数日中《すうじつちゅう》に」といったイメージになります。また、「答《こた》えが近《ちか》い」「気持《きも》ちが遠《とお》のいた」など、ものごとの性質《せいしつ》や人間《にんげん》の心情《しんじょう》の距離感《きょりかん》を示《しめ》す際《さい》にも用《もち》いられます。

卑近《ひきん》は「身近《みぢか》でありふれている様子《ようす》」、高遠《こうえん》は「高《たか》く遠《とお》い（ところを見《み》つめている）様子《ようす》」を意味《いみ》します。「卑《ひ》近《きん》な例《れい》を挙《あ》げる」「高遠《こうえん》な理想《りそう》を持《も》つ」などと用《もち》います。

活用問題《かつようもんだい》

①…10点《てん》×4　②…15点《てん》×4

① 次《つぎ》の各空欄《かくくうらん》に、「近《きん》」か「遠《えん》」の文字《もじ》を書《か》き入《い》れなさい。

ア 席替《せきが》えをした日《ひ》から、マミとはあまり話《はな》さなくなった。席《せき》が（　　く）なると、気持《きも》ちも（　　く）なるんだな。

イ わざわざ（　　く）のレストランまで行《い》っている時間《じかん》がないから、（　　場《ば》）で済《す》まそう。

② 次《つぎ》の文章《ぶんしょう》の空欄《くうらん》を埋《う》めます。後《あと》の□から語句《ごく》を選《えら》んで書《か》きなさい。同《おな》じ語句《ごく》は一度《いちど》しか使《つか》えません。

ア 本番《ほんばん》が（　　）につれ、緊張《きんちょう》が高《たか》まった。

イ 死《し》の間際《まぎわ》、老人《ろうじん》は、（　　）意識《いしき》の中《なか》で、孫娘《まごむすめ》の声《こえ》を聞《き》いた気《き》がした。

ウ おばあさんは、あの震災《しんさい》の年《とし》は本当《ほんとう》に辛《つら》かったのよ、と、（　　）目《め》で語《かた》り始《はじ》めた。

エ 住《す》まいが（　　）のため、毎日新幹線《まいにちしんかんせん》で通勤《つうきん》しているという人《ひと》も、意外《いがい》に多《おお》い。

近《ちか》い　遠方《えんぽう》　近《ちか》づく　近辺《きんぺん》　遠《とお》い　遠《とお》のく

「程近《ほどちか》い」「程遠《ほどとお》い」の「程《ほど》」は、空間的《くうかんてき》な程度《ていど》（この場合《ばあい》は距離《きょり》）を示《しめ》します。「程近《ほどちか》い」「程遠《ほどとお》い」は、「距離《きょり》が近《ちか》い」「距離《きょり》が遠《とお》い」という意味《いみ》になります。

11 高《たか》い↕低《ひく》い

●組《く》み合《あ》わせると「高低《こうてい》」

月　日

100点満点《てんまんてん》

点《てん》

●解答《かいとう》・解説《かいせつ》30・31ページ

関連語《かんれんご》

最高《さいこう》↔最低《さいてい》
高値《たかね》↔安値《やすね》
高《たか》み↔低《ひく》み
高級《こうきゅう》↔低級《ていきゅう》
高尚《こうしょう》↔低俗《ていぞく》
ピン↔キリ

解説《かいせつ》

「重《おも》い」を「重《おも》み」にするときのように、形容詞《けいようし》の語幹《ごかん》に「み」をつける場合《ばあい》、より主観的《しゅかんてき》なイメージが生《しょう》じます。「重《おも》さ」「高《たか》さ」は客観的《きゃっかんてき》に計測可能《けいそくかのう》ですが、「重《おも》み」「高《たか》み」は計測《けいそく》できません。そこには、書《か》き手《て》や話《はな》し手《て》個人《こじん》の感覚《かんかく》（価値観《かちかん》）が反映《はんえい》されやすくなります。たとえば、「高《たか》みの見物《けんぶつ》」と言《い》えば、当事者《とうじしゃ》（↓129ページ）ではない人《ひと》が安全《あんぜん》な場所《ばしょ》から見物《けんぶつ》している様子《ようす》に対《たい》する皮《ひ》肉《にく》のような、マイナスの意味《いみ》が生《う》まれるわけです。

活用問題《かつようもんだい》　①…20点《てん》×4　②…20点《てん》

① 次《つぎ》の文章《ぶんしょう》の空欄《くうらん》を埋《う》めます。後《あと》の□から語句《ごく》を選《えら》んで書《か》きなさい。同《おな》じ語句《ごく》は一度《いちど》しか使《つか》えません。

ア　丘《おか》に上《あ》がり、（　　　）から見下《みお》ろしたとき、町全体《まちぜんたい》の活気《かっき》のなさに初《はじ》めて気《き》がついた。

イ　有名《ゆうめい》な作品《さくひん》を真似《まね》して作《つく》っただけの浅《あさ》く低俗《ていぞく》な絵画《かいが》ではなく、深《ふか》いオリジナリティのある（　　　）な絵画《かいが》を見《み》に行《い》きたい。

ウ　古書店《こしょてん》（古本屋《ふるほんや》）は、（　　　）で買《か》い取《と》った本《ほん》を（　　　）で売《う》り、その差額《さがく》で利益《りえき》を得《え》ている。

安値《やすね》　高《たか》み　高値《たかね》　低《ひく》み　高尚《こうしょう》　最低《さいてい》

② 次《つぎ》の文章《ぶんしょう》の後半《こうはん》を考《かんが》えて書《か》きなさい。

身長《しんちょう》が高《たか》くても、運動能力《うんどうのうりょく》の低《ひく》い人《ひと》はいる。
逆《ぎゃく》に、（　　　　　　　　）もいる。

「高尚《こうしょう》・低俗《ていぞく》」……「上品《じょうひん》・下品《げひん》」のイメージ。「ピン・キリ」……ポルトガル語《ご》で「点《てん》・十字架《じゅうじか》」、転《てん》じて「1（サイコロの目《め》など）・10」、転《てん》じて「最初《さいしょ》・最後《さいご》」「最高《さいこう》・最低《さいてい》」。

12 強《つよ》い ↕ 弱《よわ》い

●組《く》み合《あ》わせると「強弱《きょうじゃく》」

関連語《かんれんご》

強《つよ》まる ↔ 弱《よわ》まる
強気《つよき》 ↔ 弱気《よわき》
強《つよ》み ↔ 弱《よわ》み
強力《きょうりょく》 ↔ 微力《びりょく》
強烈《きょうれつ》 ↔ 微弱《びじゃく》
強健《きょうけん》 ↔ 病弱《びょうじゃく》

解説《かいせつ》

「強力《きょうりょく》」の反対《はんたい》は、「弱力《じゃくりょく》」ではなく「微力《びりょく》」です。「微《び》」という文字《もじ》は、「かすかな」「わずかな」といった意味《いみ》を持《も》ちます。「細《こま》かい」「少《すく》ない」「小《ちい》さい」、そして「弱《よわ》い」といった言葉《ことば》と似《に》たイメージです。

「強《つよ》み」は「他《た》（他人《たにん》）に対《たい》して有利《ゆうり》な点《てん》」、「弱《よわ》み」は「他《た》（他人《たにん》）に対《たい》して不利《ふり》な点《てん》」といった意味《いみ》です。

また、「強烈《きょうれつ》」の「烈《れつ》」は「烈《はげ》しい」、「強健《きょうけん》」の「健《けん》」は「健康《けんこう》・健《すこ》やか」の意味合《いみあ》いを持《も》ちます。

活用問題《かつようもんだい》 ①…20点《てん》×4　②…20点《てん》

① 次《つぎ》の文章《ぶんしょう》の空欄《くうらん》を埋《う》めます。後《あと》の□から語句《ごく》を選《えら》んで書《か》きなさい。同《おな》じ語句《ごく》は一度《いちど》しか使《つか》えません。

ア　彼《かれ》の（　　　）は、どんな楽器《がっき》でもひととおり演奏《えんそう》できるということだ。その反面《はんめん》、「この楽器《がっき》だけは誰《だれ》にも負《ま》けない」というほどの得意《とくい》な楽器《がっき》がないことは、（　　　）でもある。

イ　一《いち》か八《ばち》か、（　　　）の勝負《しょうぶ》に出《で》ることにした。

ウ　（　　　）ながら、お役《やく》に立《た》てればと思《おも》います。

弱《よわ》み　弱気《よわき》　強力《きょうりょく》　強気《つよき》　強《つよ》み　微力《びりょく》

② 次《つぎ》の文章《ぶんしょう》の後半《こうはん》を考《かんが》えて書《か》きなさい。ただし、「強《きょう》健《けん》」という言葉《ことば》を使《つか》うこと。

誰《だれ》でも普通《ふつう》は、年《とし》を重《かさ》ねるごとに病弱《びょうじゃく》になっていくものだが、うちのおじいさんはそんな気配《けはい》はほとんど見《み》られず、むしろ、（　　　　　　）ようにすら見《み》える。

月　日

100点《てん》満点《まんてん》　点《てん》

●解答《かいとう》・解説《かいせつ》30ページ

月　日

100点《てんまんてん》満点

点《てん》

●解答《かいとう》・解説《かいせつ》30・31ページ

13 入《はい》る↕出《で》る

●組《く》み合《あ》わせると「出《で》入《い》り」「出入《しゅつにゅう》」

関《かん》連《れん》語《ご》

入《い》れる↔出《だ》す
入口《いりぐち》↔出《で》口《ぐち》
輸《ゆ》入《にゅう》↔輸《ゆ》出《しゅつ》
流入《りゅうにゅう》↔流出《りゅうしゅつ》
収入《しゅうにゅう》↔支《し》出《しゅつ》
インプット↔アウトプット

解《かい》説《せつ》

「収入《しゅうにゅう》」は、金銭《きんせん》などを収《おさ》め入《い》れて自分《じぶん》のものにすること（及《およ》びその金銭《きんせん》そのもの）、「支《し》出《しゅつ》」は、ある目的《もくてき》のために金銭《きんせん》などを支《し》払《はら》うこと（及《およ》びその金銭《きんせん》そのもの）。

インプットは「入力《にゅうりょく》」、アウトプットは「出力《しゅつりょく》」の意《い》味《み》です。とくにコンピューターにおける情報《じょうほう》の出《だ》し入《い》れを指《さ》します。転《てん》じて、知《ち》識《しき》などを意《い》図《と》的《てき》に頭《あたま》に入《い》れることを「インプット」、逆《ぎゃく》にそれらを出《だ》して活用《かつよう》することを「アウトプット」と表現《ひょうげん》することが多《た》々《た》あります。

活《かつ》用《よう》問《もん》題《だい》　①…50点《てん》×2

① 次《つぎ》に示《しめ》す対《たい》比《ひ》の型《かた》を利《り》用《よう》し、例《れい》にならって短作文《たんさくぶん》を二《ふた》つ書《か》きなさい。その際《さい》、上《うえ》に示《しめ》した「入《はい》る・出《で》る」（入《にゅう》・出《しゅつ》）、あるいは「関《かん》連《れん》語《ご》」を必《かなら》ず用《もち》いること。なお、テーマ・内容《ないよう》は自《じ》由《ゆう》です。

型《かた》　□は、□ではなく、□。

例《れい》　記憶力《きおくりょく》とは、知《ち》識《しき》や経験《けいけん》を頭《あたま》に**入《い》れる**力《ちから》ではなく、入《い》れたことを自《じ》由《ゆう》に取《と》り**出《だ》す**ための力《ちから》のことである。

ア

イ

思《おも》いつかない場合《ばあい》は、こんな書《か》き出《だ》しにしましょう。「映画館《えいがかん》が混《こ》み合《あ》うのは、入《はい》るときではなく、…」「電気代《でんきだい》を食《く》いやすいのは、冷蔵庫《れいぞうこ》に入《い》れるときではなく、…」

14 外《がい》↔内《ない》

●組《く》み合《あ》わせると「内外《ないがい》」

関連語《かんれんご》

外部《がいぶ》 ↔ 内部《ないぶ》
外側《そとがわ》 ↔ 内側《うちがわ》
外面《がいめん》 ↔ 内面《ないめん》
外向的《がいこうてき》 ↔ 内向的《ないこうてき》
ポジティブ ↔ ネガティブ
形式《けいしき》 ↔ 内容《ないよう》 （→138ページ）

解説《かいせつ》

「外向的《がいこうてき》・内向的《ないこうてき》」は、人《ひと》の性格《せいかく》を表《あらわ》す際《さい》などに用《もち》いられます。外向的《がいこうてき》な性格《せいかく》とは、興味《きょうみ》・関心《かんしん》を自分《じぶん》の外側《そとがわ》に向《む》け、他人《たにん》と積極的《せっきょくてき》に関《かか》わろうとするような性格《せいかく》を意味《いみ》します。一方《いっぽう》、内向的《ないこうてき》な性格《せいかく》とは、興味《きょうみ》・関心《かんしん》を自分《じぶん》の内側《うちがわ》に向《む》け、他人《たにん》と積極的《せっきょくてき》に関《かか》わろうとしないような性《せい》格《かく》を意味《いみ》します。また、明《あか》るく前向《まえむ》きで積極的《せっきょくてき》な考《かんが》え方《かた》を「ポジティブな考《かんが》え方《かた》」、暗《くら》く後《うし》ろ向《む》きで消極的《しょうきょくてき》な考《かんが》え方《かた》を「ネガティブな考《かんが》え方《かた》」などと表現《ひょうげん》します。

活用問題《かつようもんだい》

① 次《つぎ》の文章《ぶんしょう》の空欄《くうらん》を埋《う》めます。後《あと》の□から語句《ごく》を選《えら》んで書《か》きなさい。同《おな》じ語句《ごく》は一度《いちど》しか使《つか》えません。　①…20点《てん》×5

ア 校内試合《こうないじあい》ばかりしていても実力《じつりょく》は上《あ》がらない。学校《がっこう》の（　　　　）にも目《め》を向《む》けるようにしなければ。

イ 外国《がいこく》がこうしているから日本《にほん》もこうすべきだ、というような考《かんが》え方《かた》をする日本人《にほんじん》が多《おお》い。そういう人《ひと》たちは、もう少《すこ》し（　　　　）からアイデアを生《う》み出《だ》すような努力《どりょく》をしたほうが良《よ》いだろう。

ウ 一見《いっけん》（　　　　）に思《おも》える人《ひと》が、一人《ひとり》になったときに実《じつ》はくよくよと思《おも》い悩《なや》んでいたりするということは、十分《じゅうぶん》あり得《う》る。一方《いっぽう》で、一見《いっけん》（　　　　）に思《おも》える人《ひと》が、ここぞというときに積極《せっきょく》性《せい》を発揮《はっき》して活躍《かつやく》するということも、十分《じゅうぶん》あり得《う》る。

エ 外見《がいけん》で人《ひと》を判断《はんだん》するなと言《い》うけれど、結局《けっきょく》、人間《にんげん》の（　　　　）は外見《がいけん》に表《あらわ》れ出《で》てくるものだろう。

内側《うちがわ》　ネガティブ　内面《ないめん》　外側《そとがわ》　ポジティブ

コップを「外側《そとがわ》の形式《けいしき》（形《かたち》）」、コップの中《なか》に入《はい》った飲《の》み物《もの》を「内側《うちがわ》の内容《ないよう》」と考《かんが》えると、「形《けい》式《しき》」の反対語《はんたいご》が「内容《ないよう》」であることを理解《りかい》しやすくなるはずです。

レベル①

月　日

100点満点《てんまんてん》　点《てん》

●解答《かいとう》・解説《かいせつ》30・31ページ

月　日

100点《てんまんてん》満点

点《てん》

●解答《かいとう》・解説《かいせつ》30ページ

15 前《ぜん》↔後《ご》

●組《く》み合《あ》わせると「前《ぜん》後《ご》」

関《かん》連《れん》語《ご》

前半《ぜんはん》↔後半《こうはん》
前者《ぜんしゃ》↔後者《こうしゃ》
前述《ぜんじゅつ》↔後述《こうじゅつ》
前進《ぜんしん》↔後退《こうたい》
事前《じぜん》↔事後《じご》
プレ↔ポスト

解《かい》説《せつ》

前者《ぜんしゃ》とは「先《さき》に出《で》てきたほう」の意味《いみ》、後者《こうしゃ》とは「後《あと》に出《で》てきたほう」の意味《いみ》です。たとえば、次《つぎ》のように使《つか》います。「豆《まめ》から作《つく》られる飲《の》み物《もの》もあれば、葉《は》から作《つく》られる飲《の》み物《もの》もあります。たとえば、前者《ぜんしゃ》はコーヒー、後《こう》者《しゃ》はお茶《ちゃ》です」。指示語《しじご》のような意味合《いみあ》いになるわけです。

また、「プレ」「ポスト」は主《おも》に名詞《めいし》の前《まえ》につき、それぞれ「前《ぜん》」「後《ご》（次《つぎ》）」といった意味《いみ》を持《も》ちます。たとえば、「ポスト冷戦《れいせん》」と言《い》えば「冷戦後《れいせんご》」という意味《いみ》です。

活《かつ》用《よう》問《もん》題《だい》　①…50点《てん》×2

① 次《つぎ》に示《しめ》す対比《たいひ》の型《かた》を利用《りよう》し、例《れい》にならって短作文《たんさくぶん》を二《ふた》つ書《か》きなさい。その際《さい》、上《うえ》に示《しめ》した「前《ぜん》・後《ご》」、あるいは「関連語《かんれんご》」を必《かなら》ず用《もち》いること。なお、テーマ・内容《ないよう》は自由《じゆう》です。

型《かた》　□は□。しかし、□は□。

例《れい》　**前《まえ》**から見《み》ると女《おんな》の子《こ》だと分《わ》かる。しかし、**後《うし》ろ**から見《み》ると男《おとこ》の子《こ》にも見《み》える。

ア

イ

思《おも》いつかない場合《ばあい》は、こんな書《か》き出《だ》しにしましょう。「ケガをした後《あと》は、気《き》をつけるようになった。しかし、…」「お話《はなし》の前半《ぜんはん》は、面白《おもしろ》く感《かん》じた。しかし、…」

16 上《じょう》↕下《げ》

●組《く》み合《あ》わせると「上下《じょうげ》」

関連語《かんれんご》

上位《じょうい》↔下位《かい》
上流《じょうりゅう》↔下流《かりゅう》
上品《じょうひん》↔下品《げひん》
向上《こうじょう》↔低下《ていか》
年上《としうえ》↔年下《としした》
アップ↔ダウン

解説《かいせつ》

本来《ほんらい》、「上流《じょうりゅう》」は川《かわ》の源《みなもと》に近《ちか》いほうを、「下流《かりゅう》」は河口《かこう》に近《ちか》いほうを指《さ》す言葉《ことば》ですが、社会的《しゃかいてき》な地位《ちい》の上下《じょうげ》（富《と》んでいるか、貧《まず》しいか）を意味《いみ》する言葉《ことば》としても使《つか》われます。

また、「上品《じょうひん》・下品《げひん》」は主《おも》に「品《ひん》が良《よ》い・品《ひん》が悪《わる》い」といった意味《いみ》で使《つか》われます。

このように、プラスの意味《いみ》を込《こ》めて「上《じょう》」を、マイナスの意味《いみ》を込《こ》めて「下《げ》」を用《もち》いることが多々《たた》あります。

活用問題《かつようもんだい》

①…15点《てん》×5　②…25点《てん》（完全解答《かんぜんかいとう》）

① 次《つぎ》の文章《ぶんしょう》の空欄《くうらん》を埋《う》めます。後《あと》の□から語句《ごく》を選《えら》んで書《か》きなさい。同《おな》じ語句《ごく》は一度《いちど》しか使《つか》えません。

ア 敬語《けいご》とは通常《つうじょう》、年《とし》や立場《たちば》が（　　）の人《ひと》が、年《とし》や立場《たちば》が（　　）の人《ひと》に対《たい》して使《つか》うものだ。

イ その絵《え》には、（　　階級《かいきゅう》）の人々《ひとびと》の豪華《ごうか》な晩《ばん》餐会《さんかい》の様子《ようす》が描《えが》かれていた。

ウ （　　心《しん》）を持《も》って努力《どりょく》を続《つづ》ければ、成功《せいこう》のチャンスは必《かなら》ずやってくる。

エ あのピッチャーは今年《ことし》大活躍《だいかつやく》したから、来《らい》シーズンの年俸《ねんぽう》が大幅《おおはば》に（　　）するだろう。

上流《じょうりゅう》　アップ　上《うえ》　向上《こうじょう》　下流《かりゅう》　ダウン　下《した》　低下《ていか》

② 次《つぎ》の文中《ぶんちゅう》の空欄《くうらん》に、「上《うえ》」か「下《した》」を書《か》き入《い》れなさい。

突然《とつぜん》の「総理辞任《そうりじにん》」の一報《いっぽう》に、テレビ局《きょく》も新聞社《しんぶんしゃ》も、（　　）を（　　）への大騒《おおさわ》ぎとなった。

アップは「上《あ》がる（上《あ》げる）」、ダウンは「下《さ》がる（下《さ》げる）」を意味《いみ》します。組《く》み合《あ》わせると「アップダウン（上《あ》がり下《さ》がり・上《あ》げ下《さ》げ）」となります。

レベル①

月　日

100点満点《てんまんてん》　点《てん》

●解答《かいとう》・解説《かいせつ》30・31ページ

レベル①　復習問題《ふくしゅうもんだい》

【1】　2点《てん》×30

ここまでに登場《とうじょう》した反対語《はんたいご》をおさらいします。空欄《くうらん》を埋《う》めなさい（漢字《かんじ》で書《か》ける言葉《ことば》の場合《ばあい》は、できるだけ漢《かん》字《じ》を使《つか》うこと）。

1　（新《あたら》しい）↔（　　）
2　（　　）↔（暗《くら》い）
3　（長《なが》い）↔（　　）
4　（　　）↔（悪《わる》い）
5　（重《おも》い）↔（　　）
6　（　　）↔（小《ちい》さい）
7　（始《はじ》まる）↔（　　）
8　（　　）↔（減《へ》る）
9　（速《はや》い）↔（　　）
10　（　　）↔（遠《とお》い）

11　（高《たか》い）↔（　　）
12　（　　）↔（弱《よわ》い）
13　（入《はい》る）↔（　　）
14　（　　）↔（内《ない》）
15　（前《ぜん》）↔（　　）
16　（　　）↔（下《げ》）
17　（未来《みらい》）↔（　　）
18　（　　）↔（後《うし》ろ向《む》き）
19　（長所《ちょうしょ》）↔（　　）
20　（　　）↔（デメリット）
21　（重々《おもおも》しい）↔（　　）
22　（　　）↔（小規模《しょうきぼ》）
23　（開始《かいし》）↔（　　）
24　（　　）↔（減少《げんしょう》）
25　（強気《つよき》）↔（　　）
26　（　　）↔（支出《ししゅつ》）
27　（ポジティブ）↔（　　）
28　（　　）↔（後者《こうしゃ》）
29　（上品《じょうひん》）↔（　　）
30　（　　）↔（ダウン）

月　日

100点満点《てんまんてん》

点《てん》

●解答《かいとう》・解説《かいせつ》32ページ

【2】 3点《てん》×6

次《つぎ》の文章《ぶんしょう》の空欄《くうらん》を埋《う》めます。後《あと》の□から語句《ごく》を選《えら》んで書《か》きなさい。同《おな》じ語句《ごく》は一度《いちど》しか使《つか》えません。

ア　野球部《やきゅうぶ》は、先輩《せんぱい》・後輩《こうはい》の（　　　　関係《かんけい》）が厳《きび》しいらしい。

イ　あわてていたので、話《はなし》の（　　　　関係《かんけい》）がめちゃくちゃになってしまった。

ウ　長年務《ながねんつと》めた七四歳《ななじゅうよんさい》の社長《しゃちょう》は退《しりぞ》き、若々《わかわか》しい三五歳《さんじゅうごさい》の青年《せいねん》が新社長《しんしゃちょう》となった。（　　　　交代《こうたい》）というわけだ。

エ　受験当日《じゅけんとうじつ》になって三八度《さんじゅうはちど》の熱《ねつ》が出《で》たのは、受験前《じゅけんまえ》に風邪《かぜ》の予防《よぼう》を怠《おこた》ったからだ。結局《けっきょく》、マスクをするかしないかが（　　　　）を分《わ》けたのだ。

オ　夏《なつ》や冬《ふゆ》は、建物《たてもの》の（　　　　）で体感温度《たいかんおんど》が大《おお》きく変《か》わるため、服装選《ふくそうえら》びに困《こま》ってしまう。

カ　小学六年生《しょうがくろくねんせい》にもなれば（　　　　）の判断《はんだん》くらいできるのだから、子《こ》どもだけで遠出《とおで》させたっていい。

善悪《ぜんあく》　前後《ぜんご》　明暗《めいあん》　新旧《しんきゅう》　上下《じょうげ》　内外《ないがい》

【3】 4点《てん》×3

次《つぎ》の文章《ぶんしょう》の空欄《くうらん》を埋《う》めます。後《あと》の□から語句《ごく》を選《えら》んで書《か》きなさい。同《おな》じ語句《ごく》は一度《いちど》しか使《つか》えません。

ア　この調子《ちょうし》なら、（　　　　）目標《もくひょう》を達成《たっせい》できるはずだ。

イ　この季節《きせつ》は、（　　　　）、風邪《かぜ》を引《ひ》いている人《ひと》がクラスに必《かなら》ずいる。

ウ　この薬《くすり》は、（　　　　）、体《からだ》に強《つよ》い影響《えいきょう》をもたらす。

多《おお》かれ少《すく》なかれ　遅《おそ》かれ早《はや》かれ　良《よ》かれ悪《あ》しかれ

【4】 10点《てん》

次《つぎ》の言葉《ことば》を使《つか》って、短《みじか》い文《ぶん》を書《か》きなさい。

「一長一短《いっちょういったん》」

9〜16 解答《かいとう》・解説《かいせつ》

解答《かいとう》

9 **速《はや》い↔遅《おそ》い**（20ページ）

① ファーストフード・早《はや》く・スローフード

② ア

10 **近《ちか》い↔遠《とお》い**（21ページ）

① ア…遠《とお》く・遠《とお》く　イ…遠《とお》く・近場《ちかば》

② ア…近《ちか》づく　イ…遠《とお》のく　ウ…遠《とお》い　エ…遠方《えんぽう》

11 **高《たか》い↔低《ひく》い**（22ページ）

① ア…高《たか》み　イ…高尚《こうしょう》　ウ…安値《やすね》・高値《たかね》

② 身長《しんちょう》が低《ひく》くても、運動能力《うんどうのうりょく》の高《たか》い人《ひと》

12 **強《つよ》い↔弱《よわ》い**（23ページ）

① ア…強《つよ》み・弱《よわ》み　イ…強気《つよき》　ウ…微力《びりょく》

② 年《とし》を重《かさ》ねるごとに強健《きょうけん》になっていく

---

13 **入《はい》る↔出《で》る**（24ページ）

① ア…（例《れい》）映画館《えいがかん》が混《こ》み合《あ》うのは、入《はい》るときではなく、出《で》るときである。

イ…（例《れい》）電気代《でんきだい》を食《く》いやすいのは、冷蔵庫《れいぞうこ》に入《い》れるときではなく、冷蔵庫《れいぞうこ》から出《だ》すときである。

14 **外《がい》↔内《ない》**（25ページ）

① ア…外側《そとがわ》　イ…内側《うちがわ》　ウ…ポジティブ・ネガティブ

エ…内面《ないめん》

15 **前《ぜん》↔後《ご》**（26ページ）

① ア…（例《れい》）ケガをした後《あと》は、気《き》をつけるようになった。しかし、ケガをする前《まえ》は、気《き》をつけていなかった。

イ…（例《れい》）お話《はなし》の前半《ぜんはん》は、面白《おもしろ》く感《かん》じた。しかし、お話《はなし》の後半《こうはん》は、つまらなく感《かん》じた。

16 **上《じょう》↔下《げ》**（27ページ）

① ア…下《した》・上《うえ》　イ…上流階級《じょうりゅうかいきゅう》　ウ…向上心《こうじょうしん》

エ…アップ

② 上《うえ》・下《した》

ピックアップ解説《かいせつ》

9 **速《はや》い ←→ 遅《おそ》い**（20ページ）

①の二《ふた》つめは、「済《す》ませたい」につながる言葉《ことば》としては「早《はや》く」が適切《てきせつ》です。食《た》べるという動作《どうさ》を「速《はや》く」することで、食《た》べるという行為《こうい》の終了《しゅうりょう》を「早《はや》く」迎《むか》えたい、という意《い》味《み》合《あ》いです。②の「遅《おそ》かれ早《はや》かれ」は、まだ起《お》きていない先《さき》のことがらについての予想《よそう》でなければなりませんが、アの文《ぶん》は今《いま》すでに起《お》きていることがらについて書《か》かれていますから、不適切《ふてきせつ》です。

10 **近《ちか》い ←→ 遠《とお》い**（21ページ）

②ウの「遠《とお》い目《め》」は、「遠《とお》くを見《み》つめるような目《め》」という意《い》味《み》です。この文《ぶん》では遠《とお》い昔《むかし》を見《み》つめているわけです。

11 **高《たか》い ←→ 低《ひく》い**（22ページ）

①イは、「AではなくB」という対比《たいひ》の文《ぶん》になっていることに注目《ちゅうもく》します。Aが「低俗《ていぞく》（な絵画《かいが》）」ですから、Bはその反対語《はんたいご》の「高尚《こうしょう》（な絵画《かいが》）」となります。「ではなく」という言葉《ことば》に注目《ちゅうもく》する習慣《しゅうかん》をつけておきましょう。

13 **入《はい》る ←→ 出《で》る**（24ページ）

①（他《た》の例《れい》）増《ふ》やしたいのは、支出《ししゅつ》ではなく収入《しゅうにゅう》である。／勉強《べんきょう》において大切《たいせつ》なのは、知識《ちしき》をインプットすることだけではなく、それをアウトプットして使《つか》ってみることである。

14 **外《がい》 ←→ 内《ない》**（25ページ）

①「内面《ないめん》」は個人《こじん》の性格《せいかく》や心情《しんじょう》などを表《あらわ》すことの多《おお》い言葉《ことば》ですから、エが適切《てきせつ》です。一方《いっぽう》、イは「外国《がいこく》」に対《たい》しての内側《うちがわ》（自国《じこく》）という意《い》味《み》であり、「内面《ないめん》」はあまりふさわしくありません。

16 **上《じょう》 ←→ 下《げ》**（27ページ）

①エの「年俸《ねんぽう》」とは、野《や》球選手《きゅうせんしゅ》などの給料《きゅうりょう》のことです。

②は、「上《うえ》を下《した》への大騒《おおさわ》ぎ」という決《き》まり文句《もんく》です。上《うえ》のものを下《した》にし、下《した》のものを上《うえ》にしてしまうほどの混乱《こんらん》、といった意《い》味《み》合《あ》いの言葉《ことば》です。「上《うえ》や下《した》へ」「上《うえ》へ下《した》へ」などと間違《まちが》って覚《おぼ》えてしまうことがありますから、注意《ちゅうい》が必要《ひつよう》です。

レベル① 復習問題《ふくしゅうもんだい》 解答《かいとう》・解説《かいせつ》

解答《かいとう》

【1】

1 古《ふる》い
2 明《あか》るい
3 短《みじか》い
4 良《よ》い（善《よ》い）
5 軽《かる》い
6 大《おお》きい
7 終《お》わる
8 増《ふ》える（増《ま》す）
9 遅《おそ》い
10 近《ちか》い
11 低《ひく》い（安《やす》い）
12 強《つよ》い
13 出《で》る
14 外《がい》
15 後《ご》（後《うし》ろ）
16 上《じょう》
17 過去《かこ》（現在《げんざい》）
18 前向《まえむ》き
19 短所《たんしょ》
20 メリット
21 軽々《かるがる》しい
22 大規模《だいきぼ》
23 終了《しゅうりょう》
24 増加《ぞうか》
25 弱気《よわき》
26 収入《しゅうにゅう》
27 ネガティブ
28 前者《ぜんしゃ》
29 下品《げひん》
30 アップ

【2】

ア…上下関係《じょうげかんけい》　イ…前後関係《ぜんごかんけい》　ウ…新旧交代《しんきゅうこうたい》
エ…明暗《めいあん》　オ…内外《ないがい》　カ…善悪《ぜんあく》

【3】

ア…遅《おそ》かれ早《はや》かれ　イ…多《おお》かれ少《すく》なかれ
ウ…良《よ》かれ悪《あ》しかれ

【4】

（例《れい》）手書《てが》きも印刷《いんさつ》も、どちらも一長一短《いっちょういったん》だ。／話《はな》し合《あ》いで決《き》めるという方法《ほうほう》には一長一短《いっちょういったん》がある。

ピックアップ解説《かいせつ》

【4】

「一長一短《いっちょういったん》」の「一長《いっちょう》」は「一《ひと》つの長所《ちょうしょ》・利点《りてん》」、「一短《いったん》」は「一《ひと》つの短所《たんしょ》・欠点《けってん》」を意味《いみ》します。

ですから、「一長一短《いっちょういったん》」は、「良《よ》いところも悪《わる》いところも、どちらもある」といった意味《いみ》になります。

レベル②

なじみの薄《うす》い言葉《ことば》が増《ふ》えてくるレベルです。
関連語《かんれんご》にも難《むずか》しい言葉《ことば》が目立《めだ》ち始《はじ》めます。
「上《うえ》を隠《かく》して下《した》を、下《した》を隠《かく》して上《うえ》を言《い》ってみる」といった練習《れんしゅう》をしながら、
個々《ここ》の関連語《かんれんご》を覚《おぼ》えていくようにしましょう。

17 広《ひろ》い ↕ 狭《せま》い

●組《く》み合《あ》わせると「広狭《こうきょう》」

関連語《かんれんご》

手広《てびろ》い ↔ 手狭《てぜま》い
広《ひろ》める ↔ 狭《せば》める
肩身《かたみ》が広《ひろ》い ↔ 肩身《かたみ》が狭《せま》い
広義《こうぎ》 ↔ 狭義《きょうぎ》
広大《こうだい》 ↔ 狭小《きょうしょう》

解説《かいせつ》

「手狭《てぜま》い」は主《おも》に「手狭《てぜま》」として使《つか》い、住居《じゅうきょ》や仕事場《しごとば》などが狭《せま》い（目的《もくてき》に合《あ》わない広《ひろ》さである）、といった意味《いみ》で用《もち》いられます。

一方《いっぽう》、「手広《てびろ》い」は、場所《ばしょ》の広《ひろ》さ以外《いがい》にも、関《かか》わりの範囲《はんい》の広《ひろ》さを意味《いみ》します。「スポーツなら、球技《きゅうぎ》からダンスまで手広《てびろ》くやっている」などと使《つか》います。

「肩身《かたみ》が狭《せま》い」とは、面目《めんぼく》が立《た》たず（恥《は》ずかしく）引《ひ》け目《め》を感《かん》じるような気持《きも》ちを意味《いみ》します。「肩身《かたみ》が広《ひろ》い」よりも「肩身《かたみ》が狭《せま》い」のほうがよく使《つか》われます。

活用問題《かつようもんだい》

① 次《つぎ》の文章《ぶんしょう》の空欄《くうらん》を埋《う》めます。後《あと》の［　］から語句《ごく》を選《えら》んで書《か》きなさい。同《おな》じ語句《ごく》は一度《いちど》しか使《つか》えません。　①…15点《てん》×5　②…25点《てん》

ア　子《こ》どもたちも大《おお》きくなったので、六畳《ろくじょう》の部屋《へや》に兄弟《きょうだい》二人《ふたり》というのは（　　　）な感《かん》じがしている。

イ　そんな場所《ばしょ》に机《つくえ》を置《お》いたら、せっかくのスペースを（　　　）ことになるよ。

ウ　「運動《うんどう》」という言葉《ことば》は、（　　　）には「体《からだ》を動《うご》かすこと」といった意味《いみ》になるが、（　　　）にとらえれば、ボールが転《ころ》がるのも「運動《うんどう》」だし、選挙《せんきょ》のために街頭演説《がいとうえんぜつ》をするのも「運動《うんどう》」である。

エ　授業参観《じゅぎょうさんかん》の間《あいだ》、お母《かあ》さんが後《うし》ろでおしゃべりばかりしていたので、肩身《かたみ》の（　　　）思《おも》いがした。

広《ひろ》める　狭義《きょうぎ》　狭《せま》い　手狭《てぜま》　広《ひろ》い　狭《せば》める　広義《こうぎ》

② 次《つぎ》の空欄《くうらん》に、動物《どうぶつ》の名《な》を書《か》き入《い》れなさい。

（　　　）のひたい……場所《ばしょ》が狭《せま》いことのたとえ。

「広義《こうぎ》・狭義《きょうぎ》」……「広義《こうぎ》のA」と言《い》えば「広《ひろ》い意味《いみ》でのA」ということになります（狭義《きょうぎ》も同様《どうよう》）。

レベル②

月　日

100点満点《てんまんてん》　点《てん》

●解答《かいとう》・解説《かいせつ》46ページ

●解答・解説46ページ

18 楽《たの》しい ↕ 苦《くる》しい

●組《く》み合《あ》わせると「苦楽《くらく》」

関連語《かんれんご》

楽《たの》しむ ←→ 苦《くる》しむ
嬉《うれ》しい ←→ 悲《かな》しい
面白《おもしろ》い ←→ つまらない
快楽《かいらく》 ←→ 苦痛《くつう》
愉快《ゆかい》 ←→ 不愉快《ふゆかい》

解説《かいせつ》

「楽《たの》しい」と「嬉《うれ》しい」は、似《に》ているようで違《ちが》いがあります。次《つぎ》の空欄《くうらん》に、「楽《たの》しい」か「嬉《うれ》しい」を書《か》き入《い》れてみてください。

1　プレゼントをもらって（　　　　）。

2　このアニメは、とても（　　　　）。

1が「嬉《うれ》しい」、2が「楽《たの》しい」ですね。逆《ぎゃく》にすると不自然《ふしぜん》な感《かん》じがします。「楽《たの》しい」は継続的《けいぞくてき》に生《しょう》じる（やや長《なが》く続《つづ》く）心情《しんじょう》である一方《いっぽう》、「嬉《うれ》しい」は非継続的《ひけいぞくてき》に生《しょう》じる（その場限《ばかぎ》りの）心情《しんじょう》であると言《い》えるでしょう。

活用問題《かつようもんだい》　①…15点《てん》×4　②…20点《てん》×2

① 次《つぎ》の文章《ぶんしょう》の空欄《くうらん》を埋《う》めます。後《あと》の□から語句《ごく》を選《えら》んで書《か》きなさい。同《おな》じ語句《ごく》は一度《いちど》しか使《つか》えません。

ア　「旅行《りょこう》」と言《い》えば、ただ（　　　　）目的《もくてき》で行《い》くようなイメージがあるが、「旅《たび》」と言《い》うと、そこに何《なん》らかの（　　　　）も待《ま》っていそうな感《かん》じがする。

イ　一〇年間《じゅうねんかん》（　　　　）をともにした愛犬《あいけん》が死《し》に、（　　　　）にひたっていた。

苦《くる》しみ　楽《たの》しむ　苦《くる》しむ　苦楽《くらく》　楽《たの》しみ　悲《かな》しみ

② 次《つぎ》の文《ぶん》の――を引《ひ》いた部分《ぶぶん》は、おかしな表現《ひょうげん》になっています。ふさわしい表現《ひょうげん》に直《なお》し、それぞれの空欄《くうらん》に書《か》き入《い》れなさい（上《うえ》の関連語《かんれんご》から言葉《ことば》を選《えら》ぶこと）。

運動会《うんどうかい》の玉入《たまい》れで自分《じぶん》のチームが勝《か》った瞬間《しゅんかん》はとても楽《たの》しかった。でも、次《つぎ》に行《おこな》われた徒競走《ときょうそう》の途中《とちゅう》で転《ころ》んでしまった後《あと》は、とても楽《たの》しい気持《きも》ちで過《す》ごした。

一《ひと》つめ（　　　　かった）　二《ふた》つめ（　　　　）

レベル②
月　日
100点満点《てんまんてん》
点《てん》
●解答《かいとう》・解説《かいせつ》 46・47ページ

19 教《おし》える↕学《まな》ぶ

関連語《かんれんご》

教《おし》える ↔ 教《おそ》わる
教《おし》える ↔ 習《なら》う
育《そだ》てる ↔ 育《そだ》つ
教育《きょういく》 ↔ 学習《がくしゅう》
教師《きょうし》 ↔ 生徒《せいと》

解説《かいせつ》

次《つぎ》の会話《かいわ》、どこかおかしくありませんか。

教師《きょうし》「この問題《もんだい》、もう教《おし》えたっけ？」
生徒《せいと》「はい、教《おし》えました」

生徒《せいと》の言葉《ことば》は、「教《おそ》わりました」でなければ不自然《ふしぜん》です。「教《おし》えました」では、「先生《せんせい》は自分《じぶん》に教《おし》えました」という意味《いみ》になり、いかにも偉《えら》そうな言《い》い方《かた》に聞《き》こえてしまいます。教《おし》えていただきました、と敬語《けいご》にするかどうかはさておき、せめて「教《おそ》わりました」と言《い》えるようにならなければなりません。気《き》をつけましょう。

月　　日

100点満点《てんまんてん》

点《てん》

●解答《かいとう》・解説《かいせつ》46・47ページ

活用問題《かつようもんだい》

① 次《つぎ》の文章《ぶんしょう》の空欄《くうらん》を埋《う》めます。後《あと》の□から語句《ごく》を選《えら》んで書《か》きなさい。同《おな》じ語句《ごく》を二度以上使《にどいじょうつか》ってもかまいません。

①…15点《てん》×6　全問正解《ぜんもんせいかい》でプラス10点《てん》

学校《がっこう》の教師《きょうし》の中《なか》には、自分《じぶん》から積極的《せっきょくてき》に（　　　）ようとしない先生《せんせい》がいます。子《こ》どもが子《こ》どもどうしで（　　　）合《あ》うことが一番大切《いちばんたいせつ》、といった考《かんが》え方《かた》の教《きょう》師《し》です。たしかに、（　　　）のは子《こ》ども自身《じしん》ですから、子《こ》どもの中《なか》に「（　　　）たい」という強《つよ》い思《おも》いがないと、なかなかその学習《がくしゅう》の成果《せいか》は生《う》まれてきません。しかし、その一方《いっぽう》で、教師《きょうし》の中《なか》に「教《おし》えたい」という強《つよ》い思《おも》いがあると、その情熱《じょうねつ》に触《ふ》れた子《こ》どもたちの中《なか》にもいつの間《ま》にか「（　　　）たい」という強《つよ》い思《おも》いが生《う》まれてくるのも、事実《じじつ》です。そもそも、教師《きょうし》とは（　　　）ことが仕事《しごと》です。子《こ》どもどうしがどんなに学《まな》び合《あ》っても発見《はっけん》することのできない専門的《せんもんてき》な知識《ちしき》や技術《ぎじゅつ》を子《こ》どもに与《あた》えることができるのは、教師《きょうし》だけなのです。

学《まな》び　教《おし》え　学《まな》ぶ　教《おし》える

①……文章《ぶんしょう》の最後《さいご》までひととおり読《よ》んでから、空欄《くうらん》を埋《う》めていきましょう。

20 得《え》る↕失《うしな》う

●組《く》み合《あ》わせると「得失《とくしつ》」

関連語《かんれんご》

利益《りえき》 ↔ 損失《そんしつ》
獲得《かくとく》 ↔ 喪失《そうしつ》
拾得《しゅうとく》 ↔ 遺失《いしつ》
得点《とくてん》 ↔ 失点《しってん》
見《み》つける ↔ なくす
もらう ↔ やる

解説《かいせつ》

「得《え》る」は、何《なに》かを手《て》に入《い》れること、「失《うしな》う」は、それまで持《も》っていた（備《そな》わっていた）何《なに》かをなくすことです。「喪失《そうしつ》」は「失《うしな》う」ことですが、とくに抽象的《ちゅうしょうてき》なことがらに使《つか》われます。記憶喪失《きおくそうしつ》、意識喪失《いしきそうしつ》、権威喪失《けんいそうしつ》など、具体的《ぐたいてき》な形《かたち》を持《も》たないことがらについて用《もち》いられやすい言葉《ことば》です。「もらう・やる」は、「得《え》る・失《うしな》う」にくらべると、その対象《たいしょう》を「手《て》に入《い》れたい・なくしたくない」と思《おも》う気持《きも》ちが弱《よわ》いイメージがあります。

活用問題《かつようもんだい》 ①…20点《てん》×4 ②…20点《てん》

① 次《つぎ》の文章《ぶんしょう》の空欄《くうらん》を埋《う》めます。後《あと》の□から語句《ごく》を選《えら》んで書《か》きなさい。同《おな》じ語句《ごく》は一度《いちど》しか使《つか》えません。

ア あの選手《せんしゅ》が怪我《けが》で出場《しゅつじょう》できないのは、チームにとって大《おお》きな（　　　　）だ、と監督《かんとく》はつぶやいた。

イ 高《たか》い値段《ねだん》で少《すく》ない客《きゃく》に売《う》るのと、安《やす》い値段《ねだん》で多《おお》くの客《きゃく》に売《う》るのとでは、どちらがより多《おお》くの（　　　　）を上《あ》げられるだろうか。なかなか難《むずか》しいところだ。

ウ 相手《あいて》チームがあまりに強《つよ》すぎて、試合《しあい》の前半《ぜんはん》が終《お》わった時点《じてん》で既《すで》に戦意《せんい》を（　　　　）していた。

エ 僕《ぼく》のチームに入《はい》った今度《こんど》の転入生《てんにゅうせい》は、県大会《けんたいかい》で優勝《ゆうしょう》した経験《けいけん》もあるチームのエースだったらしい。心強《こころづよ》い味方《みかた》を（　　　　）気分《きぶん》だ。

もらった　利益《りえき》　得《え》た　損失《そんしつ》　喪失《そうしつ》

② 次《つぎ》の文《ぶん》の空欄《くうらん》を考《かんが》えて埋《う》めなさい。

校庭《こうてい》に出《で》て、水《みず》を（　　　　）魚《うお》のように遊《あそ》ぶ子《こ》。

「利益《りえき》」……商売《しょうばい》などでもうけた（得《とく》をした）金銭《きんせん》を指《さ》す場合《ばあい》と、より広《ひろ》い意味《いみ》で「得《とく》になること全般《ぜんぱん》」を指《さ》す場合《ばあい》とがあります。「損失《そんしつ》」も同様《どうよう》にとらえることができます。

月　日

100点満点《てんまんてん》　点《てん》

●解答《かいとう》・解説《かいせつ》46・47ページ

21 当《あ》たる↕外《はず》れる

●組《く》み合《あ》わせると「当《あ》たり外《はず》れ」

月　日

100点《てん》満《まん》点《てん》　　点《てん》

●解答《かいとう》・解説《かいせつ》46ページ

関《かん》連《れん》語《ご》

当然《とうぜん》 ↕ 意外《いがい》
案《あん》の定《じょう》 ↕ 案外《あんがい》
思《おも》いどおり ↕ 思《おも》いがけず（思《おも》いの外《ほか》）
期待《きたい》どおり ↕ 期待外《きたいはず》れ
即《そく》する ↕ 外《はず》れる

解《かい》説《せつ》

「意外《いがい》」「案外《あんがい》」「思《おも》いの外《ほか》」の三《みっ》つをくらべると、「意《い》外《がい》」には「驚《おどろ》き」の心情《しんじょう》がやや強《つよ》く感《かん》じられます。

また、「意外《いがい》に」とは言《い》えますが、「案外《あんがい》に」「思《おも》いの外《ほか》に」とは言《い》えません。後《あと》の二《ふた》つは、「案外《あんがい》うまくいった」「思《おも》いの外遠《ほかとお》かった」などと、「に」をつけずに使《つか》うのが普通《ふつう》です。

「即《そく》する」は、ぴったりと合《あ》っている様子《ようす》を表《あらわ》します。「問《と》いに即《そく》した答《こた》え方《かた》」と言《い》えば、質問《しつもん》の仕方《しかた》にぴったりと合《あ》った答《こた》え方《かた》、という意味《いみ》になります。

活《かつ》用《よう》問《もん》題《だい》

①…40点《てん》×2　②…20点《てん》

① 次《つぎ》の各文《かくぶん》の空欄《くうらん》を考《かんが》えて埋《う》めなさい。

ア　今週《こんしゅう》までは掃除当番《そうじとうばん》に当《あ》たっているが、（　　　　）。

イ　一日《いちにち》待《ま》っていても会《あ》いたい人《ひと》に思《おも》いどおり会《あ》えないような日《ひ》があるかと思《おも》えば、とくに待《ま》っているわけではないのに、（　　　　）。

② 次《つぎ》の「問《と》い」に即《そく》した答《こた》え方《かた》になっているものを、後《あと》のア～エから一《ひと》つ選《えら》び、記号《きごう》にマルをつけなさい。

「問《と》い」　猿《さる》も木《き》から落《お》ちるとは、どういうことですか。

「答《こた》え」
ア　名人《めいじん》でも失敗《しっぱい》することがある。
イ　名人《めいじん》でも失敗《しっぱい》することがあるということ。
ウ　名人《めいじん》でも失敗《しっぱい》することがあるから。
エ　名人《めいじん》でも失敗《しっぱい》することがあります。

①は、対比《たいひ》の考《かんが》え方《かた》で文《ぶん》を作《つく》っていきます。アは、「今週《こんしゅう》←→来週《らいしゅう》」「当《あ》たっている←→外《はず》れている」と考《かんが》えます。イは、「思《おも》いどおり←→思《おも》いがけず」を活用《かつよう》します。

22 未《いま》だに↔既《すで》に

関連語《かんれんご》

まだ↔もう
未知《みち》↔既知《きち》
未習《みしゅう》↔既習《きしゅう》
未定《みてい》↔既定《きてい》
未婚《みこん》↔既婚《きこん》
未熟《みじゅく》↔成熟《せいじゅく》（完熟《かんじゅく》）

解説《かいせつ》

「未《いま》だに・既《すで》に」は、「まだ・もう」とほぼ同《おな》じ意味《いみ》です。「未《いま》だに風《かぜ》が強《つよ》い（まだ風《かぜ》が強《つよ》い）」「既《すで》に風《かぜ》は止《や》んだ（もう風《かぜ》は止《や》んだ）」などと使《つか》います。

「未知《みち》」はまだ知《し》らないこと、「既知《きち》」はもう知《し》っていることを意味《いみ》します。他《た》も全《すべ》て同様《どうよう》に考《かんが》えられます。

「未習《みしゅう》」はまだ学習《がくしゅう》していないこと、「既習《きしゅう》」はその逆《ぎゃく》。
「未定《みてい》」はまだ定《さだ》まっていないこと、「既定《きてい》」はその逆《ぎゃく》。
「未婚《みこん》」はまだ結婚《けっこん》していないこと、「既婚《きこん》」はその逆《ぎゃく》。

活用問題《かつようもんだい》

① 次《つぎ》の各文《かくぶん》の空欄《くうらん》を考《かんが》えて埋《う》めなさい。　①…20点《てん》×2　②…15点《てん》×4

ア　昨日《きのう》はまだ宿題《しゅくだい》が終《お》わっていなかったが、（　　）。

イ　負《ま》けたショックから未《いま》だに立《た》ち直《なお》れない友《とも》だちもいる一方《いっぽう》で、（　　）。

② 次《つぎ》の各文《かくぶん》の空欄《くうらん》に、「未知《みち》」か「既知《きち》」を書《か》き入《い》れなさい。

速読《そくどく》にはいつも危険《きけん》が伴《ともな》う。読《よ》めたつもりになっていても、それはただ単《たん》に、自分《じぶん》の知《し》っている言葉《ことば》、すなわち（　　）の言葉《ことば》に反応《はんのう》できたというだけのことだ。よく知《し》らないこと、すなわち（　　）のことがらは、知《し》らぬ間《ま》に読《よ》み飛《と》ばしてしまう。内容《ないよう》への深《ふか》い理解《りかい》を得《え》たいのならば、時間《じかん》をかけて（　　）を吸収《きゅうしゅう》する覚悟《かくご》が不可欠《ふかけつ》だ。（　　）だけを追《お》い、それで満足《まんぞく》してしまうような速読法《そくどくほう》は、避《さ》けたいものだ。

「未熟《みじゅく》」……果実《かじつ》や作物《さくもつ》がまだ熟《じゅく》していないこと（反対語《はんたいご》は完熟《かんじゅく》・成熟《せいじゅく》）。転《てん》じて、人間《にんげん》の心身《しんしん》の発達《はったつ》や成長《せいちょう》が不十分《ふじゅうぶん》であることも意味《いみ》します（反対語《はんたいご》は成熟《せいじゅく》）。

月　日

100点満点《てんまんてん》　点《てん》

●解答《かいとう》・解説《かいせつ》46ページ

23 できる↕できない

関連語《かんれんご》

可能《かのう》↕不可能《ふかのう》
出来《でき》↕不出来《ふでき》
完成《かんせい》↕未完成《みかんせい》
成功《せいこう》↕失敗《しっぱい》（→54ページ）
理想《りそう》↕現実《げんじつ》（→71ページ）

解説《かいせつ》

「できる」という言葉《ことば》は、多《おお》くの場合《ばあい》、プラスのイメージを運《はこ》びます。「参加《さんか》した」よりも「参加《さんか》できた」のほうが、参加《さんか》したかったという願望《がんぼう》、参加《さんか》に対《たい》するプラスのイメージを感《かん》じます。

出来《でき》・不出来《ふでき》は、「出来《でき》が良《よ》いこと・出来《でき》が悪《わる》いこと」を意味《いみ》します。「出来不出来《できふでき》」のようにひと続《つづ》きで使《つか》うことも多々《たた》あります。また、完成《かんせい》・未完成《みかんせい》は「できた・まだできていない」、成功《せいこう》・失敗《しっぱい》は「(目的《もくてき》どおりに)うまくできた・うまくできなかった」といった意味《いみ》です。

月　　日

100点満点《てんまんてん》　　点《てん》

●解答《かいとう》・解説《かいせつ》46ページ

活用問題《かつようもんだい》　①…15点《てん》×5　②…25点《てん》

① **次《つぎ》の文章《ぶんしょう》の空欄《くうらん》を埋《う》めます。後《あと》の□から語句《ごく》を選《えら》んで書《か》きなさい。同《おな》じ語句《ごく》は一度《いちど》しか使《つか》えません。**

偏差値七〇《へんさちななじゅう》の中学《ちゅうがく》を受験《じゅけん》して合格《ごうかく》（　　　）、それは（　　　）的《てき》だ。

しかし、（　　　）にはなかなか難《むずか》しく、そう簡《かん》単《たん》に合格《ごうかく》（　　　）ものではない。

今後《こんご》、勉強《べんきょう》を積《つ》み重《かさ》ね、合格《ごうかく》できる（　　　性《せい》）が出《で》てきたら、そのときにまた考《かんが》えてみることにしよう。

できる　理想《りそう》　できれば　可能《かのう》　不可能《ふかのう》　現実《げんじつ》

② **次《つぎ》の文《ぶん》の空欄《くうらん》を考《かんが》えて埋《う》めなさい。**

成功《せいこう》できる見込《みこ》みがあるときにだけチャレンジする、という人《ひと》がいる。しかし、それでは新境地《しんきょうち》に達《たっ》することはできない。むしろ、（　　　　　）、あえてチャレンジしてみるという姿勢《しせい》でいる人《ひと》こそが、成功《せいこう》するのである。

「作品《さくひん》の出来不出来《できふでき》を確《たし》かめる」のように名詞《めいし》として使《つか》う場合《ばあい》は、漢字《かんじ》で書《か》くほうが自然《しぜん》です。一方《いっぽう》、「見《み》ることができる」のような動詞《どうし》の用法《ようほう》では、ひらがなにします。

24 同《おな》じ ⇕ 異《こと》なる

●組《く》み合《あ》わせると「同異《どうい》」

関連語《かんれんご》

同《おな》じ	↔	違《ちが》う
同質《どうしつ》	↔	異質《いしつ》
共通点《きょうつうてん》	↔	相違点《そういてん》
対等関係《たいとうかんけい》	↔	上下関係《じょうげかんけい》
平等《びょうどう》	↔	不平等《ふびょうどう》
公平《こうへい》	↔	不公平《ふこうへい》

解説《かいせつ》

「異《こと》なる」は、「違《ちが》う」とほぼ同《おな》じ意味《いみ》です。ただし、「異《こと》なる」が単《たん》に複数《ふくすう》のものごとを客観的《きゃっかんてき》に比較《ひかく》しているだけであることが多《おお》いのに対《たい》し、「違《ちが》う」は、一方《いっぽう》を主観《しゅかん》的《てき》に正《ただ》しいとみなし、他方《たほう》がそこから外《はず》れていることを強調《きょうちょう》する場合《ばあい》に使《つか》われることがあります。たとえば、「約《やく》束《そく》が違《ちが》う」と言《い》えば、最初《さいしょ》にそう約束《やくそく》したはずなのに今《いま》さら違《ちが》うことを言《い》うな、といった強調《きょうちょう》の意図《いと》を感《かん》じます（「約束《やくそく》が異《こと》なる」は、単《たん》に内容《ないよう》の比較《ひかく》を伝《つた》えるだけです）。

活用問題《かつようもんだい》

① 次《つぎ》の文章《ぶんしょう》の空欄《くうらん》を埋《う》めます。後《あと》の□から語句《ごく》を選《えら》んで書《か》きなさい。同《おな》じ語句《ごく》は一度《いちど》しか使《つか》えません。　①…20点《てん》×4　②…20点《てん》

ア「秘密《ひみつ》を教《おし》えれば人質《ひとじち》を返《かえ》すと言《い》っていたじゃないか。もうオレは秘密《ひみつ》を教《おし》えたぞ。なぜ返《かえ》さないんだ。それじゃあ話《はなし》が（　　　）じゃないか！」

イ　六《むっ》つの饅頭《まんじゅう》を三人《さんにん》に分《わ》けるとき、一人《ひとり》につき二《ふた》つずつ分《わ》けるなら、それは（　　　）な分《わ》け方《かた》であると言《い》えるが、一人《ひとり》に四《よっ》つ、あとは一人一《ひとりひと》つずつとなると、それは（　　　）な分《わ》け方《かた》であると言《い》える。

ウ　学年《がくねん》で見《み》れば上下関係《じょうげかんけい》にある二人《ふたり》だが、計算力《けいさんりょく》にかけては（　　　）である。

異《こと》なる	公平《こうへい》	対等《たいとう》	違《ちが》う	不公平《ふこうへい》

② 次《つぎ》の文《ぶん》の空欄《くうらん》を考《かんが》えて埋《う》めなさい。

恐竜《きょうりゅう》とゴジラの（　　　点《てん》）は、実在《じつざい》した生物《せいぶつ》かどうかという点《てん》である。

「対等関係《たいとうかんけい》・上下関係《じょうげかんけい》」……上下《じょうげ》（→27ページ）あるいは優劣《ゆうれつ》（→84ページ）の差《さ》がない状態《じょうたい》を「対等《たいとう》」と言《い》います。

レベル②

月　日

100点満点《てんまんてん》

点《てん》

●解答《かいとう》・解説《かいせつ》 46ページ

月　日

100点《てん》満《まん》点《てん》

点《てん》

●解答《かいとう》・解説《かいせつ》47ページ

25 肯定《こうてい》↔否定《ひてい》

関連語《かんれんご》

賛成《さんせい》↔反対《はんたい》
受《う》け入《い》れる↔断《ことわ》る
承諾《しょうだく》↔拒否《きょひ》
イエス↔ノー
はい↔いいえ
首《くび》を縦《たて》にふる↔首《くび》を横《よこ》にふる

解《かい》説《せつ》

「意見《いけん》を（　）する」。この空欄《くうらん》に、「賛成《さんせい》」か「肯定《こうてい》」を入《い》れます。入《はい》るのは「肯定《こうてい》」だけです。「意見《いけん》を肯定《こうてい》する」とは言《い》えますが、「意見《いけん》を賛成《さんせい》する」とは言《い》えません。

「意見《いけん》に（　）する」。この場合《ばあい》はどうでしょう。同《どう》様《よう》に、「賛成《さんせい》」か「肯定《こうてい》」を入《い》れます。すると今度《こんど》は逆《ぎゃく》に、「賛成《さんせい》」しか入《はい》りません。「意見《いけん》に賛成《さんせい》する」とは言《い》えますが、「意見《いけん》に肯定《こうてい》する」とは言《い》えません。

これらは、「反対《はんたい》」「否定《ひてい》」についても同様《どうよう》です。

活《かつ》用《よう》問《もん》題《だい》

① 次《つぎ》の文章《ぶんしょう》を読《よ》み、後《あと》の問《と》いに答《こた》えなさい。（　）の数字《すうじ》は段落番号《だんらくばんごう》です。　①…50点《てん》×2

（1）「病気《びょうき》になっても寝《ね》ていればそのうち治《なお》る、薬《くすり》に頼《たよ》るのは良《よ》くない」などと言《い》う人《ひと》がいる。

（2）たしかに、ちょっとした腹痛《ふくつう》や風邪《かぜ》ぐらいの軽《かる》い病気《びょうき》であれば、寝《ね》ているだけで治《なお》るかもしれない。

（3）しかし、胃潰瘍《いかいよう》やインフルエンザなどの重《おも》い病気《びょうき》だとすると、寝《ね》ているだけでなく薬《くすり》を飲《の》まないと治《なお》りづらいのではないか。

（4）だから、私《わたし》は、「寝《ね》ていればそのうち治《なお》る、薬《くすり》に頼《たよ》るのは良《よ》くない」という意見《いけん》には反対《はんたい》の立場《たちば》をとる。

〈問《と》い〉

ア（1）の意見《いけん》を肯定《こうてい》している段落《だんらく》の番号《ばんごう》を書《か》きなさい。（　　）

イ（1）の意見《いけん》を否定《ひてい》している段落《だんらく》の番号《ばんごう》を書《か》きなさい。（　　）

※ア・イとも、答《こた》えは一《ひと》つとは限《かぎ》りません。

「肯定《こうてい》」とは、「そのとおりである」と認《みと》めることです。「否定《ひてい》」とは、「そうではない」と打《う》ち消《け》すことです。「承諾《しょうだく》」とは、相手《あいて》の意見《いけん》や希望《きぼう》を受《う》け入《い》れることです。

26 表《おもて》↕裏《うら》

●組《く》み合《あ》わせると「表裏《ひょうり》」「裏表《うらおもて》」

関連語《かんれんご》

表面《ひょうめん》↕裏面《りめん》
正面《しょうめん》↕背面《はいめん》
顔《かお》↕心《こころ》
立前《たてまえ》↕本音《ほんね》
上辺《うわべ》↕中身《なかみ》

解説《かいせつ》

「表面《ひょうめん》・裏面《りめん》」には「外《そと》・内《うち》」のイメージがある一方《いっぽう》、「正面《しょうめん》・背面《はいめん》」には「前《まえ》・後《うし》ろ」のイメージがあります。「顔《かお》・心《こころ》」をセットで使《つか》う場合《ばあい》、「表《おもて》・裏《うら》」に近《ちか》い意味合《いみあ》いが生《う》まれます。たとえば、「顔《かお》では笑《わら》っているが心《こころ》では泣《な》いている」と言《い》えば、表向《おもてむ》き・外向《そとむ》きには笑顔《えがお》だが、裏向《うらむ》き・内向《うちむ》きには(本心《ほんしん》では)泣《な》いている、ということになります。また、立前《たてまえ》は「表向《おもてむ》きの考《かんが》え」を意味《いみ》し、「立前《たてまえ》と本音《ほんね》」というように、セットでよく使《つか》われます。本音《ほんね》は「表《おもて》には出《だ》しづらい本心《ほんしん》」を意味《いみ》します。

活用問題《かつようもんだい》 ①…50点《てん》×2

① 次《つぎ》に示《しめ》す対比《たいひ》の型《かた》のどちらか(あるいは両方《りょうほう》)を利《り》用《よう》し、例《れい》にならって短作文《たんさくぶん》を二《ふた》つ書《か》きなさい。その際《さい》、上《うえ》に示《しめ》した「表《おもて》・裏《うら》」、あるいは「関連語《かんれんご》」を必《かなら》ず用《もち》いること。なお、テーマ・内容《ないよう》は自由《じゆう》です。

型《かた》 □は、□ではなく、□。
型《かた》 □は□。しかし、□は□。
例《れい》 意外《いがい》にも泥棒《どろぼう》は、建物《たてもの》の**正面**《しょうめん》から堂々《どうどう》と入《はい》ってきた。一方《いっぽう》、多《おお》くの警察官《けいさつかん》は**背面**《はいめん》に回《まわ》っていた。

ア

イ

「立前《たてまえ》」は「建前《たてまえ》」とも書《か》きます。①……思《おも》いつかない場合《ばあい》は、こんな書《か》き出《だ》しにしましょう。「注意深《ちゅういぶか》く確《たし》かめるべきなのは、できごとの表面《ひょうめん》ではなく、…」

レベル②
月　日
100点満点《てんまんてん》
点《てん》
●解答《かいとう》・解説《かいせつ》47ページ

27 質《しつ》↕量《りょう》

月　　日

100点満点《てんまんてん》　　点《てん》

●解答《かいとう》・解説《かいせつ》47ページ

関連語《かんれんご》

質的《しつてき》 ←→ 量的《りょうてき》
内容《ないよう》 ←→ 形式《けいしき》（↓138ページ）
実質的《じっしつてき》 ←→ 形式的《けいしきてき》
少量生産《しょうりょうせいさん》 ←→ 大量生産《たいりょうせいさん》
クオリティ ←→ クオンティティ

解《かい》説《せつ》

たとえば、一〇〇円《ひゃくえん》でも大量《たいりょう》に入《はい》っている「果汁五《かじゅうご》パーセントの飲《の》み物《もの》」と、五〇〇円《ごひゃくえん》でも少量《しょうりょう》しか入《はい》っていない「ストレート果汁一〇〇《かじゅうひゃく》パーセントのジュース」とを思《おも》い浮《う》かべてください。前者《ぜんしゃ》は、量《りょう》では優《すぐ》れていますが、質《しつ》（この場合《ばあい》、味《あじ》）では劣《おと》ります。後者《こうしゃ》は、量《りょう》では劣《おと》っていますが、質《しつ》では優《すぐ》れています。ただし、質《しつ》の良《よ》し悪《あ》しは人《ひと》によって判断《はんだん》が分《わ》かれることが多《おお》く、主観的《しゅかんてき》（↓77ページ）なものであると言《い》えます。逆《ぎゃく》に、量《りょう》は、客観的《きゃっかんてき》にとらえやすいものであると言《い》えます。

活用問題《かつようもんだい》　①…20点《てん》×3　②…20点《てん》×2

① **次《つぎ》の文章《ぶんしょう》の空欄《くうらん》を埋《う》めます。後《あと》の□から語句《ごく》を選《えら》んで書《か》きなさい。同《おな》じ語句《ごく》は一度《いちど》しか使《つか》えません。**

ア　少量生産品《しょうりょうせいさんひん》は高値《たかね》に、（　　　　）は安値《やすね》になりやすい傾向《けいこう》がある。

イ　あの牛丼《ぎゅうどん》は、（　　　　）には満足《まんぞく》できたが、質的《しつてき》には不満《ふまん》が残《のこ》った。

ウ　あの時計職人《とけいしょくにん》は、安《やす》い対価《たいか》にもかかわらず、とても（　　　　）の高《たか》い仕事《しごと》をしてくれた。

量的《りょうてき》　クオリティ　内容的《ないようてき》　大量生産品《たいりょうせいさんひん》

② **次《つぎ》の文《ぶん》の空欄《くうらん》を考《かんが》えて埋《う》めなさい。**

「花《はな》より団子《だんご》」という言葉《ことば》は、文字《もじ》どおりのお花見《はなみ》をするよりも桜《さくら》の下《した》で団子《だんご》を食《た》べているほうがいい、といった意味合《いみあ》いの言葉《ことば》だ。つまり、風流《ふうりゅう》よりも実利《じつり》をとるということ、あるいは、（　　　　的《てき》）な価値《かち》よりも（　　　　的《てき》）な価値《かち》をとるということを意味《いみ》する。

「クオリティ・クオンティティ」……英語《えいご》で「質《しつ》・量《りょう》」（quality・quantity）。とくにクオリティはほとんど日本語化《にほんごか》しています。「クオリティが高《たか》い、低《ひく》い」などと使《つか》います。

28 動《どう》↔静《せい》

●組《く》み合《あ》わせると「動静《どうせい》」

関連語《かんれんご》

動《うご》く ↔ 止《と》まる
運動《うんどう》 ↔ 静止《せいし》
動的《どうてき》 ↔ 静的《せいてき》
変動《へんどう》 ↔ 安定《あんてい》
動画《どうが》 ↔ 静止画《せいしが》
賑《にぎ》わしい ↔ 寂《さび》しい

解説《かいせつ》

運動《うんどう》と言《い》うと、まずスポーツの類《たぐい》を思《おも》い浮《う》かべますね。しかし、本来《ほんらい》の運動《うんどう》は「物《もの》が動《うご》くこと」を意味《いみ》します。また、生《せい》物《ぶつ》の心臓《しんぞう》が自発的《じはってき》に動《うご》くのも運動《うんどう》です。さらに、選挙運《せんきょうん》動《どう》・市民運動《しみんうんどう》などのように、一定《いってい》の目的《もくてき》をもって人々《ひとびと》に働《はたら》きかけることも、運動《うんどう》と言《い》います（↓34ページ）。ボールが転《ころ》がるのも水《みず》が流《なが》れるのも運動《うんどう》です。

安定《あんてい》の反対語《はんたいご》として変動《へんどう》を用《もち》いるときは、そこにややマイナスの意味合《いみあ》いが生《しょう》じることがあります。

活用問題《かつようもんだい》

①…14点《てん》×7　全問正解《ぜんもんせいかい》でプラス2点《てん》

① 次《つぎ》の文章《ぶんしょう》の空欄《くうらん》を埋《う》めます。後《あと》の□から語句《ごく》を選《えら》んで書《か》きなさい（同《おな》じ語句《ごく》を二度使《にどつか》ってもよい）。

映像《えいぞう》は（　　　）いる。だから、時間的余裕《じかんてきよゆう》がない。たとえば、映画《えいが》の最中《さいちゅう》に主人公《しゅじんこう》が（　　　）に語《かた》っているシーンがあったとしても、次《つぎ》の瞬間《しゅんかん》には大爆発《だいばくはつ》が起《お》きて場面《ばめん》が急変《きゅうへん》したりする。映画《えいが》を見《み》ている人《ひと》は、もはや、先《さき》ほどの語《かた》りの内容《ないよう》を思《おも》い出《だ》している暇《ひま》もない。

一方《いっぽう》、写真《しゃしん》は（　　　）いる。だから、時間的余《じかんてきよ》裕《ゆう》がある。写真《しゃしん》の枠《わく》をはみ出《だ》してその周辺《しゅうへん》の様子《ようす》を想像《そうぞう》したり、撮影《さつえい》された瞬間《しゅんかん》の前後《ぜんご》の様子《ようす》を想像《そうぞう》したりすることができる。たとえば、夕暮《ゆうぐ》れの写真《しゃしん》なら、昼間《ひるま》や夜《よる》の光景《こうけい》を想像《そうぞう》しつつ、一枚《いちまい》の写真《しゃしん》とじっくり向《む》き合《あ》える。

その意味《いみ》では、心《こころ》が（　　　）のは、映像《えいぞう》というよりも写真《しゃしん》であると言《い》える。（　　　）いる映像《えいぞう》は、心《こころ》を（　　　）しまう。逆《ぎゃく》に、（　　　）いる写真《しゃしん》は、心《こころ》を動《うご》かしてくれるのである。

静《しず》か　動《うご》いて　止《と》めて　止《と》まって　動《うご》き出《だ》す

「静止画《せいしが》」……ビデオ映像《えいぞう》を一時停止《いちじていし》したときのような、動《うご》きの止《と》まった画像《がぞう》（印刷《いんさつ》された写真等《しゃしんとう》は含《ふく》みません）。「賑《にぎ》わしい」……賑《にぎ》やかな様子《ようす》。

月　日

100点《てん》満点《まんてん》

点《てん》

●解答《かいとう》・解説《かいせつ》47ページ

17〜28 解答《かいとう》・解説《かいせつ》

解答《かいとう》

17 ① **広《ひろ》い ↔ 狭《せま》い**（34ページ）

ア…手狭《てぜま》　イ…狭《せば》める　ウ…狭義《きょうぎ》・広義《こうぎ》　エ…狭《せま》い

② 猫《ねこ》

18 ① **楽《たの》しい ↔ 苦《くる》しい**（35ページ）

ア…楽《たの》しむ・苦《くる》しみ　イ…苦楽《くらく》・悲《かな》しみ

② 一《ひと》つめ…嬉《うれ》しかった

二《ふた》つめ…悲《かな》しい（つまらない・不愉快《ふゆかい》な）

19 ① **教《おし》える ↔ 学《まな》ぶ**（36ページ）

教《おし》え・学《まな》び・学《まな》ぶ・学《まな》び・学《まな》び・教《おし》える

20 ① **得《え》る ↔ 失《うしな》う**（37ページ）

ア…損失《そんしつ》　イ…利益《りえき》　ウ…喪失《そうしつ》　エ…得《え》た

② 得《え》た

21 ① **当《あ》たる ↔ 外《はず》れる**（38ページ）

ア…（例《れい》）来週《らいしゅう》（から）は外《はず》れている

イ…（例《れい》）会《あ》いたい人《ひと》に思《おも》いがけず会《あ》えるような日《ひ》もある

② イ

22 ① **未《いま》だに ↔ 既《すで》に**（39ページ）

ア…（例《れい》）今日《きょう》はもう終《お》わっている（終《お》わった）

イ…（例《れい》）既《すで》にショックから立《た》ち直《なお》った友《とも》だちもいる

② 既知《きち》・未知《みち》・未知《みち》・既知《きち》

23 ① **できる ↔ できない**（40ページ）

できれば・理想《りそう》・現実《げんじつ》・できる・可能性《かのうせい》

② （例《れい》1）成功《せいこう》できる見込《みこ》みがほとんどないときに

（例《れい》2）失敗《しっぱい》する可能性《かのうせい》が高《たか》いようなときに

24 ① **同《おな》じ ↔ 異《こと》なる**（41ページ）

ア…違《ちが》う　イ…公平《こうへい》・不公平《ふこうへい》　ウ…対等《たいとう》

② 相違点《そういてん》（異《こと》なる点《てん》）

25 肯定《こうてい》↔否定《ひてい》（42ページ）

①ア…2　イ…3・4

26 表《おもて》↔裏《うら》（43ページ）

①ア…（例《れい》）注意深《ちゅういぶか》く確《たし》かめるべきなのは、できごとの表面《ひょうめん》ではなく、裏面《りめん》である。　イ…（例《れい》）立前《たてまえ》ではお礼《れい》を言《い》いながらプレゼントを受《う》け取《と》った。しかし、本音《ほんね》ではこのプレゼントは嬉《うれ》しくなかった。

27 質《しつ》↔量《りょう》（44ページ）

①ア…大量生産品《たいりょうせいさんひん》　イ…量的《りょうてき》　ウ…クオリティ

②形式的《けいしきてき》・実質的《じっしつてき》（内容的《ないようてき》）

28 動《どう》↔静《せい》（45ページ）

①動《うご》いて・静《しず》か・止《と》まって・動《うご》き出《だ》す・動《うご》いて・止《と》めて・止《と》まって

ピックアップ解説《かいせつ》

18 楽《たの》しい↔苦《くる》しい（35ページ）

①イの「苦楽《くらく》をともにする」や「悲《かな》しみにひたる」は決《き》まり文句《もんく》です。覚《おぼ》えてしまいましょう。

19 教《おし》える↔学《まな》ぶ（36ページ）

二《ふた》つめの空欄《くうらん》を「教《おし》え合《あ》う」とした人《ひと》がいるかもしれません。しかしそうなると、直後《ちょくご》を「教《おし》えるのは子《こ》ども自身《じしん》ですから」とせざるを得《え》ず、不自然《ふしぜん》です。また、終《しゅう》盤《ばん》に「子《こ》どもどうしがどんなに学《まな》び合《あ》っても」とありますから、ここはやはり「学《まな》び合《あ》う」とすべきです。

20 得《え》る↔失《うしな》う（37ページ）

①エは、手《て》に入《い》れて嬉《うれ》しいという思《おも》いの強《つよ》さを感《かん》じますから、「もらった」より「得《え》た」が適切《てきせつ》です。②は、「水《みず》を得《え》た魚《うお》」という慣用句《かんようく》です。

27 質《しつ》↔量《りょう》（44ページ）

①イを「内容的《ないようてき》」にした人《ひと》がいるかもしれませんが、それでは「質的《しってき》」と意味《いみ》がダブってしまいます。「量《りょう》には満足《まんぞく》、質《しつ》（味《あじ》）には不満《ふまん》」という意味合《いみあ》いを読《よ》み取《と》りましょう。

29 勝《か》つ↔負《ま》ける

●組《く》み合《あ》わせると「勝負《しょうぶ》」

関連語《かんれんご》

勝《か》つ ↔ 敗《やぶ》れる（組《く》み合《あ》わせると「勝敗《しょうはい》」）

勝利《しょうり》 ↔ 敗北《はいぼく》

勝者《しょうしゃ》 ↔ 敗者《はいしゃ》

勝《か》ち越《こ》し ↔ 負《ま》け越《こ》し

完勝《かんしょう》 ↔ 完敗《かんぱい》

解説《かいせつ》

「競争《きょうそう》に勝《か》つ」といった用法《ようほう》以外《いがい》に、「勝《か》つ」にはいくつかの意味《いみ》・用法《ようほう》があります。「食欲《しょくよく》に勝《か》つ」「眠気《ねむけ》に勝《か》つ」など、抑《おさ》えがたい欲望《よくぼう》を強《つよ》く抑《おさ》えるときの「勝《か》つ」、あるいは、「この曲《きょく》は低音《ていおん》が勝《か》っている」など、全体《ぜんたい》の中《なか》での傾向《けいこう》の強《つよ》さを示《しめ》すときの「勝《か》つ」などです。それぞれ、反対《はんたい》の意味《いみ》で「負《ま》ける」を用《もち》いることができます（眠気《ねむけ》に負《ま》ける、低音《ていおん》が負《ま》けている、など）。ただし、「眠気《ねむけ》に敗《やぶ》れる」「低音《ていおん》が敗《やぶ》れている」というような使《つか》い方《かた》はあまりしませんから、注意《ちゅうい》が必要《ひつよう》です。

活用問題《かつようもんだい》　①…50点《てん》×2

① 次《つぎ》に示《しめ》す対比《たいひ》の型《かた》を利用《りよう》し、例《れい》にならって短作文《たんさくぶん》を二《ふた》つ書《か》きなさい。その際《さい》、上《うえ》に示《しめ》した「勝《か》つ・負《ま》ける」（勝《しょう》・負《ぶ》）、あるいは「関連語《かんれんご》」を必《かなら》ず用《もち》いること。なお、テーマ・内容《ないよう》は自由《じゆう》です。

型《かた》　□は、□よりも、むしろ□。

例《れい》1　目標《もくひょう》は、**勝《か》つ**ことよりも、むしろ**負《ま》け**ないことだ。

例《れい》2　あの気《き》の強《つよ》さは、**勝《か》ち気《き》**というよりも、むしろ**負《ま》けん気《き》**と言《い》うのがふさわしい。

ア

イ

「勝《か》ち越《こ》し」……勝《か》った数《かず》が負《ま》けた数《かず》より多《おお》くなること、また、競技《きょうぎ》の途中《とちゅう》で相手《あいて》の得点《とくてん》を上回《うわまわ》ること。負《ま》け越《こ》しはその逆《ぎゃく》。　①……「泣《な》きたくなるのは、…」など。

月　日

100点満点《てんまんてん》

点《てん》

●解答《かいとう》・解説《かいせつ》62ページ

30 生《い》きる ↕ 死《し》ぬ

●組《く》み合《あ》わせると「生死《せいし》」

関連語《かんれんご》

- 生《い》かす ←→ 死《し》なす（殺《ころ》す）
- 生前《せいぜん》 ←→ 死後《しご》
- 出生《しゅっしょう》 ←→ 死亡《しぼう》
- 生物《せいぶつ》 ←→ 無生物《むせいぶつ》
- セーフ ←→ アウト

解説《かいせつ》

「死《し》なす」には、「殺《ころ》すつもりはなかったが結果的《けっかてき》に死《し》なせてしまった」という意味合《いみあ》いがあります。「エサやりを忘《わす》れてペットを死《し》なす」などと使《つか》います。それに対《たい》して、「殺《ころ》す」は、意図的《いとてき》に命《いのち》を奪《うば》う意味合《いみあ》いがあります。また、「生《い》かす」には「有効《ゆうこう》に使《つか》う」「活用《かつよう》する」といった意味《いみ》があります。逆《ぎゃく》に、「死《し》ぬ」や「殺《ころ》す」を、「無駄《むだ》になる（する）」といった意味《いみ》で使《つか》うことがあります。なお、野《や》球《きゅう》などで打者《だしゃ》・走者《そうしゃ》がセーフになるような場合《ばあい》に「生《い》きる」、アウトになるような場合《ばあい》に「死《し》ぬ」と表現《ひょうげん》します。

活用問題《かつようもんだい》　①…12点《てん》×8　全問正解《ぜんもんせいかい》でプラス4点《てん》

① 次《つぎ》の文章《ぶんしょう》の空欄《くうらん》を埋《う》めます。後《あと》の□から語句《ごく》を選《えら》んで書《か》きなさい。同《おな》じ語句《ごく》は一度《いちど》しか使《つか》えません。

ア けん玉《だま》という特技《とくぎ》を（　　　）、場《ば》を盛《も》り上《あ》げることができました。

イ この部屋《へや》は一四畳《じゅうよんじょう》もあるのに、家具《かぐ》がバラバラに置《お》いてあるためにスペースが（　　　）いる。

ウ 囲碁《いご》の最中《さいちゅう》、「その石《いし》はもう（　　　）も同《どう》然《ぜん》だね」と言《い》われ、ショックだった。

エ どんなに役立《やくだ》つ計算術《けいさんじゅつ》を学《まな》んでも、意識《いしき》して使《つか》わなければ役《やく》には立《た》たない。得《え》た技術《ぎじゅつ》を（　　　）も（　　　）も本人次第《ほんにんしだい》、ということだ。

オ 日本《にほん》では、（　　　）者数《しゃすう》よりも（　　　）者《しゃ》数《すう》のほうが上回《うわまわ》っているため、人口《じんこう》が減《へ》り続《つづ》けている。

カ 「ぼくは電車《でんしゃ》に乗《の》った」ではなく、「電車《でんしゃ》がぼくを乗《の》せて動《うご》き出《だ》した」というように（　　　）を主語《しゅご》にすると、味《あじ》のある文《ぶん》になります。

死《し》んで	無生物《むせいぶつ》	死《し》んだ	死亡《しぼう》	殺《ころ》す
生物《せいぶつ》	生《い》かし	生《い》かす	出生《しゅっしょう》	

「生前《せいぜん》」……生《い》きていたとき（「生《う》まれる前《まえ》」ではありません）。「死後《しご》」……死《し》んだ後《あと》。
「無生物《むせいぶつ》」……生物《せいぶつ》ではないもの（紙《かみ》、水《みず》、石《いし》、金属《きんぞく》、等々《とうとう》）。

レベル②

月　日

100点満点《てんまんてん》

点《てん》

●解答《かいとう》・解説《かいせつ》62ページ

31 安心《あんしん》↕不安《ふあん》

月　日

100点《てん》満点《まんてん》　　点《てん》

●解答《かいとう》・解説《かいせつ》62ページ

関連語《かんれんご》

安心《あんしん》 ↔ 心配《しんぱい》
安堵《あんど》 ↔ 懸念《けねん》（危惧《きぐ》）
安《やす》んずる ↔ 案《あん》ずる（危《あや》ぶむ）
楽観《らっかん》 ↔ 悲観《ひかん》（↓88ページ）
気《き》が緩《ゆる》む ↔ 気《き》が張《は》る

解説《かいせつ》

「心配《しんぱい》になる」も「不安《ふあん》になる」も似《に》たような意味《いみ》ですが、「心配《しんぱい》」と「不安《ふあん》」には違《ちが》いもあります。たとえば、「心配《しんぱい》する」とは言《い》えますが、「不安《ふあん》する」とは言《い》えません。「心配《しんぱい》」は「心《こころ》を配《くば》る」ということであり、能動的《のうどうてき》に（自分《じぶん》から）気《き》を遣《つか》うイメージを含《ふく》むわけです。一方《いっぽう》、「不安《ふあん》」は、「する」のではなく「なる」だけです。悪《わる》い結果《けっか》が気《き》になって、自然《しぜん》と落《お》ち着《つ》かなくなる状態《じょうたい》です。「安堵《あんど》」は、気《き》がかりなことがなくなりほっとする心情《しんじょう》。「気《き》が張《は》る」は「緊張《きんちょう》する」とほぼ同《おな》じ意味《いみ》です。

活用問題《かつようもんだい》　①…35点《てん》×2　②…30点《てん》

① 次《つぎ》の各文《かくぶん》の空欄《くうらん》に入《い》れる言葉《ことば》としてふさわしくないものを、それぞれの□から一《ひと》つずつ選《えら》び、その言葉《ことば》にマルをつけなさい。

ア 娘《むすめ》は、面接《めんせつ》で失敗《しっぱい》するのではないかと（　　　）、ここ数日《すうじつ》は夜《よる》も眠《ねむ》れないらしい。

心配《しんぱい》で　不安《ふあん》になり　安心《あんしん》で　悲観《ひかん》して　気《き》が張《は》って

イ 昨今《さっこん》地震《じしん》が多《おお》く、いつ大災害《だいさいがい》が起《お》きるかと（　　　）いるのだが、今《いま》のところは何《なに》も起《お》きていない。

危《あや》ぶんで　気《き》が張《は》って　危惧《きぐ》して　安堵《あんど》して　案《あん》じて

② 次《つぎ》の文《ぶん》の空欄《くうらん》を考《かんが》えて埋《う》めなさい。

「出産《しゅっさん》は心配事《しんぱいごと》が多《おお》いが、実際《じっさい》に産《う》んでしまえばそれほどのことでもない」。つまり、「あれこれ心配《しんぱい》していないで実行《じっこう》してしまえば案外《あんがい》たやすいものだ」。この意味《いみ》のことわざを、（　　　　易《やす》し）と言《い》う。

「安《やす》んずる」……「安心《あんしん》する」とほぼ同《おな》じ意味《いみ》。「懸念《けねん》」……「心配《しんぱい》」とほぼ同《おな》じ意味《いみ》。
「危惧《きぐ》」「危《あや》ぶむ」……「懸念《けねん》」「案《あん》ずる」よりも強《つよ》い心配《しんぱい》を示《しめ》す表現《ひょうげん》。

月　日

100点満点《てんまんてん》

点《てん》

●解答《かいとう》・解説《かいせつ》62・63ページ

32 心強《こころづよ》い ↕ 心細《こころぼそ》い

関連語《かんれんご》

心強《こころづよ》い ↔ 心許《こころもと》ない
頼《たの》もしい ↔ 頼《たよ》りない
安定《あんてい》 ↔ 不安定《ふあんてい》
確実《かくじつ》 ↔ 不確実《ふかくじつ》
安心《あんしん》 ↔ 不安《ふあん》（↓50ページ）

解説《かいせつ》

「心強《こころづよ》い」とは、頼《たよ》りになるものがあって安心《あんしん》な様子《ようす》、「心細《こころぼそ》い」とは、頼《たよ》りになるものがなく不安《ふあん》な様子《ようす》です。「心許《こころもと》ない」も「心細《こころぼそ》い」と似《に》た意味《いみ》ですが、「心細《こころぼそ》い」の持《も》つ「寂《さび》しい」といった意味《いみ》はほとんど持《も》ちません。

心強《こころづよ》さは、安定感《あんていかん》、確実性《かくじつせい》などにも通《つう》じます。逆《ぎゃく》に、心細《こころぼそ》さは、不安定感《ふあんていかん》、不確実性《ふかくじつせい》などに通《つう》じます。

「名医《めいい》と呼《よ》ばれるあの先生《せんせい》がいつも良《よ》いアドバイスをくださるので心強《こころづよ》い」「子《こ》どもだけで旅行《りょこう》だなんて、ちょっと心許《こころもと》ない」などといった使《つか》い方《かた》になります。

活用問題《かつようもんだい》　①…14点《てん》×7　全問正解《ぜんもんせいかい》でプラス2点《てん》

① 次《つぎ》の文章《ぶんしょう》の空欄《くうらん》を埋《う》めます。後《あと》の□から語句《ごく》を選《えら》んで書《か》きなさい。同《おな》じ語句《ごく》は一度《いちど》しか使《つか》えません。

ア　暗算《あんざん》でできそうな計算問題《けいさんもんだい》も、念《ねん》のため筆算《ひっさん》で確《たし》かめたほうが（　　　）だ。暗算《あんざん》だけでは、ちょっと（　　　）。

イ　この新築《しんちく》マンションは、地盤調査《じばんちょうさ》をした上《うえ》で免震構造《めんしんこうぞう》で建《た》てているらしい。（　　　）、安心感《あんしんかん》がある。

ウ　たしかに彼《かれ》は積極的《せっきょくてき》でリーダーシップがあるが、ときどきとんでもない自分勝手《じぶんかって》な行動《こうどう》に出《で》るところがあるから、彼《かれ》がリーダーであるのは（　　　）というよりもむしろ（　　　）感《かん》じる。

エ　昨日《きのう》は担任《たんにん》の先生《せんせい》が休《やす》みだったので（　　　）一日《いちにち》だったが、今日《きょう》は先生《せんせい》がいつもどおりそばにいてくれるので（　　　）。

心許《こころもと》ない	頼《たの》もしい	心強《こころづよ》い	頼《たよ》りなく
心細《こころぼそ》い	確実《かくじつ》	心強《こころづよ》く	

月　　日

100点《てん》満点《まんてん》　　点《てん》

●解答《かいとう》・解説《かいせつ》62ページ

33 満足《まんぞく》↕不満《ふまん》

関《かん》連《れん》語《ご》

十分《じゅうぶん》 ↕ 不十分《ふじゅうぶん》
完全《かんぜん》 ↕ 不完全《ふかんぜん》
満《み》ちる ↕ 欠《か》ける
飽《あ》き足《た》りる ↕ 飽《あ》き足《た》りない
喜《よろこ》ぶ ↕ 憂《うれ》える

解説《かいせつ》

「飽《あ》き足《た》りる」をそのまま使《つか》うことは少《すく》なく、多《おお》くは「飽《あ》き足《た》りない」と否定《ひてい》する形《かたち》で用《もち》います。「飽《あ》き足《た》りない」とは、「満足《まんぞく》しきれない」といった意味《いみ》です。「喜《よろこ》ぶ」の反対語《はんたいご》は「悲《かな》しむ」ですが、「憂《うれ》える」も反《はん》対語《たいご》として成立《せいりつ》します。「憂《うれ》える」とは、「心配《しんぱい》する・心《こころ》を痛《いた》める・悲《かな》しむ」といった意味《いみ》です。

なお、「憂《うれ》える」の類語《るいご》として「憂鬱《ゆううつ》」があります。「憂鬱《ゆううつ》」とは、心配《しんぱい》ごとがあって気持《きも》ちが晴《は》れない様子《ようす》を意味《いみ》します。あわせて覚《おぼ》えておきましょう。

活用問題《かつようもんだい》　①…25点《てん》×2　②…ア25点《てん》　イ10＋15点《てん》

① 次《つぎ》の文章《ぶんしょう》の空欄《くうらん》を埋《う》めます。後《あと》の□から語句《ごく》を選《えら》んで書《か》きなさい。同《おな》じ語句《ごく》は一度《いちど》しか使《つか》えません。

ア　練習《れんしゅう》に練習《れんしゅう》を重《かさ》ね、手《て》のマメがつぶれるほどバットを振《ふ》り続《つづ》けたのにまだ（　　　　）と言《い》うユウタに愛想《あいそ》を尽《つ》かし、ケンは帰《かえ》ってしまった。

イ　我《わ》が国《くに》の将来《しょうらい》を（　　　　）ような発言《はつげん》を繰《く》り返《かえ》す首相《しゅしょう》を見《み》て、だんだんもの悲《がな》しくなってきた。

憂《うれ》える　満《み》たす　飽《あ》き足《た》りない　満足《まんぞく》させられる

② 次《つぎ》の文《ぶん》の空欄《くうらん》を考《かんが》えて埋《う》めなさい。

ア　六〇点《ろくじってん》取《と》っただけで満足《まんぞく》している人《ひと》もいる一方《いっぽう》で、（　　　　）。

イ　一人《ひとり》が一日《いちにち》過《す》ごすだけならば、この保存食《ほぞんしょく》だけでも十分《じゅうぶん》だろうが、（　　　　）ならば、この量《りょう》では（　　　　）だ。

月　日

100点《てん》満点《まんてん》

点《てん》

●解答《かいとう》・解説《かいせつ》62ページ

34 幸福《こうふく》↕不幸《ふこう》

●組《く》み合《あ》わせると「幸不幸《こうふこう》」

関連語《かんれんご》

幸《しあわ》せ ↔ 不幸《ふしあわ》せ
幸《さいわ》い ↔ 災《わざわ》い（禍《わざわい》）
平穏《へいおん》 ↔ 不穏《ふおん》
幸運《こううん》 ↔ 不運《ふうん》
ラッキー ↔ アンラッキー
ハッピー ↔ アンハッピー

解説《かいせつ》

「幸運《こううん》」は、巡《めぐ》り合《あ》わせが良《よ》いことを示《しめ》します。短時間《たんじかん》、あるいは一瞬《いっしゅん》に対《たい》する表現《ひょうげん》です。一方《いっぽう》、「幸福《こうふく》」は、満《み》ち足《た》りた状態《じょうたい》が比較的長《ひかくてきなが》い時間《じかん》（期間《きかん》）に渡《わた》って続《つづ》いている様子《ようす》を示《しめ》します。「不運《ふうん》」と「不幸《ふこう》」も同様《どうよう》に考《かんが》えることができます。また、「幸《さいわ》い」は「幸運《こううん》」に近《ちか》く、「災《わざわ》い」は「不幸《ふこう》」に近《ちか》い意味合《いみあ》いを持《も》ちます。「平穏《へいおん》」は、変化《へんか》もなく静《しず》かで穏《おだ》やかなことを示《しめ》し、「幸福《こうふく》」のイメージと重《かさ》なる部分《ぶぶん》があります。「不穏《ふおん》」と「不幸《ふこう》」も同様《どうよう》です。

活用問題《かつようもんだい》　①…20点《てん》×3　②…20点《てん》×2

① 次《つぎ》の文章《ぶんしょう》の空欄《くうらん》を埋《う》めます。後《あと》の□から語句《ごく》を選《えら》んで書《か》きなさい。同《おな》じ語句《ごく》は一度《いちど》しか使《つか》えません。

ア 今朝《けさ》は、いつも通《とお》る横断歩道《おうだんほどう》の信号《しんごう》がどれも青《あお》だった。（　　　）だったなあ。

イ 結婚《けっこん》したお二人《ふたり》、末永《すえなが》く（お　　　）に。

ウ 監督《かんとく》の退場《たいじょう》を機《き》にみんなで一致団結《いっちだんけつ》した、だなんて、（　　　）を転《てん》じて福《ふく》となす、といったところか。

ラッキー　幸《しあわ》せ　ハッピー　幸《さいわ》い　不幸《ふしあわ》せ　災《わざわ》い

② 次《つぎ》の文《ぶん》の――を引《ひ》いた部分《ぶぶん》は、おかしな表現《ひょうげん》になっています。ふさわしい表現《ひょうげん》に直《なお》し、それぞれの空欄《くうらん》に書《か》き入《い》れなさい（上《うえ》の関連語《かんれんご》から言葉《ことば》を選《えら》ぶこと）。

大地震《だいじしん》で多《おお》くの建物《たてもの》が倒壊《とうかい》した中《なか》、病院《びょういん》だけは無事《ぶじ》だったというのは、まさに不幸中《ふこうちゅう》の災《わざわ》いだろう。幸福《こうふく》にも生《い》き長《なが》らえた人々《ひとびと》の多《おお》くは、その病院《びょういん》で命《いのち》を救《すく》ってもらったのだ。

一《ひと》つめ（　　　）　二《ふた》つめ（　　　）

「ラッキー・アンラッキー」「ハッピー・アンハッピー」……それぞれ、「幸運《こううん》・不運《ふうん》」「幸福《こうふく》・不幸《ふこう》」とほぼ同《おな》じ意味《いみ》。ただし、どちらも幸不幸《こうふこう》の度合《どあ》いがやや軽《かる》いイメージ。

●解答《かいとう》・解説《かいせつ》62・63ページ

35

成功《せいこう》↔失敗《しっぱい》

●組《く》み合《あ》わせると「成敗《せいはい》」「成否《せいひ》」

関《かん》連《れん》語《ご》

成立《せいりつ》↔不成立《ふせいりつ》

当《あ》てる↔外《はず》す（→38ページ）

貫《つらぬ》く↔挫《くじ》ける

到達《とうたつ》↔未到達《みとうたつ》（未到《みとう》）

完成《かんせい》↔未完成《みかんせい》

解説《かいせつ》

「当《あ》てる」は、ここでは「思《おも》いどおりに目的《もくてき》を達成《たっせい》する」という意味《いみ》です。たとえば、「今回《こんかい》のCMはうまく当《あ》てたなあ」と言《い》えば、そのCMで思《おも》いどおり効果《こうか》を上《あ》げることができたという意味《いみ》になります（「外《はず》す」は逆《ぎゃく》の意味《いみ》）。

「貫《つらぬ》く」は、ここでは「最後《さいご》までやりとおす」という意《い》味《み》です。一方《いっぽう》、「挫《くじ》ける」は「途中《とちゅう》で勢《いきお》いが弱《よわ》まる」といった意味《いみ》です。

なお、「成敗《せいはい》」は、「せいばい」と読《よ》むと別《べつ》の意味《いみ》（処《しょ》罰《ばつ》すること）になります。

活用問題《かつようもんだい》

①　次《つぎ》の文章《ぶんしょう》の空欄《くうらん》を埋《う》めます。後《あと》の［　］から語句《ごく》を選《えら》んで書《か》きなさい。同《おな》じ語句《ごく》は一度《いちど》しか使《つか》えません。

①…12点《てん》×8　全問正解《ぜんもんせいかい》でプラス4点《てん》

ア　今回《こんかい》の劇《げき》の脚本《きゃくほん》は僕《ぼく》が書《か》いた。今度《こんど》こそ一発《いっぱつ》（　　）、劇団《げきだん》の人気《にんき》を高《たか》めたい。

イ　野球《やきゅう》の試合《しあい》のとき、「五回《ごかい》の攻撃《こうげき》が終《お》わった時点《じてん》でコールド負《ま》けが（　　）します」と言《い》われたことがある。もっと試合《しあい》を続《つづ》ければ勝《か》てたと思《おも》うのだが。

ウ　初心《しょしん》を（　　）努力《どりょく》を続《つづ》けた結果《けっか》、大《おお》きな（　　）を手《て》にすることができた。

エ　練習《れんしゅう》に（　　）しまい、結果的《けっかてき》に（　　）に終《お》わった。もっと練習《れんしゅう》しておけば成功《せいこう》できたのに。

オ　世界記録《せかいきろく》となるタイムでゴールに（　　）した選手《せんしゅ》に対《たい》し、インタビューが行《おこな》われた。「遂《つい》に、（前人《ぜんじん》　　）の記録《きろく》を打《う》ち立《た》てましたね！　今《いま》のお気持《きも》ちをひとこと」

成功《せいこう》	当《あ》てて	貫《つらぬ》いて	外《はず》して	成立《せいりつ》
到達《とうたつ》	失敗《しっぱい》	未到《みとう》	挫《くじ》けて	

36 安全 ⇔ 危険

関連語

- 危なげない ⇔ 危なっかしい
- 堅い ⇔ 脆い
- 確実 ⇔ 不確実
- 青信号 ⇔ 赤信号
- ローリスク ⇔ ハイリスク

解説

「堅い」は、ここでは「危なげない」と同じ意味合いです。安定感・安心感・確実さ・強固さなどを感じる状態です。一方、「脆い」は、ここでは「危なっかしい」と同じ意味合いです（→94ページ）。不安定感・不安感・不確実さ・軟弱さなどを感じる状態です。

「青信号」は、ここでは安全性を示す比喩です。「青信号が出る」と言えば、「計画に問題はないので進めて良い」といった意味になります。逆に、「赤信号」は「危険性があるのでストップ」といったイメージになります。

レベル②

月　日
100点満点

　　　　点

● 解答・解説 62ページ

活用問題

① 次の文の空欄を考えて埋めなさい。
①…15点×5　②…25点（完全解答）

ア　スキー場の急な斜面は（　　　）そうに思えるが、その分だけ慎重になるので、むしろ（　　　）だと言えるだろう。逆に、緩やかな斜面は（　　　）ので、むしろ（　　　）、その分だけ油断が生じる。

イ　サブリーダーは今回の計画に青信号を出した。ところが、いざスタートしようというときになって、リーダーが（　　　）。そのため、計画は一時停止状態になった。

② 次の文の空欄にふさわしい言葉を□から二つ選び、マルをつけなさい。

遅刻が許されないのに、発着時刻が変動しがちな市バスに頼るというのは、（　　　）方法だよ。

| ハイリスクな　柔軟な　危なっかしい　情けない |

「ローリスク・ハイリスク」……ローは「低い」、ハイは「高い」の意味です。リスクは「危険性」。つまり、危険性が低いか高いか、という意味です。

37 全体《ぜんたい》↕部分《ぶぶん》

月　日

100点満点《てんまんてん》　点《てん》

●解答《かいとう》・解説《かいせつ》63ページ

関連語《かんれんご》

全体《ぜんたい》↔一部《いちぶ》（細部《さいぶ》）
全面的《ぜんめんてき》↔一面的《いちめんてき》
粗《あら》い↔細《こま》かい
大《おお》まか↔細《こま》か
根幹《こんかん》（根本《こんぽん》）↔枝葉《えだは》
集団《しゅうだん》↔個人《こじん》

解説《かいせつ》

「全面的《ぜんめんてき》」と「一面的《いちめんてき》」は、反対語《はんたいご》とは言《い》えますが、やや使《つか》い方《かた》が異《こと》なります。「全面的《ぜんめんてき》に賛成《さんせい》」の反対《はんたい》としては「部分的《ぶぶんてき》に賛成《さんせい》」が自然《しぜん》であり、「一面的《いちめんてき》に賛成《さんせい》」とはあまり言《い》いません。「一面的《いちめんてき》」には、「偏《かたよ》りがある」というマイナスの意味合《いみあ》いが含《ふく》まれます。たとえば、「一面的《いちめんてき》なものの見方《みかた》をしないように」といった使《つか》い方《かた》をします。

「粗《あら》い」は、「網戸《あみど》の目《め》が粗《あら》い」のように隙間《すきま》の大《おお》きさを示《しめ》すほかに、「大《おお》まか」と近《ちか》い意味《いみ》を表《あらわ》すことがあります。

活用問題《かつようもんだい》

① 次《つぎ》の文章《ぶんしょう》を読《よ》み、後《あと》の空欄《くうらん》を考《かんが》えて埋《う》めなさい。

①…16点《てん》×6　全問正解《ぜんもんせいかい》でプラス4点《てん》

地平線《ちへいせん》というものは、地上《ちじょう》の人間《にんげん》から見《み》ると、文字《もじ》どおり真《ま》っ直《す》ぐに伸《の》びた平《たい》らな線《せん》に見《み》える。しかし、実際《じっさい》には地球《ちきゅう》の円周《えんしゅう》の一部《いちぶ》なのであり、地球《ちきゅう》を離《はな》れ宇宙《うちゅう》から見《み》れば、それは明《あき》らかに曲線《きょくせん》であるということに気《き》づく。

人間《にんげん》の性格《せいかく》についても同様《どうよう》のケースがある。あいつは嫌《いや》な奴《やつ》だ、欠点《けってん》が目《め》立《だ》つ。つき合《あ》いの短《みじか》いうちはそう思《おも》っていたが、長《なが》い間《あいだ》つき合《あ》ってみると、意外《いがい》に長所《ちょうしょ》も多《おお》いことに気《き》づいた。部分的《ぶぶんてき》に、細《こま》かなところばかりを見《み》ている間《あいだ》には気《き》づかなかったことが、長《なが》い時間《じかん》をかけて全《ぜん》体的《たいてき》に見《み》つめてみると、明《あか》るみに出《で》てくる。細部《さいぶ》も大事《だいじ》だが、全体《ぜんたい》をとらえることもまた、大切《たいせつ》なのである。

（地上《ちじょう》から見《み》る）	↔	（　　）
（平《たい》らな線《せん》）	↔	（　　）
（　　）	↔	（つき合《あ》いが長《なが》い）
（欠点《けってん》が目立《めだ》つ）	↔	（　　）
（部分的《ぶぶんてき》）	↔	（　　）
（　　）	↔	（全体《ぜんたい》も大切《たいせつ》）

①……文中《ぶんちゅう》の対比関係《たいひかんけい》を整理《せいり》する問題《もんだい》です。文中《ぶんちゅう》の表現《ひょうげん》どおりに書《か》くに越《こ》したことはありませんが、一字一句《いちじいっく》を同《おな》じにしなければならないわけではありません。

38 抽象《ちゅうしょう》↔具体《ぐたい》

関連語《かんれんご》

まとめる↔分《わ》ける
括《くく》る↔解《ほぐ》す
広《ひろ》げる↔狭《せば》める （→34ページ）
一般化《いっぱんか》↔特殊化《とくしゅか》
概括《がいかつ》↔限定《げんてい》
総合《そうごう》↔分析《ぶんせき》

解説《かいせつ》

たとえば、「みかん、りんご、バナナ」を「果物《くだもの》」とまとめることを、抽象化《ちゅうしょうか》と言《い》います。逆《ぎゃく》に、「果物《くだもの》」を「みかん、りんご、バナナ」と分《わ》けることを、具体化《ぐたいか》と言《い》います。より正確《せいかく》には、形《かたち》ある個々《ここ》のものごとに共通《きょうつう》する性質《せいしつ》を引《ひ》き出《だ》すことが抽象化《ちゅうしょうか》であり、そのような無形《むけい》の性質《せいしつ》に形《かたち》を与《あた》えていくことが具体化《ぐたいか》です。抽象化《ちゅうしょうか》とは意《い》味《み》の範囲《はんい》を広《ひろ》げていくことであり、具体化《ぐたいか》とは意味《いみ》の範《はん》囲《い》を狭《せば》めていくことであるとも言《い》えます。

月　日

100点満点《てんまんてん》　点《てん》

●解答《かいとう》・解説《かいせつ》63ページ

活用問題《かつようもんだい》　①…14点《てん》×7　全問正解《ぜんもんせいかい》でプラス2点《てん》

① ——を引《ひ》いた語句《ごく》の使《つか》い方《かた》が正《ただ》しい文章《ぶんしょう》の記号《きごう》にマル、間違《まちが》っているものにバツをつけなさい。

ア レストランで「飲《の》み物《もの》ください」と言《い》われた店員《てんいん》が困《こま》っていた。そりゃそうだ、「飲《の》み物《もの》」では抽象的《ちゅうしょうてき》すぎて、何《なに》を持《も》ってくればいいか迷《まよ》ってしまう。

イ 遠足《えんそく》の感想《かんそう》を「楽《たの》しかった」としか言《い》わない子《こ》どもに、「もっと抽象的《ちゅうしょうてき》に言《い》いなさい」と先生《せんせい》は言《い》った。

ウ 紙幣《しへい》（お札《さつ》）も硬貨《こうか》（コイン）も、狭《せま》く言《い》えばお金《かね》である。

エ 募金箱《ぼきんばこ》にお金《かね》を入《い》れるのも、ボランティア活動《かつどう》をするのも、ひとくくりに言《い》えば善意《ぜんい》の行為《こうい》である。

オ そろそろ概括的《がいかつてき》にとらえていかないと、話《はな》し合《あ》いはいつまでも終《お》わりませんよ、議長《ぎちょう》。

カ 今日《きょう》のことは、ぼくときみとの間《あいだ》にだけ起《お》こった特《とく》別《べつ》なできごとなんだから、何《なん》でもかんでも特殊化《とくしゅか》してみんなに当《あ》てはめていくのは無理《むり》だと思《おも》うよ。

キ 一〇〇回《ひゃっかい》行《おこな》った実験《じっけん》の結果《けっか》を総合的《そうごうてき》に判断《はんだん》すると、今回《こんかい》の実験《じっけん》はおおむね成功《せいこう》だったと言《い》えるだろう。

「概括《がいかつ》」とは、ひとくくりに大《おお》きくまとめることです。「解《ほぐ》す」は、「分解《ぶんかい》する」「分《わ》ける」と似《に》た意味《いみ》を持《も》ちます。

39 普通《ふつう》↔特別《とくべつ》

月　日

100点満点《てんまんてん》　点《てん》

●解答《かいとう》・解説《かいせつ》63ページ

関連語《かんれんご》

- 共通《きょうつう》↔独特《どくとく》
- 並《なみ》↔並外《なみはず》れ
- ざら↔まれ
- 一般《いっぱん》（普遍《ふへん》）↔特殊《とくしゅ》
- ノーマル↔アブノーマル（→76ページ）

解説《かいせつ》

「共通《きょうつう》」と「独特《どくとく》」の関係《かんけい》は、たとえばこういうことです。みかん、りんご、バナナに「共通《きょうつう》」するのは、「果物《くだもの》である」ということです。一方《いっぽう》、「実《み》が長細《ながほそ》い」と言《い》えば、バナナ「独特《どくとく》」の特徴《とくちょう》となります。「並《なみ》」は、良《よ》くも悪《わる》くもなく、ごく普通《ふつう》であること。「並外《なみはず》れ」は、普通《ふつう》の程度《ていど》からかなり外《はず》れていることです。「普遍《ふへん》」は、例外《れいがい》なく、全《すべ》てのものに共通《きょうつう》して当《あ》てはまる様子《ようす》です。難《むずか》しい言葉《ことば》ですが、「特殊《とくしゅ》の逆《ぎゃく》」と考《かんが》えると、理解《りかい》しやすくなります。「ざら・まれ」は132ページ参照《さんしょう》。

活用問題《かつようもんだい》

① 次《つぎ》の文章《ぶんしょう》の空欄《くうらん》を埋《う》めます。後《あと》の□から語句《ごく》を選《えら》んで書《か》きなさい。同《おな》じ語句《ごく》は一度《いちど》しか使《つか》えません。

①…20点《てん》×5

ア 路上《ろじょう》で一円玉《いちえんだま》を見《み》つけることくらいはざらにあるが、五〇〇円玉《ごひゃくえんだま》を見《み》つけるのは（　　　）だ。

イ 新発売《しんはつばい》のテレビは、映像《えいぞう》が（　　　）て美《うつく》しいとのことだ。ぜひこの目《め》で確《たし》かめてみたい。

ウ スカートの下《した》にジャージをはいた高校生《こうこうせい》はアブノーマルでちょっと妙《みょう》な感《かん》じがするが、みんながその格好《かっこう》をしていると、逆《ぎゃく》に（　　　）に見《み》えてくるから不思議《ふしぎ》だ。

エ 言語《げんご》による思考《しこう》ができるということは、人類共通《じんるいきょうつう》の（　　　）的《てき》な性質《せいしつ》であると言《い》える。

オ アイドルとして長年人気《ながねんにんき》を博《はく》してきた子《こ》が、ある日《ひ》突然《とつぜん》、芸能界引退《げいのうかいいんたい》を表明《ひょうめい》した。「普通《ふつう》の女《おんな》の子《こ》に戻《もど》りたいんです。これからは（　　　扱《あつか》い）しないでくださいね」

並外《なみはず》れ　共通《きょうつう》　普遍《ふへん》　まれ　特別《とくべつ》　ノーマル　並《なみ》

「一般《いっぱん》」は多《おお》くの場合《ばあい》、「特殊《とくしゅ》なものと比較《ひかく》してそれ以外《いがい》」を意味《いみ》します。たとえば、「一般人《いっぱんじん》」は「特殊《とくしゅ》な人《ひと》以外《いがい》の人《ひと》」です。「普遍《ふへん》」ではそういった比較《ひかく》の意味合《いみあ》いが薄《うす》れます。

40 自《じ》↔他《た》

●組《く》み合《あ》わせると「自《じ》他《た》」

関連語《かんれんご》

自分《じぶん》↔他人《たにん》
自己《じこ》↔他者《たしゃ》
自力《じりき》↔他力《たりき》
自律《じりつ》↔他律《たりつ》
自立《じりつ》↔依存《いそん》
主観《しゅかん》↔客観《きゃっかん》（↓77ページ）

解説《かいせつ》

「自律《じりつ》」は、（他者《たしゃ》に縛《しば》られることなく）自分自身《じぶんじしん》の立《た》てたルールによって自己《じこ》の行動《こうどう》をコントロールする様子《ようす》です。逆《ぎゃく》に、「他律《たりつ》」は、他者《たしゃ》にコントロールされて行《こう》動《どう》する様子《ようす》です。

その意味《いみ》で、「自律《じりつ》」は「自立《じりつ》」につながっています。「自立《じりつ》」は、他者《たしゃ》の助《たす》けを得《え》ずに自力《じりき》で生《い》きる（存在《そんざい》する）ことです。逆《ぎゃく》に「依存《いそん》」は、他者《たしゃ》に頼《たよ》って生《い》きる（存在《そんざい》する）ことを意味《いみ》します（↓72ページ）。

活用問題《かつようもんだい》　①…50点《てん》×2

① 次《つぎ》に示《しめ》す対比《たいひ》の型《かた》のどちらか（あるいは両方《りょうほう》）を利《り》用《よう》し、例《れい》にならって短作文《たんさくぶん》を二《ふた》つ書《か》きなさい。その際《さい》、上《うえ》に示《しめ》した「自《じ》・他《た》」、あるいは「関連語《かんれんご》」を必《かなら》ず用《もち》いること。なお、テーマ・内容《ないよう》は自由《じゆう》です。

型《かた》 □は、□ではなく、□。
型《かた》 □は□。しかし、□は□。
例《れい》 祈《いの》るということは、実《じつ》は**他力**本願《たりきほんがん》の行為《こうい》ではなく、**自力**《じりき》を湧《わ》き上《あ》がらせるための入口《いりぐち》なのである。

ア

イ

①……思《おも》いつかない場合《ばあい》は、こんな書《か》き出《だ》しにしましょう。「人間《にんげん》に飼《か》われている生物《せいぶつ》は飼《か》い主《ぬし》に依存《いそん》して生《い》きている。しかし、…」。

レベル②
月　日
100点満点《てんまんてん》　点《てん》
●解答《かいとう》・解説《かいせつ》63ページ

レベル② 復習問題《ふくしゅうもんだい》

【1】 2点《てん》×30

ここまでに登場《とうじょう》した反対語《はんたいご》をおさらいします。空欄《くうらん》を埋《う》めなさい（漢字《かんじ》で書《か》ける言葉《ことば》の場合《ばあい》は、できるだけ漢《かん》字《じ》を使《つか》うこと）。

1 （広《ひろ》い）↔（　　）
2 （　　）↔（苦《くる》しい）
3 （教《おし》える）↔（　　）
4 （　　）↔（失《うしな》う）
5 （当《あ》たる）↔（　　）
6 （　　）↔（既《すで》に）
7 （できる）↔（　　）
8 （　　）↔（異《こと》なる）
9 （肯定《こうてい》）↔（　　）
10 （　　）↔（裏《うら》）

11 （質《しつ》）↔（　　）
12 （　　）↔（静《せい》）
13 （勝《か》つ）↔（　　）
14 （　　）↔（死《し》ぬ）
15 （安心《あんしん》）↔（　　）
16 （　　）↔（心細《こころぼそ》い）
17 （満足《まんぞく》）↔（　　）
18 （　　）↔（不幸《ふこう》）
19 （成功《せいこう》）↔（　　）
20 （　　）↔（危険《きけん》）
21 （全体《ぜんたい》）↔（　　）
22 （　　）↔（具体《ぐたい》）
23 （普通《ふつう》）↔（　　）
24 （　　）↔（他《た》）
25 （利益《りえき》）↔（　　）
26 （　　）↔（相違点《そういてん》）
27 （実質的《じっしつてき》）↔（　　）
28 （　　）↔（頼《たよ》りない）
29 （危《あぶ》なげない）↔（　　）
30 （　　）↔（分析《ぶんせき》）

月　日

100点満点《てんまんてん》

点《てん》

●解答《かいとう》・解説《かいせつ》64ページ

【2】 3点《てん》×6

次《つぎ》の文章《ぶんしょう》の空欄《くうらん》を埋《う》めます。後《あと》の［　］から語句《ごく》を選《えら》んで書《か》きなさい。同《おな》じ語句《ごく》は一度《いちど》しか使《つか》えません。

ア　彼《かれ》は、（　　　）ともに認《みと》める、球界一《きゅうかいいち》の投手《とうしゅ》だ。

イ　どんなに人気《にんき》のあるレストラン街《がい》でも、店《みせ》によって（　　　）があるものだ。

ウ　自由《じゆう》と責任《せきにん》は（　　　一体《いったい》）だ。何《なに》をやっても良《よ》いということになれば自由《じゆう》は増《ふ》えるが、その分《ぶん》だけ、失敗《しっぱい》した場合《ばあい》の責任《せきにん》も増《ま》すことになる。

エ　新聞《しんぶん》には、総理大臣《そうりだいじん》の（　　　）が分刻《ふんきざ》みで公開《こうかい》されている。

オ　一戦一戦《いっせんいっせん》の（　　　）に一喜一憂《いっきいちゆう》するよりも、何《なに》ができたから勝《か》ったのか、何《なに》ができなかったから負《ま》けたのかを冷静《れいせい》に見《み》つめていくことが大切《たいせつ》だ。

カ　災害時《さいがいじ》に（　　　）を分《わ》けるのは、事前《じぜん》の備《そな》えである。食料《しょくりょう》、衣服《いふく》、医薬品《いやくひん》など、よく確《たし》かめよう。

勝敗《しょうはい》　当《あ》たり外《はず》れ　表裏《ひょうり》　生死《せいし》　自他《じた》　動静《どうせい》

【3】 4点《てん》×3（3つそれぞれが完全解答《かんぜんかいとう》。順不同《じゅんふどう》）

次《つぎ》の中《なか》に、――を引《ひ》いた部分《ぶぶん》が間違《まちが》っているものが三《みっ》つあります。その記号《きごう》と正《ただ》しい漢字《かんじ》を、後《あと》の空欄《くうらん》に書《か》き入《い》れなさい。

ア　不《ふ》愉快《ゆかい》　　イ　不《ふ》出来《でき》　　ウ　非《ひ》可能《かのう》

エ　未《み》完成《かんせい》　　オ　不《ふ》平等《びょうどう》　　カ　未《み》生物《せいぶつ》

キ　不《ふ》公平《こうへい》　　ク　無《む》確実《かくじつ》　　ケ　不《ふ》幸《しあわ》せ

記号《きごう》（　　）　正《ただ》しい漢字《かんじ》（　　）

記号《きごう》（　　）　正《ただ》しい漢字《かんじ》（　　）

記号《きごう》（　　）　正《ただ》しい漢字《かんじ》（　　）

【4】 10点《てん》

次《つぎ》の言葉《ことば》を使《つか》って、短《みじか》い文《ぶん》を書《か》きなさい。

「安心《あんしん》」「不安《ふあん》」

29〜40 解答《かいとう》・解説《かいせつ》

解《かい》答《とう》

29 ① **勝《か》つ ←→ 負《ま》ける** (48ページ)

ア…(例《れい》)泣《な》きたくなるのは、負《ま》けたときよりも、むしろ勝《か》ったときだ。　イ…(例《れい》)次《つぎ》への教訓《きょうくん》を得《え》ることができるのは、勝者《しょうしゃ》よりも、むしろ敗者《はいしゃ》のほうだ。

30 ① **生《い》きる ←→ 死《し》ぬ** (49ページ)

ア…生《い》かし　イ…死《し》んで　ウ…死《し》んだ

エ…生《い》かす・殺《ころ》す　オ…出生《しゅっしょう》・死亡《しぼう》　カ…無生物《むせいぶつ》

31 ① **安心《あんしん》 ←→ 不安《ふあん》** (50ページ)

ア…安心《あんしん》で　イ…安堵《あんど》して

② 案《あん》ずるより産《う》むが易《やす》し

32 ① **心強《こころづよ》い ←→ 心細《こころぼそ》い** (51ページ)

ア…確実《かくじつ》・心許《こころもと》ない　イ…心強《こころづよ》く

ウ…頼《たの》もしい・頼《たよ》りなく　エ…心細《こころぼそ》い・心強《こころづよ》い

33 ① **満足《まんぞく》 ←→ 不満《ふまん》** (52ページ)

ア…飽《あ》き足《た》りない　イ…憂《うれ》える

② ア…(例《れい》)九〇点《きゅうじってん》を取《と》っても不満《ふまん》そうな人《ひと》もいる

イ…(例《れい》)一〇人《じゅうにん》が一週間《いっしゅうかん》過《す》ごすの・不十分《ふじゅうぶん》

34 ① **幸福《こうふく》 ←→ 不幸《ふこう》** (53ページ)

ア…ラッキー　イ…お幸《しあわ》せ　ウ…災《わざわ》い

② 一《ひと》つめ…幸《さいわ》い　二《ふた》つめ…幸運《こううん》(幸《さいわ》い)

35 ① **成功《せいこう》 ←→ 失敗《しっぱい》** (54ページ)

ア…当《あ》てて　イ…成立《せいりつ》　ウ…貫《つらぬ》いて・成功《せいこう》

エ…挫《くじ》けて・失敗《しっぱい》　オ…到達《とうたつ》・前人未到《ぜんじんみとう》

36 ① **安全《あんぜん》 ←→ 危険《きけん》** (55ページ)

ア…(例《れい》)危険《きけん》・安全《あんぜん》・安全《あんぜん》そうに思《おも》えるが・危険《きけん》だと言《い》えるだろう　イ…(例《れい》)赤信号《あかしんごう》を出《だ》した

② ハイリスクな・危《あぶ》なっかしい

37 **全体《ぜんたい》 ←→ 部分《ぶぶん》**（56ページ）

①（例《れい》：右《みぎ》から順《じゅん》に）宇宙《うちゅう》から見《み》る・曲線《きょくせん》・つき合《あ》いが短《みじか》い・長所《ちょうしょ》も多《おお》い・全体的《ぜんたいてき》・細部《さいぶ》も大事《だいじ》

38 **抽象《ちゅうしょう》 ←→ 具体《ぐたい》**（57ページ）

① ア…○　イ…×　ウ…×　エ…○
オ…○　カ…×　キ…○

39 **普通《ふつう》 ←→ 特別《とくべつ》**（58ページ）

① ア…まれ　イ…並外《なみはず》れ　ウ…ノーマル
エ…普遍《ふへん》　オ…特別扱《とくべつあつか》い

40 **自《じ》 ←→ 他《た》**（59ページ）

① ア…（例《れい》）学《まな》ぶというのは、自分《じぶん》で価値《かち》を生《う》み出《だ》すことではなく、他人《たにん》から価値《かち》を受《う》け取《と》ることだ。　イ…（例《れい》）人間《にんげん》に飼《か》われている生物《せいぶつ》は飼《か》い主《ぬし》に依存《いそん》して生《い》きている。しかし、野生生物《やせいせいぶつ》は自立《じりつ》して生《い》きている。

ピックアップ解説《かいせつ》

32 **心強《こころづよ》い ←→ 心細《こころぼそ》い**（51ページ）

アの二《ふた》つめは、「心許《こころもと》ない」と「心細《こころぼそ》い」の両方《りょうほう》が入《はい》りそうですが、「寂《さび》しい」という意味《いみ》もあわせ持《も》つ「心《こころ》細《ぼそ》い」はエの一《ひと》つめにこそ適切《てきせつ》ですから、アは「心許《こころもと》ない」が正解《せいかい》となります。

35 **成功《せいこう》 ←→ 失敗《しっぱい》**（54ページ）

①オの「前人未到《ぜんじんみとう》」は「まだ誰《だれ》も到達《とうたつ》していないこと」です。「前人未踏《ぜんじんみとう》」と書《か》くと、「まだ誰《だれ》も足《あし》を踏《ふ》み入《い》れていないこと」となり、やや意味《いみ》が変《か》わります。なお、関《かん》連語《れんご》に挙《あ》げられた「未到達《みとうたつ》」は「まだ到達《とうたつ》していない」ということに過《す》ぎず、「失敗《しっぱい》」とは意味《いみ》が異《こと》なります。他《た》に「成功《せいこう》」と近《ちか》い意味《いみ》の表現《ひょうげん》に、「成果《せいか》を上《あ》げる」「実《み》を結《むす》ぶ」「成就《じょうじゅ》」などがあります。また、「失敗《しっぱい》」と近《ちか》い意味《いみ》の表現《ひょうげん》に、「手落《てお》ち」「手抜《てぬ》かり」などがあります。

39 **普通《ふつう》 ←→ 特別《とくべつ》**（58ページ）

「アブノーマル」には「変《か》わっている」「異常《いじょう》だ」などといったマイナスの意味《いみ》があり、単《たん》なる「特別《とくべつ》」とは異《こと》なります。使《つか》うときは注意《ちゅうい》が必要《ひつよう》です（↓76ページ）。

レベル② 復習問題《ふくしゅうもんだい》 解答《かいとう》・解説《かいせつ》

解答《かいとう》

【1】

1 狭《せま》い
2 楽《たの》しい
3 学《まな》ぶ（教《おそ》わる・習《なら》う）
4 得《え》る
5 外《はず》れる
6 未《いま》だに
7 できない
8 同《おな》じ
9 否定《ひてい》
10 表《おもて》
11 量《りょう》
12 動《どう》
13 負《ま》ける（敗《やぶ》れる）
14 生《い》きる
15 不安《ふあん》（心配《しんぱい》）
16 心強《こころづよ》い
17 不満《ふまん》（不満足《ふまんぞく》）
18 幸福《こうふく》
19 失敗《しっぱい》
20 安全《あんぜん》
21 部分《ぶぶん》（細部《さいぶ》）
22 抽象《ちゅうしょう》
23 特別《とくべつ》（特殊《とくしゅ》）
24 自《じ》
25 損失《そんしつ》（損害《そんがい》）
26 共通点《きょうつうてん》
27 形式的《けいしきてき》（名目的《めいもくてき》）
28 頼《たの》もしい
29 危《あぶ》なっかしい
30 総合《そうごう》

【2】

ア…自他《じた》　イ…当《あ》たり外《はず》れ　ウ…表裏一体《ひょうりいったい》
エ…動静《どうせい》　オ…勝敗《しょうはい》　カ…生死《せいし》

【3】

ウ…不《ふ》　カ…無《む》　ク…不《ふ》

【4】

（例《れい》）転入生《てんにゅうせい》は体格《たいかく》がいいと聞《き》いて不安《ふあん》だったが、教室《きょうしつ》に入《はい》ってきたときの笑顔《えがお》を見《み》たら安心《あんしん》できた。

ピックアップ解説《かいせつ》

【2】

「自他《じた》ともに認《みと》める」は、「自分《じぶん》も他人《たにん》もそうだと認《みと》める」すなわち「誰《だれ》しもがそうだと認《みと》める」といった意味《いみ》です。「自他《じた》ともに許《ゆる》す」とも言《い》います。

総理大臣《そうりだいじん》の「動静《どうせい》」とは、総理大臣《そうりだいじん》が（その一日《いちにち》に）どう動《うご》き、どう動《うご》かなかったかを示《しめ》すものです。「動静《どうせい》」は一般《いっぱん》に、「何《なに》があり何《なに》がなかったか、何《なに》が起《お》こり何《なに》が起《お》こらなかったか」といった意味《いみ》を持《も》つ言葉《ことば》です。

レベル③

漢字《かんじ》だらけの難《むずか》しいレベルです。ポイントは
その「漢字《かんじ》」にあります。個々《ここ》の漢字《かんじ》が持《も》つ「意味《いみ》」をつかみ、
関連語内《かんれんごない》の同《おな》じ漢字《かんじ》には同《おな》じ意味《いみ》があるということを
意識《いしき》するのが、マスターへの近道《ちかみち》です。

41 拾《ひろ》う ↕ 捨《す》てる

●組《く》み合《あ》わせると「取捨《しゅしゃ》（拾捨《しゅうしゃ》）」

関連語《かんれんご》

拾《ひろ》う ←→ 落《お》とす

得《え》る ←→ 失《うしな》う （→37ページ）

拾得《しゅうとく》 ←→ 遺失《いしつ》

見込《みこ》む ←→ 見限《みかぎ》る

見直《みなお》す ←→ 見放《みはな》す

解説《かいせつ》

「見込《みこ》む」は、「あてにする」「望《のぞ》みをかける」といった意《い》味《み》です。「参加者《さんかしゃ》が増《ふ》えると見込《みこ》んで景品《けいひん》を多《おお》めに準備《じゅんび》する」「男《おとこ》と見込《みこ》んで頼《たの》みごとをする」などと使《つか》います。「見限《みかぎ》る」は、「見込《みこ》みがない」とあきらめて見切《みき》ってしまうことです。「あいつは男《おとこ》らしくないと見限《みかぎ》る」などと使《つか》います。

「見限《みかぎ》る」「見放《みはな》す」には、「見捨《みす》てる」という意味合《いみあ》いがあります。そして、「見直《みなお》す」には、一度《いちど》捨《す》てたものを再度《さいど》拾《ひろ》い上《あ》げるようなイメージがあります。

活用問題《かつようもんだい》　①…12点《てん》×8　全問正解《ぜんもんせいかい》でプラス4点《てん》

① 次《つぎ》の文章《ぶんしょう》の空欄《くうらん》を埋《う》めます。後《あと》の□から語句《ごく》を選《えら》んで書《か》きなさい。同《おな》じ語句《ごく》は一度《いちど》しか使《つか》えません。

ア　お年玉《としだま》を（　　　）、年末《ねんまつ》にあれこれと買《か》い物《もの》をしてしまった。

イ　何《なん》だろうと思《おも》って（　　　）物《もの》が単《たん》なるゴミだったので、すぐゴミ箱《ばこ》に（　　　）。

ウ　昨日《きのう》（　　　）しまった定期券《ていきけん》を、翌日《よくじつ》には駅員《えきいん》から受《う》け取《と》ることができた。（　　　）届《とど》けてくれた人《ひと》に感謝《かんしゃ》したい。

エ　駅《えき》の（　　　物《ぶつ》）保管所《ほかんじょ》に行《い》ってみると、数《かぞ》え切《き》れないほどの傘《かさ》が置《お》いてあり驚《おどろ》いた。

オ　まったくヒットを打《う》てないので（　　　）いた選手《せんしゅ》が、今日《きょう》の大事《だいじ》な試合《しあい》で活躍《かつやく》したのを見《み》て、監督《かんとく》は彼《かれ》を（　　　）、四番《よばん》に据《す》えることにした。

遺失《いしつ》　拾《ひろ》った　見込《みこ》んで　落《お》として　捨《す》てた
見直《みなお》し　拾《ひろ》って　見放《みはな》して　見限《みかぎ》り

月　日

100点《てん》満点《まんてん》　点《てん》

●解答《かいとう》・解説《かいせつ》78・79ページ

42 集《あつ》まる↕散《ち》る

●組《く》み合《あ》わせると「集散《しゅうさん》」

関連語《かんれんご》

集《あつ》める↔散《ち》らす
集合《しゅうごう》↔解散《かいさん》
集中《しゅうちゅう》↔分散《ぶんさん》
集権《しゅうけん》↔分権《ぶんけん》
密集《みっしゅう》↔散在《さんざい》

解説《かいせつ》

「集《あつ》まる」の反対語《はんたいご》は、と問《と》われると意外《いがい》に出《で》てきませんが、「集合《しゅうごう》」の反対語《はんたいご》は、と問《と》われれば「解散《かいさん》」と出《で》ます。その「散《さん》」の字《じ》がヒントになり、「散《ち》る」という言葉《ことば》も浮《う》かんできます。訓読《くんよ》みで分《わ》からない場合《ばあい》、音読《おんよ》み（熟語《じゅくご》）にすると反対語《はんたいご》が浮《う》かんでくることがあるのです。
「集権《しゅうけん》」は権力《けんりょく》を一箇所《いっかしょ》に集《あつ》めること、「分権《ぶんけん》」は権力《けんりょく》を一箇所《いっかしょ》に集《あつ》めず分散《ぶんさん》させることです。最《もっと》もよく使《つか》われるのが、「中央集権《ちゅうおうしゅうけん》（権力《けんりょく》を政府《せいふ》に集中《しゅうちゅう》させること）」と「地方分権《ちほうぶんけん》（権力《けんりょく》を地方《ちほう》に分散《ぶんさん》させること）」の対比《たいひ》です。

活用問題《かつようもんだい》　①…16点《てん》×6　全問正解《ぜんもんせいかい》でプラス4点《てん》

① 次《つぎ》の文章《ぶんしょう》の空欄《くうらん》を埋《う》めます。後《あと》の□から語句《ごく》を選《えら》んで書《か》きなさい。同《おな》じ語句《ごく》は一度《いちど》しか使《つか》えません。

ア　体操《たいそう》をするときは、周囲《しゅうい》の子《こ》とぶつからない程度《ていど》に（　　　）ようにしなさい。逆《ぎゃく》に、先生《せんせい》の話《はなし》を聞《き》くときは、先生《せんせい》の近《ちか》くに（　　　）なさい。

イ　多《おお》くの駅前《えきまえ》にはコンビニが（　　　）している。四《よっ》つ、五《いつ》つのコンビニが、徒歩《とほ》一《いち》、二分《にふん》の範囲内《はんいない》に収《おさ》まっていることは珍《めずら》しくない。

ウ　ダイエット中《ちゅう》であっても、夜《よる》に集中的《しゅうちゅうてき》に食《た》べるのではなく、朝《あさ》・昼《ひる》・夜《よる》に（　　　）させて食《た》べたほうが結局《けっきょく》は体《からだ》に良《よ》いのではないか。

エ　種《たね》と種《たね》の間隔《かんかく》を空《あ》けずに種《たね》まきしてしまうと、生育《せいいく》したときに葉《は》が（　　　）しすぎて、十分《じゅうぶん》な日光《にっこう》が当《あ》たらなくなる。

オ　集合時刻《しゅうごうじこく》は午前九時《ごぜんくじ》、（　　　）時刻《じこく》は午後五時《ごごじ》。

密集《みっしゅう》　集《あつ》まり　散《ち》らばる　集中《しゅうちゅう》　解散《かいさん》　分散《ぶんさん》

「密集《みっしゅう》」……すき間《ま》なく集《あつ》まっている様子《ようす》。「散在《さんざい》」……あちこちに散《ち》らばるように存在《そんざい》する様子《ようす》。「点在《てんざい》」とも言《い》います。

43 つなぐ↕切《き》る

レベル③

月　日

100点《てん》満点《まんてん》　点《てん》

●解答《かいとう》・解説《かいせつ》78ページ

関連語《かんれんご》

つながる ↔ 切《き》れる（途切《とぎ》れる）
結《むす》ぶ ↔ 解《ほど》く（解《と》く）
関係《かんけい》 ↔ 無関係《むかんけい》
連続《れんぞく》 ↔ 断続《だんぞく》
アナログ ↔ デジタル
オフライン ↔ オンライン

解説《かいせつ》

アナログは連続的《れんぞくてき》な表現方法《ひょうげんほうほう》であり、デジタルは断続《だんぞく》的《てき》な（段階的《だんかいてき》な）表現方法《ひょうげんほうほう》です。たとえば、デジタル時《ど》計《けい》（針《はり》のない、数値《すうち》だけの時計《とけい》）では、一秒《いちびょう》と二秒《にびょう》の間《あいだ》がジャンプしており、中間《ちゅうかん》を視覚的《しかくてき》に（目《め》で）とらえることができません（表示《ひょうじ》が〇《れい》・《てん》一秒単位《いちびょうたんい》であっても、さらにその一〇分《じゅうぶん》の一《いち》はとらえられません）。しかし、アナログ時計《どけい》（針《はり》で示《しめ》す時計《とけい》）では、そのような中間《ちゅうかん》を、視覚的《しかくてき》にとらえることがどこまでも可能《かのう》です。

活用問題《かつようもんだい》　①…25点《てん》×4

① 次《つぎ》の文章《ぶんしょう》を読《よ》み、後《あと》の空欄《くうらん》を考《かんが》えて埋《う》めなさい。

ツイッターやフェイスブックなどによるソーシャル・コミュニケーションについて、「デジタルで冷《つめ》たい人間《にんげん》関係《かんけい》だ」と批判《ひはん》する人《ひと》がいる。たしかに、面《めん》と向《む》かって人《ひと》と会話《かいわ》するわけではなく、においや温度《おんど》を感《かん》じるような空間的《くうかんてき》つながり、いわば生々《なまなま》しく温《あたた》かな人間関係《にんげんかんけい》は、そこにはない。その意味《いみ》では、関係《かんけい》は「切《き》れている」のかもしれない。しかし、そういったアナログなつながり方《かた》では、関《かか》わりを持《も》てる人数《にんずう》が有限《ゆうげん》である。デジタルは、そこを切《き》り開《ひら》いた。世界中《せかいじゅう》の人々《ひとびと》と無限《むげん》につながることを可能《かのう》にしたのだ。しかも、言葉《ことば》のみならず画像《がぞう》・音声《おんせい》・映像《えいぞう》を駆使《くし》し、アナログに近《ちか》いつながりを実現《じつげん》している。デジタルの価値《かち》を一方的《いっぽうてき》に否定《ひてい》するのは、考《かんが》えものだ。

（デジタル）↔（　　）
（冷《つめ》たい人間関係《にんげんかんけい》）↔（　　）
（　　）↔（「つながっている」）
（　　）↔（関《かか》われる人数《にんずう》が有限《ゆうげん》）

「オンライン・オフライン」……主《おも》に、コンピューターがインターネット回線《かいせん》と「つながっている（オン）・いない（オフ）」という意味《いみ》。　①……解《と》き方《かた》は56ページ参照《さんしょう》。

44 問《と》う↕答《こた》える

●組《く》み合《あ》わせると「問答《もんどう》」

関《かん》連《れん》語《ご》

問《と》い ↔ 答《こた》え
問題《もんだい》 ↔ 解答《かいとう》
質問《しつもん》 ↔ 回答《かいとう》
質疑《しつぎ》 ↔ 応答《おうとう》
自問《じもん》 ↔ 自答《じとう》

解《かい》説《せつ》

「解答《かいとう》」は定《さだ》まった正解《せいかい》がある場合《ばあい》に、「回答《かいとう》」は定《さだ》まった正解《せいかい》があるわけではなく「返答《へんとう》」に近《ちか》い場合《ばあい》に、それぞれ用《もち》いる傾向《けいこう》があります。また、「回答《かいとう》」は、「口頭《こうとう》あるいは文書《ぶんしょ》などによる改《あらた》まった質問《しつもん》に対《たい》する答《こた》え」といったイメージを持《も》ちます。「質疑《しつぎ》・応答《おうとう》」も改《あらた》まったイメージがありますが、こちらはやや口頭《こうとう》に傾《かたむ》きます。「自問《じもん》・自答《じとう》」は、「自《じ》分《ぶん》で問《と》いかけて自分《じぶん》で答《こた》える」ことを意味《いみ》します。なお、「質疑応答《しつぎおうとう》」「自問自答《じもんじとう》」については、四字熟語《よじじゅくご》として使《つか》われることが多々《たた》あります。

活《かつ》用《よう》問《もん》題《だい》　①…20点《てん》×4　②…10点《てん》×2

① 次《つぎ》の文章《ぶんしょう》の空欄《くうらん》を埋《う》めます。後《あと》の□から語句《ごく》を選《えら》んで書《か》きなさい。同《おな》じ語句《ごく》は一度《いちど》しか使《つか》えません。

ア　犯人《はんにん》は、何《なに》を（　　　　）られても黙《だま》ったまま、何《なに》も答《こた》えようとしなかった。

イ　先《さき》に（　　　　）用紙《ようし》を配《くば》ります。その後《あと》、問題《もんだい》を配《くば》ります。全《すべ》て配《くば》られるまで、中《なか》を見《み》てはいけません。

ウ　講演《こうえん》はここまでです。引《ひ》き続《つづ》き、（　　　　）に移《うつ》ります。ご（　　　　）のある方《かた》は挙手《きょしゅ》をどうぞ。

回答《かいとう》　質疑応答《しつぎおうとう》　解答《かいとう》　自問自答《じもんじとう》　質問《しつもん》　問《と》いかけ

② 次《つぎ》の文《ぶん》の——を引《ひ》いた部分《ぶぶん》は、おかしな表現《ひょうげん》になっています。ふさわしい表現《ひょうげん》に直《なお》し、それぞれの空欄《くうらん》に書《か》き入《い》れなさい（上《うえ》の関連語《かんれんご》から言葉《ことば》を選《えら》ぶこと）。

アンケートに解答《かいとう》しようと思《おも》ったが、問題《もんだい》の意味《いみ》がよく分《わ》からず、答《こた》えようがなかった。

一《ひと》つめ（　　　　）　二《ふた》つめ（　　　　）

レベル③

月　日

100点《てん》満《まん》点《てん》

点《てん》

●解答《かいとう》・解説《かいせつ》78ページ

45 直接《ちょくせつ》↕間接《かんせつ》

関連語《かんれんご》

直行《ちょっこう》 ↕ 迂回《うかい》（回《まわ》り道《みち》）
露骨《ろこつ》 ↕ 婉曲《えんきょく》
直言《ちょくげん》 ↕ 曲言《きょくげん》
直筆《じきひつ》 ↕ 代筆《だいひつ》
生放送《なまほうそう》 ↕ 収録放送《しゅうろくほうそう》
書《か》き下《お》ろし ↕ 再録《さいろく》

解説《かいせつ》

「直接《ちょくせつ》」とは間《あいだ》に何《なに》もはさまないで接《せっ》すること、「間接《かんせつ》」とは間《あいだ》に何《なに》かを置《お》いて接《せっ》することを意味《いみ》します。

たとえば、ある一《ひと》つのメッセージをAさんがBさんに伝《つた》え、その後《ご》それをBさんがCさんに伝《つた》えたとき、AさんはCさんに「間接的《かんせつてき》に伝《つた》えた」ということになります。このように間《あいだ》に人《ひと》が入《はい》ることを、「仲介《ちゅうかい》する」「間《あいだ》を取《と》り持《も》つ」などと言《い》います。「媒介《ばいかい》する」という表現《ひょうげん》もありますが、これは人間以外《にんげんいがい》のものごとにも使《つか》われます。

レベル③
月　日
100点満点《てんまんてん》　点《てん》
●解答《かいとう》・解説《かいせつ》78ページ

活用問題《かつようもんだい》 ①…8点《てん》×10　②…10点《てん》×2

① 次《つぎ》の各説明《かくせつめい》に合《あ》うよう、上記《じょうき》の「関連語《かんれんご》」（露骨《ろこつ》・婉曲《えんきょく》は除《のぞ》く）から言葉《ことば》を選《えら》び、それぞれの空欄《くうらん》に書《か》き入《い》れなさい。

ア 本人《ほんにん》が直接書《ちょくせつか》くこと（　　）
　本人《ほんにん》に代《か》わって他《た》の人《ひと》が書《か》くこと（　　）
イ どこにも発表《はっぴょう》せず新《あたら》しく書《か》いた作品《さくひん》（　　）
　雑誌等《ざっしとう》への発表後改《はっぴょうごあらた》めて載《の》せた作品《さくひん》（　　）
ウ 思《おも》いをありのままに直接言《ちょくせつい》うこと（　　）
　はっきり言《い》わずそれとなく言《い》うこと（　　）
エ 録画《ろくが》・録音《ろくおん》によらず直接放送《ちょくせつほうそう》すること（　　）
　録画《ろくが》・録音《ろくおん》によって放送《ほうそう》すること（　　）
オ 寄《よ》り道《みち》せずに直接目的地《ちょくせつもくてきち》へ行《い》くこと（　　）
　遠回《とおまわ》りして目的地《もくてきち》へ行《い》くこと（　　）

② 次《つぎ》の文《ぶん》の空欄《くうらん》を考《かんが》えて埋《う》めなさい。

地球温暖化《ちきゅうおんだんか》の（　　）的原因《てきげんいん》は二酸化炭素《にさんかたんそ》の増加《ぞうか》だが、（　　）的原因《てきげんいん》は人間活動《にんげんかつどう》にある。

「露骨《ろこつ》」……感情《かんじょう》などを隠《かく》さずにむきだしに表現《ひょうげん》すること。あからさま。通常《つうじょう》、良《よ》くない意味《いみ》で批判的《ひはんてき》に用《もち》います。「婉曲《えんきょく》」……遠回《とおまわ》しに、穏《おだ》やかに表現《ひょうげん》すること。

46 理想《りそう》↕現実《げんじつ》

関連語《かんれんご》

空想《くうそう》↕現実《げんじつ》

夢《ゆめ》↕現《うつつ》

理論《りろん》↕実践《じっせん》

アイディアル↕リアル

虚像《きょぞう》↕実像《じつぞう》

解説《かいせつ》

理想《りそう》とは、そうであってほしいと願《ねが》う最善《さいぜん》・最高《さいこう》の状《じょう》態《たい》を指《さ》します。分《わ》かりやすく言《い》えば、「全《すべ》てのテストで毎《まい》回《かい》一〇〇点《ひゃくてん》を取《と》る」というのは一《ひと》つの理想《りそう》ですし、「お金《かね》持《も》ちになって良《よ》い就職《しゅうしょく》と結婚《けっこん》をして幸《しあわ》せになる」というのも一《ひと》つの理想《りそう》です。程度《ていど》はどうあれそういった理想《りそう》を描《えが》くからこそ、私《わたし》たちは希望《きぼう》を持《も》って生《い》きることができます。ただし、「ひとまず七〇点《ななじってん》で満足《まんぞく》し、次《つぎ》は五点《ごてん》アップさせる」というような現実的《げんじつてき》な考《かんが》え方《かた》もまた、大切《たいせつ》です。理想《りそう》と現実《げんじつ》、どちらも見《み》つめることが大切《たいせつ》なのです。

活用問題《かつようもんだい》　①…20点《てん》×5

① 次《つぎ》の各文中《かくぶんちゅう》の——を引《ひ》いた語句《ごく》とその反対語《はんたいご》とをくらべて考《かんが》えるとき、——を引《ひ》いた語句《ごく》のほうが高《たか》い価《か》値《ち》を持《も》つなら⊕に、逆《ぎゃく》に価値《かち》が低《ひく》いなら⊖に、どちらとも言《い》えないならNに、それぞれマルをつけなさい（Nはニュートラル・中立《ちゅうりつ》の意味《いみ》）。例《れい》を参考《さんこう》にすること。

〈例《れい》〉理想《りそう》だけ見《み》ていてはだめだ。現実《げんじつ》を見《み》ないと。（⊕　N　⊖）

ア　現実《げんじつ》ばかり見《み》ていてはだめだ。理想《りそう》を持《も》たないと。（⊕　N　⊖）

イ　テレビで取《と》り上《あ》げられる「最近《さいきん》の若者《わかもの》」像《ぞう》というのは、おおかたが虚像《きょぞう》だ。（⊕　N　⊖）

ウ　サッカー界《かい》の大《だい》スターに直接教《ちょくせつおし》えてもらっているこの自分《じぶん》の姿《すがた》は、夢《ゆめ》か現《うつつ》か。夢《ゆめ》じゃないよね？　現実《げんじつ》だよね？（⊕　N　⊖）

エ　あらゆる発明《はつめい》は、現実《げんじつ》にはあり得《え》ないような空想《くうそう》を抱《いだ》くところから生《う》まれる。（⊕　N　⊖）

オ　本《ほん》を読《よ》み理論《りろん》を学《まな》び、それを実際《じっさい》の現場《げんば》で実践《じっせん》してみる。理論《りろん》と実践《じっせん》、どちらも重要《じゅうよう》だ。（⊕　N　⊖）

アイディアル（ideal）は英語《えいご》で「理想的《りそうてき》」、リアル（real）は英語《えいご》で「現実的《げんじつてき》」の意味《いみ》。
「虚像《きょぞう》」……とくに、マスコミ等《とう》によって作《つく》られた「実態《じったい》と異《こと》なるイメージ」のこと。

47 能動《のうどう》↕受動《じゅどう》

レベル③

月　日

100点満点《てんまんてん》

点《てん》

●解答《かいとう》・解説《かいせつ》78ページ

関連語《かんれんご》

する ↔ される

積極《せっきょく》 ↔ 消極《しょうきょく》（→73ページ）

自発的《じはつてき》 ↔ 強制的《きょうせいてき》

自立《じりつ》 ↔ 依存《いそん》

主体的《しゅたいてき》 ↔ 従属的《じゅうぞくてき》

解説《かいせつ》

「能動《のうどう》」とは、自分《じぶん》から進《すす》んで積極的《せっきょくてき》に活動《かつどう》する様子《ようす》を表《あらわ》します。一方《いっぽう》、「受動《じゅどう》」とは、他《た》（他者《たしゃ》）からの働《はたら》きかけを受《う》ける様子《ようす》を表《あらわ》し、「受動的《じゅどうてき》な態度《たいど》」と言《い》えば、他者《たしゃ》からの働《はたら》きかけを受《う》けるまで行動《こうどう》を起《お》こさないような消極的《しょうきょくてき》な態度《たいど》を意味《いみ》します。簡単《かんたん》に言《い》えば、自分《じぶん》で自《じ》分《ぶん》に指示《しじ》することで動《うご》くのが能動《のうどう》、他人《たにん》に指示《しじ》されるまで動《うご》かないのが受動《じゅどう》、ということです。また、自立《じりつ》とは他《た》に頼《たよ》らずに生《い》きる（存在《そんざい》する）こと、依存《いそん》とは他《た》に頼《たよ》って生《い》きる（存在《そんざい》する）ことです（→59ページ）。

活用問題《かつようもんだい》　①…15点《てん》×6　②…10点《てん》

① 次《つぎ》の文章《ぶんしょう》の空欄《くうらん》を埋《う》めます。後《あと》の□から語句《ごく》を選《えら》んで書《か》きなさい。同《おな》じ語句《ごく》は一度《いちど》しか使《つか》えません。

ア　あなたは自分《じぶん》から立候補《りっこうほ》してリーダーになったのだから、もっと（　　　）的《てき》に行動《こうどう》して、メンバーに声《こえ》をかけていくようにしなさい。

イ　指示待《しじま》ち人間《にんげん》とは、（　　　）的《てき》な人間《にんげん》のことだ。

ウ　大学《だいがく》も卒業《そつぎょう》したのだから、親元《おやもと》を離《はな》れ、（　　　）して生活《せいかつ》するようにしてほしい。

エ　あいさつというものは、本来《ほんらい》は自発的《じはつてき》に行《おこな》うべきものだが、自分《じぶん》からあいさつできない生徒《せいと》には、教師《きょうし》が（　　　）してでもあいさつさせるべきだ。

オ　あいさつというものは、相手《あいて》から（　　　）前《まえ》に、自分《じぶん》から（　　　）ようにしないとね。

自立《じりつ》　受動《じゅどう》　する　強制《きょうせい》　能動《のうどう》　される

② 次《つぎ》の文《ぶん》の空欄《くうらん》に、「能動《のうどう》」か「受動《じゅどう》」を入《い》れなさい。

「果報《かほう》は寝《ね》て待《ま》て」とは、（　　　）的《てき》な言葉《ことば》だ。

「主体的《しゅたいてき》」……自分《じぶん》の意志《いし》や判断《はんだん》に基《もと》づいて行動《こうどう》する様子《ようす》。「従属的《じゅうぞくてき》」……他人《たにん》の意志《いし》や判断《はんだん》に従《したが》って行動《こうどう》する様子《ようす》。

48 積極《せっきょく》↕消極《しょうきょく》

関《かん》連《れん》語《ご》

前向《まえむ》き←→後《うし》ろ向《む》き
能動《のうどう》←→受動《じゅどう》（↓72ページ）
攻《せ》め←→守《まも》り
動《どう》←→静《せい》（↓45ページ）
強気《つよき》←→弱気《よわき》
勇敢《ゆうかん》←→臆病《おくびょう》（↓85ページ）

解《かい》説《せつ》

「積極《せっきょく》」は、自分《じぶん》から進《すす》んでものごとを行《おこな》うことを意味《いみ》します。逆《ぎゃく》に、「消極《しょうきょく》」は、自分《じぶん》から進《すす》んでものごとを行《おこな》おうとしないことを意味《いみ》します。

「積極的《せっきょくてき》」は、前向《まえむ》きで強気《つよき》な様子《ようす》であり、それは「攻《せ》めの姿勢《しせい》」であるとも言《い》えます。逆《ぎゃく》に、「消極的《しょうきょくてき》」は、後《うし》ろ向《む》きで弱気《よわき》な様子《ようす》であり、それは「守《まも》りの姿勢《しせい》」であるとも言《い》えます。また、前者《ぜんしゃ》は「動的《どうてき》」、後者《こうしゃ》は「静《せい》的《てき》」なイメージを持《も》ちます。

活《かつ》用《よう》問《もん》題《だい》 ①…50点《てん》×2

① 次《つぎ》に示《しめ》す対比《たいひ》の型《かた》を利用《りよう》し、例《れい》にならって短作文《たんさくぶん》を二《ふた》つ書《か》きなさい。その際《さい》、上《うえ》に示《しめ》した「積極《せっきょく》・消極《しょうきょく》」、あるいは「関連語《かんれんご》」を必《かなら》ず用《もち》いること。なお、テーマ・内容《ないよう》は自由《じゆう》です。

> **型《かた》** □は□。しかし、□は□。
> **例《れい》** 休《やす》み時間《じかん》はとても**積極的《せっきょくてき》**だ。しかし、授業《じゅぎょう》になるととたんに**消極的《しょうきょくてき》**になってしまう。

ア

イ

①……思《おも》いつかない場合《ばあい》は、こんな書《か》き出《だ》しにしましょう。「絵《え》を描《か》くことについては、積極的《せっきょくてき》になれる。しかし、…」「叱《しか》られた後《あと》は弱気《よわき》になりがちだ。しかし、…」

49　生《せい》産《さん》↕消《しょう》費《ひ》

レベル③

月　日

100点満点《てんまんてん》　　点《てん》

●解答《かいとう》・解説《かいせつ》79ページ

関《かん》連《れん》語《ご》

生産者《せいさんしゃ》 ↔ 消費者《しょうひしゃ》
蓄《たくわ》える ↔ 費《つい》やす
売《う》る ↔ 買《か》う
メーカー ↔ ユーザー
供給《きょうきゅう》 ↔ 需要《じゅよう》

解《かい》説《せつ》

「生産《せいさん》」とは、物《もの》やサービスを作《つく》り出《だ》すことを意味《いみ》します。「消費《しょうひ》」とは、作《つく》り出《だ》された物《もの》やサービスを使《つか》うことを意味《いみ》します。「生産《せいさん》」は、比喩的《ひゆてき》に用《もち》いられることがあります。たとえば、チラシ千枚《せんまい》の中《なか》のたった一箇所《いっかしょ》のミスを全《すべ》て手書《てが》きで修正《しゅうせい》する、といった仕事《しごと》について、「非生産的《ひせいさんてき》な仕事《しごと》」などと表現《ひょうげん》します。何《なに》も作《つく》り出《だ》していない、といった意味合《いみあ》いです。

メーカーは「作《つく》り手《て》（生産者《せいさんしゃ》）」を、ユーザーは「使《つか》い手《て》（消費者《しょうひしゃ》）」を意味《いみ》します。

活《かつ》用《よう》問《もん》題《だい》　①…12点《てん》×7　②…16点《てん》

① 次《つぎ》の文章《ぶんしょう》の空欄《くうらん》を埋《う》めます。空欄《くうらん》に、「生産《せいさん》」か「消費《しょうひ》」のどちらかを入《い》れなさい。同《おな》じ語句《ごく》を何度《なんど》使《つか》ってもかまいません。

生産《せいさん》しかしていない生産者《せいさんしゃ》はいない。米《こめ》を作《つく》っている農家《のうか》は（　　　　者《しゃ》）だが、彼《かれ》らが使《つか》っている鍬《くわ》、鎌《かま》、あるいはトラクターなどの道具《どうぐ》・機械類《きかいるい》は、誰《だれ》か他人《たにん》が（　　　　）した物《もの》である。農家《のうか》がそれらを自分《じぶん》で（　　　　）しているわけではない。普通《ふつう》は、他《た》から買《か》っている。その意味《いみ》で、農家《のうか》は立派《りっぱ》な（　　　　者《しゃ》）である。逆《ぎゃく》に、トラクターなどの機具《きぐ》の（　　　　者《しゃ》）も、農家《のうか》が作《つく》った米《こめ》を食《た》べて生《い》きている。その意味《いみ》では、トラクター製造工場《せいぞうこうじょう》の労働者《ろうどうしゃ》も、（　　　　者《しゃ》）であると同時《どうじ》に、（　　　　者《しゃ》）であると言《い》えるわけだ。

② 次《つぎ》の語句《ごく》の中《なか》から意味上《いみじょう》の仲間外《なかまはず》れを一《ひと》つ選《えら》び、マルをつけなさい。

生産者《せいさんしゃ》　作《つく》り手《て》　メーカー　買《か》い手《て》　供給者《きょうきゅうしゃ》

「供給《きょうきゅう》」……売《う》るために物《もの》を市場《しじょう》に出《だ》すこと。あるいは、単《たん》に物《もの》を与《あた》えること。
「需要《じゅよう》」……売《う》るために出《だ》された物《もの》を求《もと》め、買《か》うこと。あるいは、単《たん》に物《もの》を求《もと》めること。

50 必《ひつ》然《ぜん》↕偶《ぐう》然《ぜん》

関《かん》連《れん》語《ご》

必《かな》ず ↔ あるいは
きっと ↔ たぶん（おそらく）
確実《かくじつ》 ↔ 不確実《ふかくじつ》
故意《こい》 ↔ 過失《かしつ》（→137ページ）
絶対《ぜったい》 ↔ 相対《そうたい》（→135ページ）

解《かい》説《せつ》

必然《ひつぜん》は「必《かな》ずそうなること」、偶然《ぐうぜん》は「たまたま、思《おも》いがけずそうなること」を意味《いみ》します。「あるいは」は、ここでは「もしかすると」「ひょっとすると」といった意味《いみ》です（「または」を意味《いみ》する接続詞《せつぞくし》ではなく、副詞《ふくし》としての用法《ようほう》）。「失敗《しっぱい》しそうな気《き》がするが、運《うん》が良《よ》ければ、あるいは成功《せいこう》するかもしれない」などと使《つか》います。「きっと」は、「必《かな》ず」や「絶対《ぜったい》」よりも確信《かくしん》の度《ど》合《あ》いがやや低《ひく》い表現《ひょうげん》です。「そうならない可能性《かのうせい》もないわけではないが、ないと信《しん》じたい」といった思《おも》いが感《かん》じられます。

活《かつ》用《よう》問《もん》題《だい》 ①…25点《てん》×3 ②…25点《てん》

① 次《つぎ》の各文《かくぶん》の――を引《ひ》いた部分《ぶぶん》は、おかしな表現《ひょうげん》になっています。ふさわしい語句《ごく》を後《あと》の□から選《えら》び、各空欄《かくくうらん》に書《か》き入《い》れなさい。同《おな》じ語句《ごく》は一度《いちど》しか使《つか》えません。

ア 急《きゅう》に値《ね》上《あ》げをしたら客《きゃく》が減《へ》るのは偶然的《ぐうぜんてき》なことだ。
イ 天気予報《てんきよほう》で、「今日《きょう》の午後《ごご》は、絶対《ぜったい》に雨《あめ》が雪《ゆき》に変《か》わるでしょう」と言《い》っていた。
ウ 思《おも》いつきでも何《なに》か書《か》いておけば、きっとマルがもらえるかもしれない。

ア（　　　）イ（　　　）ウ（　　　）

おそらく　当然《とうぜん》　あるいは　必然《ひつぜん》

② 次《つぎ》の語句《ごく》の中《なか》から意味上《いみじょう》の仲間外《なかまはず》れを一《ひと》つ選《えら》び、マルをつけなさい。

きっと　たまたま　間違《まちが》いなく　確実《かくじつ》に　必然的《ひつぜんてき》に

月　日　100点満点《てんまんてん》　点《てん》

●解答《かいとう》・解説《かいせつ》79ページ

51 正常《せいじょう》↕異常《いじょう》

月　日

100点《てん》満《まん》点《てん》

点《てん》

●解答《かいとう》・解説《かいせつ》79ページ

関《かん》連《れん》語《ご》

尋常《じんじょう》 ↔ 非常《ひじょう》
適度《てきど》 ↔ 過度《かど》
平凡《へいぼん》 ↔ 非凡《ひぼん》
ノーマル ↔ アブノーマル
健全《けんぜん》 ↔ 不健全《ふけんぜん》

解《かい》説《せつ》

「正常《せいじょう》」は、正《ただ》しいとされている範囲内《はんいない》にあり、とくに変《か》わったことがなく普通《ふつう》である様子《ようす》です。「異常《いじょう》」は、正常《せいじょう》の範囲《はんい》を外《はず》れており、普通《ふつう》とは異《こと》なる変《か》わった様子《ようす》を示《しめ》します。また、「尋常《じんじょう》」とは、特別《とくべつ》ではなく普通《ふつう》であること、「非常《ひじょう》」とは、普通《ふつう》ではなく特別《とくべつ》であること（とりわけ緊急事態《きんきゅうじたい》にあること）を意味《いみ》します。ただし、「尋常《じんじょう》」は、「尋常《じんじょう》ならざる暑《あつ》さ（普通《ふつう》ではない暑《あつ》さ）」などと否定《ひてい》の形《かたち》で使《つか》われる傾向《けいこう》があります。「非凡《ひぼん》」は、「特別《とくべつ》に優《すぐ》れている」といったプラスの意味《いみ》を持《も》ちます。

活《かつ》用《よう》問《もん》題《だい》　①…16点《てん》×5　②…20点《てん》

① 次《つぎ》の文章《ぶんしょう》の空欄《くうらん》を埋《う》めます。後《あと》の□から語句《ごく》を選《えら》んで書《か》きなさい。同《おな》じ語句《ごく》は一度《いちど》しか使《つか》えません。

ア　体温三九度《たいおんさんじゅうくど》は、（　　）な高《たか》さだ。

イ　風邪《かぜ》を予防《よぼう》するためには、（　　）な湿度《しつど》を保《たも》つことが大切《たいせつ》です。

ウ　青少年《せいしょうねん》の（　　）な育成《いくせい》を目指《めざ》し、子《こ》を持《も》つ親《おや》や教師《きょうし》たちが、話《はな》し合《あ》いを行《おこな》った。

エ　（　　）な意見《いけん》が多《おお》い中《なか》、彼《かれ》の意見《いけん》だけは、その（　　）な才能《さいのう》を感《かん》じさせるものだった。

非凡《ひぼん》　適度《てきど》　平凡《へいぼん》　異常《いじょう》　健全《けんぜん》

② 次《つぎ》のうち、――部《ぶ》の表現《ひょうげん》が正《ただ》しく用《もち》いられている文《ぶん》はどちらでしょうか。記号《きごう》にマルをつけなさい。

ア　いきなり大声《おおごえ》で叫《さけ》ぶとは、尋常《じんじょう》ならざる振《ふ》る舞《ま》いだ。

イ　何《なん》のトラブルもない、平凡《へいぼん》で尋常《じんじょう》ならざる日々《ひび》を過《す》ごすことには、もう飽《あ》き飽《あ》きした。

「ノーマル・アブノーマル」……「正常《せいじょう》・異常《いじょう》（普通《ふつう》・特別《とくべつ》）」を意味《いみ》します（58ページ参照《さんしょう》）。ただし、「アブノーマル」には批判的《ひはんてき》な意味合《いみあ》いがあるため注意《ちゅうい》が必要《ひつよう》です。

52 主観《しゅかん》↕客観《きゃっかん》

●組《く》み合《あ》わせると「主客《しゅかく》」

関連語《かんれんご》

主体《しゅたい》↔客体《きゃくたい》

自分《じぶん》↔他人《たにん》

内《ない》↔外《がい》（↓25ページ）

私《し》↔公《こう》（↓104ページ）

意見《いけん》↔事実《じじつ》

解説《かいせつ》

小《しょう》・中学生《ちゅうがくせい》としては、次《つぎ》のように覚《おぼ》えておけば十分《じゅうぶん》でしょう。「主観的《しゅかんてき》な見方《みかた》」とは「自分中心《じぶんちゅうしん》の見方《みかた》」、「客観《きゃっかん》的《てき》な見方《みかた》」とは「多《おお》くの人《ひと》が納得《なっとく》する見方《みかた》」。ただし、もとは哲学《てつがく》の用語《ようご》であり、より厳密《げんみつ》な意味《いみ》があります。興《きょう》味《み》のある人《ひと》は、より深《ふか》く掘《ほ》り下《さ》げて調《しら》べてみましょう。皆《みな》さんが出会《であ》う文章《ぶんしょう》の中《なか》では、主観《しゅかん》が否定的《ひていてき》に（悪《わる》いものとして）、客観《きゃっかん》が肯定的《こうていてき》に（良《よ》いものとして）取《と》り上《あ》げられる傾向《けいこう》にありますが、あらゆる「意見《いけん》」は主観《しゅかん》であることを逃《のが》れられませんから、主観《しゅかん》もまた大切《たいせつ》なのです。

活用問題《かつようもんだい》

①ア…10点《てん》×2　イ・ウ…20点《てん》×4

① 挙《あ》げられている二《ふた》つの文《ぶん》を読《よ》みくらべ、書《か》かれた表《ひょう》現《げん》が主観的《しゅかんてき》だと思《おも》えば「主《しゅ》」を、客観的《きゃっかんてき》だと思《おも》えば「客《きゃく》」を、各空欄《かくくうらん》に書《か》きなさい。例《れい》を参考《さんこう》にすること。

〈例《れい》〉（主《しゅ》）死《し》ぬほど暑《あつ》い日《ひ》。
（客《きゃく》）ここ一〇年間《じゅうねんかん》での最高気温《さいこうきおん》を更新《こうしん》した日《ひ》。

ア（　　）彼《かれ》は頭《あたま》がいい。
（　　）彼《かれ》は三回連続《さんかいれんぞく》で成績《せいせき》が学年《がくねん》トップだった。

イ（　　）Tシャツ一枚一万円《いちまいいちまんえん》は高《たか》すぎる。
（　　）おおかたの小学生《しょうがくせい》から見《み》れば、Tシャツ一枚《いちまい》一万円《いちまんえん》は高《たか》いという意見《いけん》が大多数《だいたすう》を占《し》めるはずである。

ウ（　　）原稿用紙《げんこうようし》一〇枚《じゅうまい》の作文《さくぶん》を書《か》くことを大変《たいへん》だと感《かん》じるかどうかは、書《か》き手《て》の能力《のうりょく》と感《かん》じ方《かた》次《し》第《だい》だろう。
（　　）原稿用紙《げんこうようし》一〇枚《じゅうまい》の作文《さくぶん》を書《か》くのは大変《たいへん》だ。

「主体《しゅたい》」……何《なに》かを考《かんが》えたり行《おこな》ったりするときの「自分《じぶん》」「私《わたし》」のこと。「客体《きゃくたい》」……「自分《じぶん》」「私《わたし》」が働《はたら》きかけることのできる外界《がいかい》のことがら全《すべ》てのこと。

月　日

100点満点《てんまんてん》　点《てん》

●解答《かいとう》・解説《かいせつ》79ページ

41 ～ 52 解答《かいとう》・解説《かいせつ》

解答《かいとう》

41

① **拾《ひろ》う** ↔ **捨《す》てる** （66ページ）

ア…見込《みこ》んで　イ…拾《ひろ》った・捨《す》てた

ウ…落《お》として・拾《ひろ》って　エ…遺失物《いしつぶつ》

オ…見放《みはな》して・見直《みなお》し

42

① **集《あつ》まる** ↔ **散《ち》る** （67ページ）

ア…散《ち》らばる・集《あつ》まり　イ…集中《しゅうちゅう》　ウ…分散《ぶんさん》

エ…密集《みっしゅう》　オ…解散《かいさん》

43

① **つなぐ** ↔ **切《き》る** （68ページ）

（例《れい》：右《みぎ》から順《じゅん》に）アナログ・温《あたた》かな人間関係《にんげんかんけい》・「切《き》れている」・関《かか》われる人数《にんずう》が無限《むげん》（関《かか》わりを持《も》てる人《にん》数《ずう》が無限《むげん》）

44

① **問《と》う** ↔ **答《こた》える** （69ページ）

ア…問《と》いかけ　イ…解答《かいとう》　ウ…質疑応答《しつぎおうとう》・質問《しつもん》

② 一《ひと》つめ…回答《かいとう》　二《ふた》つめ…質問《しつもん》

45

① **直接《ちょくせつ》** ↔ **間接《かんせつ》** （70ページ）

（それぞれ、右《みぎ》から順《じゅん》に）ア…直筆《じきひつ》・代筆《だいひつ》　イ…書《か》き下《お》ろし・再録《さいろく》　ウ…直言《ちょくげん》・曲言《きょくげん》　エ…生放送《なまほうそう》・収録《しゅうろく》放送《ほうそう》　オ…直行《ちょっこう》・迂回《うかい》（回《まわ》り道《みち》）

② 直接《ちょくせつ》・間接《かんせつ》

46

① **理想《りそう》** ↔ **現実《げんじつ》** （71ページ）

ア…⊖　イ…⊖　ウ…⊖　エ…⊕　オ…N

47

① **能動《のうどう》** ↔ **受動《じゅどう》** （72ページ）

ア…能動《のうどう》　イ…受動《じゅどう》　ウ…自立《じりつ》

エ…強制《きょうせい》　オ…される・する

② 受動《じゅどう》

48

① **積極《せっきょく》** ↔ **消極《しょうきょく》** （73ページ）

ア…（例《れい》）絵《え》を描《か》くことについては、積極的《せっきょくてき》になれる。しかし、文章《ぶんしょう》を書《か》くことについては、消極的《しょうきょくてき》になってしまう。イ…(例《れい》)叱《しか》られた後《あと》は弱気《よわき》になりがちだ。しかし、ほめられた後《あと》は強気《つよき》になれる。

② 買《か》い手《て》

㊾

① **生産《せいさん》**↔**消費《しょうひ》**(74ページ)

生産者《せいさんしゃ》・生産《せいさん》・生産《せいさん》・消費者《しょうひしゃ》・生産者《せいさんしゃ》・生産者《せいさんしゃ》・消《しょう》費《ひ》者《しゃ》

㊿

① **必然《ひつぜん》**↔**偶然《ぐうぜん》**(75ページ)

ア…必然《ひつぜん》　イ…おそらく　ウ…あるいは

② たまたま

51

① **正常《せいじょう》**↔**異常《いじょう》**(76ページ)

ア…異常《いじょう》　イ…適度《てきど》　ウ…健全《けんぜん》　エ…平凡《へいぼん》・非凡《ひぼん》

② ア

52

① **主観《しゅかん》**↔**客観《きゃっかん》**(77ページ)

(それぞれ右《みぎ》から順《じゅん》に)

ア…主《しゅ》・客《きゃく》　イ…主《しゅ》・客《きゃく》　ウ…客《きゃく》・主《しゅ》

ピックアップ解説《かいせつ》

42 **集《あつ》まる**↔**散《ち》る**(67ページ)

①のエは、花壇《かだん》や畑《はたけ》の中《なか》の一定《いってい》の範囲《はんい》に渡《わた》って葉《は》が込《こ》み入《い》った状態《じょうたい》になる、という意味《いみ》です。もし空欄《くうらん》に「集《しゅう》中《ちゅう》」を入《い》れてしまうと、ある狭《せま》い一箇所《いっかしょ》に葉《は》が集《あつ》まる、といったイメージになり文意《ぶんい》が変《か》わってしまいますから、「密集《みっしゅう》」が適切《てきせつ》ということになります。

㊿ **必然《ひつぜん》**↔**偶然《ぐうぜん》**(75ページ)

①の選択肢《せんたくし》「あるいは」は、75ページの「解説《かいせつ》」にあるように、「ひょっとすると」といった程度《ていど》の「低《ひく》い期《き》待度《たいど》」の言葉《ことば》です。その意味《いみ》では、イよりウに入《い》れるのが適切《てきせつ》です。天気予報《てんきよほう》はあくまで「予報《よほう》」ですから「絶《ぜっ》対《たい》」というのはそもそもおかしいわけですが、「予報《よほう》」と言《い》うからには、「ひょっとすると」などといったいい加減《かげん》な表現《ひょうげん》もまた、同様《どうよう》におかしいのです。もちろん、「おそらく」も予報《よほう》としては最適《さいてき》ではありませんが、許容範《きょようはん》囲《い》ではあります（通常《つうじょう》は、「所《ところ》によっては雨《あめ》が雪《ゆき》に変《か》わる見込《みこ》みです」といった表現《ひょうげん》が多《おお》いようです）。

53 真《ま》っ直《す》ぐ↕斜《なな》め

レベル③
月　日
100点《てん》満《まん》点《てん》　点《てん》
●解答《かいとう》・解説《かいせつ》92ページ

関《かん》連《れん》語《ご》

- 素直《すなお》 ↔ 意地《いじ》っ張《ぱ》り
- 正対《せいたい》する ↔ 斜《しゃ》に構《かま》える
- 直球《ちょっきゅう》 ↔ 変化球《へんかきゅう》
- 直線《ちょくせん》 ↔ 曲線《きょくせん》
- 純真《じゅんしん》 ↔ 不純《ふじゅん》

解《かい》説《せつ》

「真《ま》っ直《す》ぐ」と「斜《なな》め」は、人間《にんげん》の心《こころ》のあり方《かた》のたとえとして用《もち》いられやすい表現《ひょうげん》です。「正対《せいたい》する」は、ここでは「ものごとに正面《しょうめん》から向《む》き合《あ》う」ことであり、「斜《しゃ》に構《かま》える」は、「正面《しょうめん》から向《む》き合《あ》わず皮肉《ひにく》めいた態度《たいど》で向《む》き合《あ》う」ことを意味《いみ》します。簡単《かんたん》に言《い》えば、後者《こうしゃ》は「ひねくれている」ということです。直球《ちょっきゅう》・変化球《へんかきゅう》はもちろん野《や》球《きゅう》の投球《とうきゅう》についての言葉《ことば》ですが、転《てん》じて、「正面《しょうめん》から向《む》き合《あ》うこと（直球《ちょっきゅう》）」「正面《しょうめん》から向《む》き合《あ》わず策略《さくりゃく》を用《もち》いること（変化球《へんかきゅう》）」といった意味《いみ》で使《つか》われることがあります。

活《かつ》用《よう》問《もん》題《だい》

①…20点《てん》×4　②…20点《てん》

① 次《つぎ》の文章《ぶんしょう》の空欄《くうらん》を埋《う》めます。後《あと》の□から語句《ごく》を選《えら》んで書《か》きなさい。同《おな》じ語句《ごく》は一度《いちど》しか使《つか》えません。

ア 彼《かれ》は（　　　　）性格《せいかく》だから、道《みち》ばたにゴミを放《ほう》り投《な》げるような人《ひと》は許《ゆる》せないらしい。

イ 「警察官《けいさつかん》だって結局《けっきょく》は金《かね》を稼《かせ》ぐために仕事《しごと》をしてるんだろ」などと、（　　　　）言葉《ことば》を放《はな》つ男《おとこ》。

ウ 「好《す》きなら好《す》きと言《い》っちゃいなさいよ。（　　　　）勝負《しょうぶ》で」

エ 「子《こ》どもはいつでも（　　　　）な存在《そんざい》だなんて、それは幻想《げんそう》だよ」と彼《かれ》は言《い》った。

直球《ちょっきゅう》　斜《しゃ》に構《かま》えた　不純《ふじゅん》　変化球《へんかきゅう》
純真《じゅんしん》　真《ま》っ直《す》ぐな　曲線《きょくせん》

② 次《つぎ》の語句《ごく》の中《なか》から意味上《いみじょう》の仲間外《なかまはず》れを一《ひと》つ選《えら》び、マルをつけなさい。

素直《すなお》な子《こ》　意地《いじ》っ張《ぱ》り　ひねくれ者《もの》　斜《しゃ》に構《かま》えた人《ひと》

「純真《じゅんしん》」……心《こころ》に混《ま》じり気《け》がなく清《きよ》らかなこと。「不純《ふじゅん》」……心《こころ》に混《ま》じり気《け》があり汚《けが》れていること。

54 信《しん》じる↕疑《うたが》う

●組《く》み合《あ》わせると「信《しん》疑《ぎ》」

関《かん》連《れん》語《ご》

信《しん》じる ↔ 怪《あや》しむ
信用《しんよう》 ↔ 疑惑《ぎわく》
信頼感《しんらいかん》 ↔ 不信感《ふしんかん》
悟《さと》る ↔ 迷《まよ》う
安《やす》んずる ↔ 危《あや》ぶむ

解説《かいせつ》

「怪《あや》しむ」は、「疑《うたが》う」とほぼ同《おな》じ意味《いみ》です。「信用《しんよう》」は、(言葉《ことば》などを）信《しん》じて受《う》け入《い》れること、(人《ひと》などを）信《しん》じて任《まか》せることを意味《いみ》します。また、「信用《しんよう》を得《え》る・信用《しんよう》を失《うしな》う」というように、信《しん》じられるかどうかについての「評価《ひょうか》」を意味《いみ》することもあります。一方《いっぽう》、「疑惑《ぎわく》」は、「信用《しんよう》できないのではないか」といった疑《うたが》いを意味《いみ》します。「信頼《しんらい》」は「信用《しんよう》」と似《に》た意味《いみ》ですが、信《しん》じるだけでなく「頼《たよ》りにする」という意味合《いみあ》いが文字《もじ》どおり加《くわ》わります。

活用問題《かつようもんだい》　①…14点《てん》×7　全問正解《ぜんもんせいかい》でプラス2点《てん》

① 次《つぎ》の文章《ぶんしょう》の空欄《くうらん》に、「信《しん》じる」「疑《うたが》う」のいずれかの言葉《ことば》を書《か》き入《い》れなさい。信《しん》じて、疑《うたが》って、疑《うたが》い、などと活用《かつよう》させてもかまいません。

「きみを信《しん》じているよ」という言葉《ことば》の裏側《うらがわ》には、多《おお》くの場合《ばあい》、「少《すこ》しは（　　　　）いるよ」というメッセージが隠《かく》されている。

全《まった》く（　　　　）のない状態《じょうたい》のとき、私《わたし》たちは「（　　　　）」という言葉《ことば》を使《つか》わない。

たとえば、本当《ほんとう》に「必《かなら》ずうまくいく」と思《おも》っているなら、「うまくいくと信《しん》じる」とは言《い》わず、「うまくいく」と断言《だんげん》するはずである。

にもかかわらず、そこに「（　　　　）」という言葉《ことば》が出《で》てくるのは、「うまくいかないかもしれない」という（　　　　）が残《のこ》っているからこそだ。

信《しん》じるということは、その（　　　　）を減《へ》らしていく過程《かてい》であるが、それが完全《かんぜん》に消《き》えることはない。

それが、（　　　　）という言葉《ことば》の限界《げんかい》なのであろう。

「安《やす》んずる・危《あや》ぶむ」……50ページ参照《さんしょう》。「悟《さと》る」……自分《じぶん》の進《すす》むべき方向《ほうこう》をはっきりと知《し》ること。２つの「さとる(覚《さと》る・悟《さと》る)」が連《つら》なると、「覚悟《かくご》」になります。

●解答《かいとう》・解説《かいせつ》92ページ

55 心《こころ》ある⇔心《こころ》ない

月　日

100点《てん》満点《まんてん》　　点《てん》

●解答《かいとう》・解説《かいせつ》92ページ

関《かん》連《れん》語《ご》

分別《ふんべつ》⇔無分別《むふんべつ》
賢明《けんめい》⇔暗愚《あんぐ》
風流《ふうりゅう》⇔無風流《ぶふうりゅう》
誠実《せいじつ》⇔不誠実《ふせいじつ》
温《あたた》かい⇔冷《つめ》たい

解《かい》説《せつ》

「心《こころ》ある」とは思慮《しりょ》・分別《ふんべつ》があること、あるいは風流《ふうりゅう》を解《かい》する心《こころ》を持《も》っていることを意味《いみ》します。「心《こころ》ない」はその逆《ぎゃく》です。「分別《ふんべつ》」とは、善悪《ぜんあく》などの判断力《はんだんりょく》のことです。「風流《ふうりゅう》」とは、心《こころ》に余裕《よゆう》を持《も》ち花鳥風月《かちょうふうげつ》を楽《たの》しみ味《あじ》わうことのできるような様子《ようす》を表《あらわ》します。

なお、「心《こころ》ない」は、そういった「心《こころ》ある」の反対語《はんたいご》としての意味《いみ》をより広《ひろ》げて使《つか》われる傾向《けいこう》があります。たとえば、「心《こころ》ない人《ひと》」と言《い》えば、「冷《つめ》たい人《ひと》」「人情《にんじょう》の分《わ》からない人《ひと》」といった意味合《いみあ》いが生《しょう》じます。

活《かつ》用《よう》問《もん》題《だい》　①…25点《てん》×3　②…25点《てん》

① 次《つぎ》の各文《かくぶん》の空欄《くうらん》に、「心《こころ》ある」か「心《こころ》ない」を書《か》き入《い》れなさい。

ア　この絵画展《かいがてん》は、ぜひ、（　　　　）人々《ひとびと》に見《み》ていただきたい。じっくりと、絵《え》の世界観《せかいかん》に触《ふ》れてほしい。

イ　我《わ》が家《や》の庭《にわ》の木《き》は育《そだ》ちすぎており、秋《あき》になると枯《か》れ葉《は》が近隣《きんりん》に散乱《さんらん》してしまう。しかし、だからといって、枝《えだ》を勝手《かって》に切《き》り落《お》とすという（　　　　）やり方《かた》で抗議《こうぎ》するのは、やめてほしい。

ウ　来客時《らいきゃくじ》の彼女《かのじょ》の（　　　　）ふるまいを見《み》て、ぜひ一度《いちど》、彼女《かのじょ》と会話《かいわ》をしてみたいと感《かん》じた。

② 次《つぎ》の文《ぶん》の空欄《くうらん》を考《かんが》えて埋《う》めなさい。ただし、「心《こころ》ある・心《こころ》ない」、または上記《じょうき》の関連語《かんれんご》を用《もち》いること。

静《しず》かな図書室《としょしつ》で隣《となり》の子《こ》がオナラをしてしまったとき、気《き》づかなかったふりをしてあげるというのは、ちょっとした心《こころ》あるはからいだ。すぐ指摘《してき》して恥《は》ずかしい思《おも》いをさせるというのは、（　　　　）。

「賢明《けんめい》」……ものごとを適切《てきせつ》に判断《はんだん》できること。「暗愚《あんぐ》」はその逆《ぎゃく》。「誠実《せいじつ》」……真心《まごころ》があり、正直《しょうじき》でまじめな様子《ようす》。「不誠実《ふせいじつ》」はその逆《ぎゃく》。

56

誇《ほこ》らしい↕恥《は》ずかしい

関連語《かんれんご》

誇《ほこ》る ↔ 恥《は》じる
誇《ほこ》り ↔ 恥《はじ》
誉《ほま》れ ↔ 恥《はじ》
名誉《めいよ》 ↔ 恥辱《ちじょく》
面目《めんぼく》を施《ほどこ》す ↔ 面目《めんぼく》を失《うしな》う
プライドを保《たも》つ ↔ プライドを失《うしな》う

解説《かいせつ》

「誇《ほこ》らしい」とは、優《すぐ》れた点《てん》を他人《たにん》に自慢《じまん》したいような、得意《とくい》げな気持《きも》ちを表《あらわ》します。「誇《ほこ》る」「誇《ほこ》りに思《おも》う」などもほぼ同様《どうよう》です。ただし、〝優《すぐ》れた点《てん》を自慢《じまん》する〟とは言《い》っても、単《たん》なる自慢《じまん》とは異《こと》なり、他者《たしゃ》にも共感《きょうかん》され得《う》るような内容《ないよう》に対《たい》して用《もち》いられることの多《おお》い言葉《ことば》です。「名誉《めいよ》」とは、社会的《しゃかいてき》な高評価《こうひょうか》を意味《いみ》します。多《おお》くの人《ひと》に素晴《すば》らしいと認《みと》められている様子《ようす》です。「恥辱《ちじょく》」はその逆《ぎゃく》で、「不名誉《ふめいよ》」とも表現《ひょうげん》します。

活用問題《かつようもんだい》 ①…25点《てん》×4

① 次《つぎ》の各文《かくぶん》の――を引《ひ》いた表現《ひょうげん》の中《なか》には、おかしなものが含《ふく》まれています。おかしいと思《おも》う場合《ばあい》は、ふさわしい語句《ごく》を後《あと》の□から選《えら》び、各空欄《かくくうらん》に書《か》き入《い》れなさい。同《おな》じ語句《ごく》は一度《いちど》しか使《つか》えません。また、おかしくないと思《おも》う場合《ばあい》は、空欄《くうらん》にマルを書《か》き入《い》れなさい。

ア 私《わたし》の小学校《しょうがっこう》の卒業生《そつぎょうせい》が、オリンピックで金《きん》メダルに輝《かがや》いた。とても恥《は》ずかしいことだ。

イ 誰《だれ》も手《て》を挙《あ》げないときに思《おも》い切《き》って手《て》を挙《あ》げたら、先生《せんせい》にほめられた。ちょっと誇《ほこ》らしい気持《きも》ちになった。

ウ 帰《かえ》り道《みち》、道路《どうろ》で五百円玉《ごひゃくえんだま》を拾《ひろ》った。誇《ほこ》りに思《おも》う。

エ 過去二回《かこにかい》ミスをしたが、最後《さいご》の重要《じゅうよう》な局面《きょくめん》で成功《せいこう》を収《おさ》めた。何《なん》とかプライドを保《たも》たずに済《す》んだ。

ア（　　　　）　イ（　　　　）

ウ（　　　　）　エ（　　　　）

恥《は》ずかしい　プライドを失《うしな》わずに　面目《めんぼく》を施《ほどこ》さずに 誇《ほこ》らしい　自慢《じまん》したい　名誉《めいよ》を得《え》ずに

「面目《めんぼく》を施《ほどこ》す・面目《めんぼく》を失《うしな》う」……名誉《めいよ》が高《たか》まること、名誉《めいよ》を傷《きず》つけられること。「プライド」……自尊心《じそんしん》、誇《ほこ》り。「傷《きず》つけられたくない」という意味合《いみあ》いが強《つよ》い言葉《ことば》です。

月　日

100点満点《てんまんてん》

点《てん》

●解答《かいとう》・解説《かいせつ》92ページ

57 優越感《ゆうえつかん》↕劣等感《れっとうかん》

月　日

100点《てん》満点《まんてん》　　点《てん》

●解答《かいとう》・解説《かいせつ》92ページ

関連語《かんれんご》

優《まさ》る（優《すぐ》れる）↕劣《おと》る（組《く》み合《あ》わせると「優劣《ゆうれつ》」）
優勢《ゆうせい》↕劣勢《れっせい》
見下《みさ》げる（見下《みくだ》す）↕見上《みあ》げる
自尊《じそん》↕卑下《ひげ》
自慢《じまん》↕自嘲《じちょう》

解説《かいせつ》

優越感《ゆうえつかん》は「自分《じぶん》が他人《たにん》より優《すぐ》れている」と思《おも》う気持《きも》ち、劣等感《れっとうかん》は「自分《じぶん》が他人《たにん》より劣《おと》っている」と思《おも》う気持《きも》ちです。「劣《おと》る」は、ここではとくに能力《のうりょく》の面《めん》で下《した》であることを意味《いみ》します。優勢《ゆうせい》とは、他《た》にくらべて勢《いきお》いが優《すぐ》れていることです。「試合展開《しあいてんかい》はAチームが優勢《ゆうせい》」などと用《もち》います（劣勢《れっせい》は逆《ぎゃく》の意味《いみ》）。「見下《みさ》げる（見下《みくだ》す）」は、相手《あいて》を自分《じぶん》より下《した》と見《み》て言動《げんどう》することです。優越感《ゆうえつかん》を持《も》っている人《ひと》が必《かなら》ず相手《あいて》を見下《みくだ》した言動《げんどう》をとるというわけではありませんが、両者《りょうしゃ》の心《こころ》の状態《じょうたい》が似《に》ていることは確《たし》かです。

活用問題《かつようもんだい》

① 次《つぎ》の文章《ぶんしょう》の空欄《くうらん》を埋《う》めます。後《あと》の□から語句《ごく》を選《えら》んで書《か》きなさい。同《おな》じ語句《ごく》は一度《いちど》しか使《つか》えません。　①…14点《てん》×7　全問正解《ぜんもんせいかい》でプラス2点《てん》

ア　自分《じぶん》の学年《がくねん》が相手《あいて》より一《ひと》つ上《うえ》だというだけで、そんな（　　　）た言《い》い方《かた》をするのはやめなさい。

イ　試合前半《しあいぜんはん》は二対《にたいれい》〇で（　　　）だったが、後半《こうはん》に入《はい》り三点取《さんてんと》られ、（　　　）になってしまった。

ウ　全一五試合《ぜんじゅうごしあい》のうち一四試合《じゅうよんしあい》で負《ま》け続《つづ》けている。最後《さいご》の一戦《いっせん》だけ（　　　）を持《も》たずに頑張《がんば》れと言《い》われても無理《むり》だ。

エ　勉強《べんきょう》もできれば運動《うんどう》もできるケンタを、僕《ぼく》はどうしても、「すごいなあ」と（　　　）てしまう。

オ　せっかく賞《しょう》をもらったのに、「どうせまぐれでしょ、僕《ぼく》なんてたいしたことないですよ」だなんて、そんな（　　　）したコメントはやめたら？

カ　全員《ぜんいん》の前《まえ》でほめられて（　　　）にひたる。

優勢《ゆうせい》	優越感《ゆうえつかん》	自慢《じまん》	見下《みさ》げ
見上《みあ》げ	自嘲《じちょう》	劣勢《れっせい》	劣等感《れっとうかん》

「自尊《じそん》」……自分《じぶん》で自分《じぶん》を優《すぐ》れていると思《おも》うこと。「卑下《ひげ》」……自分《じぶん》で自分《じぶん》を劣《おと》っていると思《おも》うこと。「自嘲《じちょう》」……自分《じぶん》で自分《じぶん》の価値《かち》を否定《ひてい》しあざけり笑《わら》うこと。

58 勇敢《ゆうかん》↔臆病《おくびょう》

関連語《かんれんご》

勇《いさ》ましい ↔ 意気地《いくじ》がない
積極的《せっきょくてき》 ↔ 消極的《しょうきょくてき》
強気《つよき》 ↔ 弱気《よわき》
攻《せ》めの姿勢《しせい》 ↔ 守《まも》りの姿勢《しせい》
大胆《だいたん》 ↔ 小胆《しょうたん》
雄々《おお》しい ↔ 女々《めめ》しい

解説《かいせつ》

「勇敢《ゆうかん》」とは、多《おお》くの人《ひと》が恐《おそ》れや不安《ふあん》を感《かん》じるような困《こん》難《なん》や危険《きけん》に対《たい》し、積極的《せっきょくてき》に立《た》ち向《む》かっていく気力《きりょく》がある様子《ようす》を意味《いみ》します。「臆病《おくびょう》」はその逆《ぎゃく》で、恐《おそ》れや不安《ふあん》を感《かん》じるほどでもないことがらに対《たい》して消極的《しょうきょくてき》になり、行動《こうどう》を起《お》こせないような様子《ようす》を意味《いみ》します。「勇《いさ》ましい」「意《い》気地《くじ》がない」も、それぞれ同様《どうよう》の意味合《いみあ》いです。「大胆《だいたん》」「小胆《しょうたん》」も同様《どうよう》ですが、これらは、とくに度胸《どきょう》や思《おも》い切《き》りの良《よ》さがあるかないか、といった意味《いみ》が強《つよ》い言葉《ことば》です。

活用問題《かつようもんだい》 ①…30点《てん》×3　全問正解《ぜんもんせいかい》でプラス10点《てん》

① 次《つぎ》の文章《ぶんしょう》を読《よ》み、後《あと》の空欄《くうらん》を埋《う》めなさい。

　ショウタ君《くん》は小《ちい》さい頃《ころ》、乗《の》っている車《くるま》がトンネルに入《はい》るだけでも怖《こわ》くて目《め》をつぶってしまうような意気地《いくじ》のない子《こ》で、ヘリコプターが空《そら》をブンブン飛《と》んでいるその音《おと》にも泣《な》き出《だ》してしまうほど臆病《おくびょう》だったという。

　ところが、大人《おとな》になってから、彼《かれ》は変《か》わった。学校行事《がっこうぎょうじ》で出《で》かけたキャンプ場《じょう》で大《おお》けがをし、救急《きゅうきゅう》ヘリと救急《きゅうきゅう》車《しゃ》で病院《びょういん》に運《はこ》ばれたのがきっかけだと言《い》う。「あんなカッコイイ仕事《しごと》をしてみたい、と思《おも》って」と照《て》れ笑《わら》いするのは、二〇歳《はたち》のショウタ君《くん》。救急救命士《きゅうきゅうきゅうめいし》を目指《めざ》して勉強《べんきょう》中《ちゅう》なのだとか。今《いま》では、レーシングカーの轟音《ごうおん》でもへっちゃらなのだ、と語《かた》る。ずいぶんと勇《いさ》ましくなったものだ。「勇敢《ゆうかん》でなければ、救急救命士《きゅうきゅうきゅうめいし》にはなれませんから」。

心《こころ》の変化《へんか》を反対語《はんたいご》で考《かんが》える

（　　　　）・（臆病《おくびょう》）

← 大《おお》けがで助《たす》けられた体験《たいけん》による変化《へんか》 ←

（　　　　）・（　　　　）

「雄々《おお》しい」……勇《いさ》ましい様子《ようす》。男性《だんせい》の理想像《りそうぞう》として用《もち》いられる表現《ひょうげん》。
「女々《めめ》しい」……意気地《いくじ》がない様子《ようす》。とくに男性《だんせい》に対《たい》し否定的《ひていてき》に用《もち》いられる表現《ひょうげん》。

レベル③

月　日

100点《てん》満点《まんてん》

点《てん》

●解答《かいとう》・解説《かいせつ》92・93ページ

月　日

100点《てん》満《まん》点《てん》

点《てん》

●解答《かいとう》・解説《かいせつ》92ページ

59 容易《ようい》↕困難《こんなん》

●組《く》み合《あ》わせると「難易《なんい》」

関連語《かんれんご》

易《やさ》しい（容易《たやす》い）↔難《むずか》しい

易《やす》い（～し易《やす》い）↔難《かた》い（～し難《がた》い）

簡単《かんたん》↔難《むずか》しい

平易《へいい》↔難解《なんかい》

単純《たんじゅん》↔複雑《ふくざつ》（→123ページ）

解説《かいせつ》

「容易《ようい》」は、何《なに》かをしようとするときに手数《てかず》や労力《ろうりょく》が少《すく》なくて済《す》み、時間《じかん》がかからない様子《ようす》を示《しめ》します。「困難《こんなん》」はその逆《ぎゃく》で、手数《てかず》・労力《ろうりょく》・時間《じかん》を必要《ひつよう》とする様子《ようす》です。

「～し難《がた》い」は、たとえば「解決《かいけつ》し難《がた》い問題《もんだい》」「納得《なっとく》し難《がた》い意見《いけん》」のように用《もち》います。それぞれ、「解決《かいけつ》するのが難《むずか》しい問題《もんだい》」「納得《なっとく》するのが難《むずか》しい意見《いけん》」という意味《いみ》です。「～し易《やす》い」もほぼ同様《どうよう》に使《つか》います。なお、どちらも通常《つうじょう》は「～しがたい」「～しやすい」とひらがなで書《か》きますが、ここではあえて漢字《かんじ》にしています（「容易《たやす》い」も同様《どうよう》）。

活用問題《かつようもんだい》

①ア・イ…各《かく》20点《てん》　ウ…30点《てん》　②…10点《てん》×3

① 次《つぎ》の各文《かくぶん》の空欄《くうらん》を考《かんが》えて埋《う》めなさい。

ア　一桁《ひとけた》どうしのかけ算《ざん》は簡単《かんたん》だ。でも、（　　　　）。

イ　教科書《きょうかしょ》に載《の》ったどんな文章《ぶんしょう》でも、音読《おんどく》するだけなら容易《たやす》いことである。しかし、（　　　　）。

ウ　「困難《こんなん》な問題《もんだい》」と言《い》うと、解決策《かいけつさく》がないのではないかという、落《お》ち着《つ》かない気持《きも》ちになる。一方《いっぽう》、「難解《なんかい》な問題《もんだい》」と言《い》えば、（　　　　）。

② 次《つぎ》の文《ぶん》の空欄《くうらん》を考《かんが》えて埋《う》めなさい。

ア　ゴミ置《お》き場《ば》の悪臭《あくしゅう》は、いかんとも（　　　　）。

イ　この問題集《もんだいしゅう》には、平易《へいい》な問題《もんだい》から（　　　　）な問題《もんだい》まで、様々《さまざま》な（　　　　度《ど》）の問題《もんだい》がある。

「簡単《かんたん》」は「容易《ようい》」とやや異《こと》なり、「仕組《しく》みが単純《たんじゅん》である」という意味《いみ》を持《も》ちます。「簡単《かんたん》な仕組《しく》みのおもちゃ」とは言《い》えますが、「容易《ようい》な仕組《しく》みのおもちゃ」とは言《い》えません。

60 安定《あんてい》↕不安定《ふあんてい》

関連語《かんれんご》

安定《あんてい》←→変動《へんどう》
安定《あんてい》←→動揺《どうよう》
定《さだ》まる←→揺《ゆ》らぐ（揺《ゆ》るぐ）
定《さだ》める←→揺《ゆ》るがす
静《せい》←→動《どう》（↓45ページ）
バランス←→アンバランス

解説《かいせつ》

「安定《あんてい》」は、ものごとが落《お》ち着《つ》いていて、激《はげ》しい変化《へんか》・変動《へんどう》のない様子《ようす》を示《しめ》します。「不安定《ふあんてい》」はその逆《ぎゃく》で、落《お》ち着《つ》きがなく、変化《へんか》・変動《へんどう》が大《おお》きい様子《ようす》を示《しめ》します。

「動揺《どうよう》」は、物体《ぶったい》がバランスを失《うしな》って揺《ゆ》れ動《うご》くとき、あるいは、精神《せいしん》（心《こころ》）が不安定《ふあんてい》になり揺《ゆ》れ動《うご》くときなどに用《もち》いられます。社会全体《しゃかいぜんたい》が動揺《どうよう》する、などとも用《もち》います。

バランスは「つり合《あ》いがとれていること」、アンバランスは「つり合《あ》いがとれていないこと」を意味《いみ》します。

活用問題《かつようもんだい》 ①…50点《てん》×2

① 次《つぎ》に示《しめ》す対比《たいひ》の型《かた》を利用《りよう》し、例《れい》にならって短作文《たんさくぶん》を二《ふた》つ書《か》きなさい。その際《さい》、上《うえ》に示《しめ》した「安定《あんてい》・不安定《ふあんてい》」、あるいは「関連語《かんれんご》」を必《かなら》ず用《もち》いること。なお、テーマ・内容《ないよう》は自由《じゆう》です。

> **型《かた》**　□は□。しかし、□は□。
>
> **例《れい》**　先生《せんせい》に突然指名《とつぜんしめい》されたときは**動揺《どうよう》**してしまう。しかし、発言《はつげん》し終《お》えた後《あと》は**静《しず》かな**気持《きも》ちになれる。

ア

イ

①……例文《れいぶん》は「動揺《どうよう》←→静《しず》か」という対比《たいひ》になっています。「動揺《どうよう》←→安定《あんてい》」というきっちりした反対語《はんたいご》にこだわらず、読《よ》みやすくなるよう類義語《るいぎご》に言《い》いかえることも大切《たいせつ》です。

61 楽観《らっかん》↔悲観《ひかん》

月　日

100点《てん》満点《まんてん》　　点《てん》

●解答《かいとう》・解説《かいせつ》93ページ

関《かん》連《れん》語《ご》

前向《まえむ》き ↔ 後《うし》ろ向《む》き
ポジティブ ↔ ネガティブ
プラス思考《しこう》 ↔ マイナス思考《しこう》
明《あか》るい ↔ 暗《くら》い （→11ページ）
肯定《こうてい》 ↔ 否定《ひてい》 （→42ページ）
楽天的《らくてんてき》 ↔ 厭世的《えんせいてき》

解《かい》説《せつ》

楽観《らっかん》とは、「世《よ》の中《なか》は明《あか》るい、きっとうまくいく」などと、ものごとを前向《まえむ》きにとらえることです。悲観《ひかん》とは、逆《ぎゃく》に、「世《よ》の中《なか》は暗《くら》い、うまくいかないに違《ちが》いない」などと、ものごとを後《うし》ろ向《む》きにとらえることです。ポジティブ・プラス思考《しこう》・楽天的《らくてんてき》は「楽観《らっかん》」とほぼ同《おな》じ意味《いみ》、ネガティブ・マイナス思考《しこう》・厭世的《えんせいてき》は「悲観《ひかん》」とほぼ同《おな》じ意味《いみ》です。ただし、厭世的《えんせいてき》という言葉《ことば》には、「生《い》きるのもいやになる」といった否定的《ひていてき》イメージが強《つよ》く含《ふく》まれます。

活《かつ》用《よう》問《もん》題《だい》　①…記号《きごう》50点《てん》　言葉《ことば》（完全解答《かんぜんかいとう》）50点《てん》

① 次《つぎ》の中《なか》に対比関係《たいひかんけい》が間違《まちが》っている文章《ぶんしょう》が一《ひと》つあります。その文章《ぶんしょう》の記号《きごう》にマルをつけなさい。また、どの言葉《ことば》をどう直《なお》せば正《ただ》しくなるか、後《あと》に書《か》きなさい。

ア 空《そら》が暗《くら》い日《ひ》に、「きっと今日《きょう》はいやなことが起《お》こるぞ」とつぶやくのは、悲観的《ひかんてき》な感《かん》じがする。一方《いっぽう》、「空《そら》が暗《くら》い分《ぶん》、いつもよりも明《あか》るく過《す》ごしたいね」などと言《い》うと、暗《くら》い空《そら》さえも明《あか》るく感《かん》じられてくるから驚《おどろ》きだ。

イ お年玉《としだま》のうち半分《はんぶん》を使《つか》った。「もう半分《はんぶん》しかない」と言《い》えばネガティブに聞《き》こえるが、「まだ半分《はんぶん》もある」と言《い》えばポジティブに聞《き》こえる。

ウ 「今日《きょう》こそは勝《か》つはず」と信《しん》じて、五連敗《ごれんぱい》しているプロ野球《やきゅう》チームを応援《おうえん》しに球場《きゅうじょう》まで足《あし》を運《はこ》ぶようなプラス思考《しこう》のファンが多《おお》いと、選手《せんしゅ》も前向《まえむ》きになれるだろう。逆《ぎゃく》に、「どうせ今日《きょう》も負《ま》けさ」と応援《おうえん》をやめてしまうようなファンが多《おお》いと、選手《せんしゅ》も楽天的《らくてんてき》になるはずだ。

直《なお》す前《まえ》の言葉《ことば》（　　　　）→ 直《なお》した後《あと》の言葉《ことば》（　　　　）

①……たとえば、「近《ちか》い駅《えき》←→遠《とお》い駅《えき》」のように反対語《はんたいご》をきっちり使《つか》わず、「近《ちか》い駅《えき》←→離《はな》れた駅《えき》」などという比較《ひかく》で表現《ひょうげん》した場合《ばあい》でも、「対比関係《たいひかんけい》」は成立《せいりつ》します。

62 自然《しぜん》↔人工《じんこう》

関連語《かんれんご》

天然《てんねん》↔人工《じんこう》
田舎《いなか》↔都会《とかい》
自然的《しぜんてき》↔人為的《じんいてき》
自然《しぜん》↔不自然《ふしぜん》
天災《てんさい》↔人災《じんさい》

解説《かいせつ》

「人間《にんげん》の手《て》が加《くわ》わっていない」というのが「自然《しぜん》」の本《ほん》質的《しつてき》な意味《いみ》です。逆《ぎゃく》に、「人間《にんげん》の手《て》が加《くわ》わっている」というのが「人工《じんこう》」ということになります。「自然《しぜん》」には多《おお》くの意味《いみ》がありますが、その中《なか》には、「自然《しぜん》に笑《わら》いが起《お》きた」のように「無理《むり》がない・わざとらしくない」といった意味《いみ》もあります。「不自然《ふしぜん》」は、その逆《ぎゃく》になります。「人為的《じんいてき》」とは、何《なん》らかの目的《もくてき》のために人間《にんげん》の手《て》が加《くわ》わっている様子《ようす》です。「実験《じっけん》のため、人為的《じんいてき》に風《かぜ》を起《お》こす」などと使《つか》います。

活用問題《かつようもんだい》 ①…14点《てん》×7 全問正解《ぜんもんせいかい》でプラス2点《てん》

① 次《つぎ》の文章《ぶんしょう》の空欄《くうらん》を埋《う》めます。後《あと》の□から語句《ごく》を選《えら》んで書《か》きなさい。同《おな》じ語句《ごく》は一度《いちど》しか使《つか》えません。

ア 地震《じしん》、落雷《らくらい》、暴風雨《ぼうふうう》などのように自然現象《しぜんげんしょう》によって起《お》こる災害《さいがい》のことを（　　）と言《い》う。一方《いっぽう》、たとえ地震《じしん》が原因《げんいん》でも、「十分《じゅうぶん》な強度《きょうど》で建《た》てていなかったために建物《たてもの》が崩《くず》れ死者《ししゃ》が出《で》た」というように、人間《にんげん》の努力不足《どりょくぶそく》などによって起《お》きた、避《さ》けることができたはずの災《わざわ》いについては、（　　）と表現《ひょうげん》する。

イ どんなに美《うつく》しい青《あお》や緑《みどり》を絵《え》の具《ぐ》で表現《ひょうげん》しようと思《おも》っても、沖縄《おきなわ》の海《うみ》のような（　　）の色合《いろあ》いを再《さい》現《げん》するというのは、なかなかできることではない。

ウ 公園《こうえん》の樹木《じゅもく》を「自然《しぜん》」と見《み》るか「（　　）」と見《み》るかは、難《むずか》しい。樹木《じゅもく》そのものは自然物《しぜんぶつ》であっても、それを（　　）に植《う》えているわけだから。

エ （　　）は自然《しぜん》が豊《ゆた》かだが、（　　）ほどには交通機関《こうつうきかん》が整《ととの》っていないなど、不便《ふべん》もある。

人為的《じんいてき》　人工《じんこう》　人災《じんさい》　天然《てんねん》　都会《とかい》　天災《てんさい》　田舎《いなか》

「天然《てんねん》」……「自然《しぜん》」とほぼ同《おな》じ意味《いみ》ですが、よりプラスの意味《いみ》を込《こ》めて用《もち》いられることの多《おお》い言葉《ことば》です。

月　日

100点《てん》満点《まんてん》

点《てん》

●解答《かいとう》・解説《かいせつ》93ページ

月　日

100点《てん》満点《まんてん》

点《てん》

●解答《かいとう》・解説《かいせつ》93ページ

63 発信《はっしん》↕受信《じゅしん》

●組《く》み合《あ》わせると「受発信《じゅはっしん》」

関連語《かんれんご》

発信《はっしん》↔着信《ちゃくしん》
送信《そうしん》↔受信《じゅしん》
差《さ》し出《だ》す↔受《う》け取《と》る
書《か》く↔読《よ》む
話《はな》す↔聞《き》く
アウトプット↔インプット

解説《かいせつ》

「発信《はっしん》・受信《じゅしん》」はもともと、電波《でんぱ》（電話《でんわ》・ラジオ等《とう》）あるいは郵便物《ゆうびんぶつ》を送《おく》ることと受《う》けることを指《さ》します。ただし、転《てん》じて、何《なん》らかの情報《じょうほう》を発《はっ》することと受《う》け取《と》ることを広《ひろ》く意味《いみ》する場合《ばあい》も多々《たた》あります。たとえば、「ブログを書《か》いて意見《いけん》を発信《はっしん》する」などと用《もち》いられます。また、現《げん》代《だい》では、「着信《ちゃくしん》」は主《おも》に電話《でんわ》がかかってきた際《さい》に用《もち》い、「送信《そうしん》」は主《おも》にメールを送《おく》る際《さい》に用《もち》いることが多《おお》くなっています（メールを受《う》ける場合《ばあい》は「受信《じゅしん》」を用《もち》います）。

活用問題《かつようもんだい》　①…100点《てん》（完全解答《かんぜんかいとう》）

① 次《つぎ》の文章《ぶんしょう》を読《よ》み、後《あと》の問《と》いに答《こた》えなさい。

私《わたし》たちは、話《はな》す（口頭《こうとう》で伝《つた》える）ことと書《か》くことによって言語《げんご》メッセージを発信《はっしん》し、聞《き》くことと読《よ》むことによって言語《げんご》メッセージを受信《じゅしん》する。この両方《りょうほう》が大切《たいせつ》なのだが、現代《げんだい》の国語教育《こくごきょういく》では「読《よ》み」に偏《かたよ》った指導《しどう》があまりにも多《おお》い。もっと「書《か》き」に比重《ひじゅう》を置《お》かなければならない。「読《よ》み」とは、他者《たしゃ》の言葉《ことば》のインプットである。このインプットが正《ただ》しくできたかどうかを確《たし》かめるには、一度《いちど》アウトプットしてみて、自分《じぶん》あるいは誰《だれ》か他人《たにん》がチェックするという方法《ほうほう》をとるしかない。となれば、読《よ》むために必要《ひつよう》なのは、まず何《なに》よりもアウトプットの力《ちから》である。読《よ》んだことを整理《せいり》して書《か》いてみること（ときには〝頭《あたま》の中《なか》に書《か》く〟ということもあろう）。それができないうちには、読《よ》めたかどうか確《たし》かめることすらできないのである。

〈問《と》い〉　筆者《ひっしゃ》がとくに重視《じゅうし》するもの三《みっ》つにマルをつけなさい。

受信《じゅしん》　読《よ》み　アウトプット　書《か》き　発信《はっしん》　インプット

「アウトプット・インプット」については24ページ参照《さんしょう》。

常識《じょうしき》 ↕ 非常識《ひじょうしき》

関連語《かんれんご》

- 常識《じょうしき》 ↔ 常識外《じょうしきはず》れ
- 合理的《ごうりてき》 ↔ 非合理的《ひごうりてき》
- 順当《じゅんとう》 ↔ 不当《ふとう》
- 分別《ふんべつ》 ↔ 無分別《むふんべつ》
- 真面目《まじめ》 ↔ 不真面目《ふまじめ》

解説《かいせつ》

常識《じょうしき》とは、多《おお》くの人《ひと》が共通《きょうつう》して持《も》っている「ものの見《み》方《かた》」のことです。ただしこれは、とき（時代《じだい》や時期《じき》）と場所《ばしょ》（国《くに》や地域《ちいき》）によって変化《へんか》します。ある時代《じだい》、ある国《くに》では常識《じょうしき》とされていることが、別《べつ》の時代《じだい》、別《べつ》の国《くに》では非常識《ひじょうしき》となることは多々《たた》あります。その意味《いみ》で、この言《こと》葉《ば》の意味《いみ》は相対的《そうたいてき》（↓１３５ページ）であると言《い》えます。「合理的《ごうりてき》」とは、論理的《ろんりてき》に整理《せいり》して考《かんが》えてみれば多《おお》くの人《ひと》がそうだと思《おも》えるような様子《ようす》です。「順当《じゅんとう》」とは、順《じゅん》序立《じょだ》てて考《かんが》えれば当然《とうぜん》と考《かんが》えられる、といった意味《いみ》です。

活用問題《かつようもんだい》

① 次《つぎ》の文章《ぶんしょう》を読《よ》み、後《あと》の空欄《くうらん》を考《かんが》えて埋《う》めなさい。 ①…20点《てん》×5

社会生活《しゃかいせいかつ》を送《おく》るためには、常識《じょうしき》や順当《じゅんとう》な発想《はっそう》を持《も》つことがむろん大切《たいせつ》だが、ときにはあえて非常識《ひじょうしき》な考《かんが》え方《かた》をしてみないと、新《あたら》しい発見《はっけん》を得《え》るのはなかなか難《むずか》しい。よく、「逆転《ぎゃくてん》の発想《はっそう》」と言《い》われる。日本地図《にほんちず》や世界地図《せかいちず》を、文字《もじ》どおり上下逆《じょうげぎゃく》にして見《み》てみよう。たったこれだけでも、そこに新《あたら》しい世界《せかい》を発見《はっけん》できる。あるいは、「アイスクリーム天《てん》ぷら」を知《し》っているだろうか。これも、冷《つめ》たいアイスを熱《あつ》い油《あぶら》で揚《あ》げてしまうという逆転《ぎゃくてん》の発想《はっそう》だ。衣《ころも》や揚《あ》げ方《かた》を工夫《くふう》すれば熱《ねっ》してもアイスは溶《と》けない。このように、常識《じょうしき》に反《はん》する考《かんが》え方《かた》がもたらしてくれた発見《はっけん》は、いたるところにあるはずだ。さあ、探《さが》してみよう。

- （常識《じょうしき》が大切《たいせつ》）↔（　　　　）
- （順当《じゅんとう》な発想《はっそう》）↔（　　　　）
- （地図《ちず》を普通《ふつう》に見《み》る）↔（　　　　）
- （熱《ねっ》でアイスは溶《と》ける）↔（　　　　）
- （新発見《しんはっけん》は得《え》にくい）↔（　　　　）

「分別《ふんべつ》」……善悪《ぜんあく》・損得《そんとく》などを常識的《じょうしきてき》に判断《はんだん》できることを、「分別《ふんべつ》がある」などと表現《ひょうげん》します（82ページ参照《さんしょう》）。①……答《こた》え方《かた》は56ページ参照《さんしょう》。

レベル③

月　日

100点《てん》満点《まんてん》

点《てん》

●解答《かいとう》・解説《かいせつ》93ページ

53～64 解答《かいとう》・解説《かいせつ》

レベル③

解《かい》答《とう》

53 真《ま》っ直《す》ぐ ↔ 斜《なな》め（80ページ）

① ア…真《ま》っ直《す》ぐな　イ…斜《しゃ》に構《かま》えた
ウ…直球《ちょっきゅう》　エ…純真《じゅんしん》

② 素直《すなお》な子《こ》

54 信《しん》じる ↔ 疑《うたが》う（81ページ）

① （順《じゅん》に）疑《うたが》って・疑《うたが》い・信《しん》じる・信《しん》じる・疑《うたが》い・疑《うたが》い・信《しん》じる

55 心《こころ》ある ↔ 心《こころ》ない（82ページ）

① ア…心《こころ》ある　イ…心《こころ》ない　ウ…心《こころ》ある

② （例《れい》）心《こころ》ないやり方《かた》だ（冷《つめ》たい振《ふ》る舞《ま》いだ）

56 誇《ほこ》らしい ↔ 恥《は》ずかしい（83ページ）

① ア…誇《ほこ》らしい　イ…〇
ウ…自慢《じまん》したい　エ…プライドを失《うしな》わずに

57 優越感《ゆうえつかん》 ↔ 劣等感《れっとうかん》（84ページ）

① ア…見下《みさ》げ　イ…優勢《ゆうせい》・劣勢《れっせい》　ウ…劣等感《れっとうかん》
エ…見上《みあ》げ　オ…自嘲《じちょう》　カ…優越感《ゆうえつかん》

58 勇敢《ゆうかん》 ↔ 臆病《おくびょう》（85ページ）

① （右上《みぎうえ》）…意気地《いくじ》がない
（左上《ひだりうえ》）…勇《いさ》ましい　（左下《ひだりした》）…勇敢《ゆうかん》

59 容易《ようい》 ↔ 困難《こんなん》（86ページ）

① ア…（例《れい》）二桁《ふたけた》どうしのかけ算《ざん》は難《むずか》しい
イ…（例《れい》）内容《ないよう》の理解《りかい》となると、なかなか難《むずか》しい
ウ…（例《れい》）解決策《かいけつさく》はあるはずだという、落《お》ち着《つ》いた気持《きも》ちでいられる

② ア…し難《がた》い　イ…難解《なんかい》・難易《なんい》度《ど》

60 安定《あんてい》 ↔ 不安定《ふあんてい》（87ページ）

① ア…（例《れい》）大《おお》きな花瓶《かびん》に一輪《いちりん》だけ花《はな》を生《い》けても、傾《かたむ》いて不安定《ふあんてい》になる。しかし、束《たば》で生《い》ければ安定《あんてい》する。

イ…（例《れい》）字数《じすう》を指定《してい》されれば、書《か》くべき内容《ないよう》はある程度《ていど》定《さだ》まる。しかし、字数《じすう》が自由《じゆう》だと内容《ないよう》は揺《ゆ》らいでしまう。

① 61 **楽観《らっかん》**↔**悲観《ひかん》**（88ページ）

ウ（直《なお》す前《まえ》の言葉《ことば》）…楽天的《らくてんてき》
（直《なお》した後《あと》の言葉《ことば》）…（例《れい》）後《うし》ろ向《む》き（ネガティブ・マイナス思考《しこう》）

① 62 **自然《しぜん》**↔**人工《じんこう》**（89ページ）

ア…天災《てんさい》・人災《じんさい》　イ…天然《てんねん》　ウ…人工《じんこう》・人為的《じんいてき》
エ…田舎《いなか》・都会《とかい》

① 63 **発信《はっしん》**↔**受信《じゅしん》**（90ページ）

アウトプット・書《か》き・発信《はっしん》

① 64 **常識《じょうしき》**↔**非常識《ひじょうしき》**（91ページ）

（例《れい》：右《みぎ》から順《じゅん》に）非常識《ひじょうしき》も大切《たいせつ》・逆転《ぎゃくてん》の発想《はっそう》・地《ち》図《ず》を上下《じょうげ》逆《ぎゃく》に見《み》る・熱《ねつ》してもアイスは溶《と》けない（熱《ねつ》でアイスは溶《と》けない）・新発見《しんはっけん》が得《え》やすい

ピックアップ解説《かいせつ》

① 58 **勇敢《ゆうかん》**↔**臆病《おくびょう》**（85ページ）

「勇《いさ》ましい」と「勇敢《ゆうかん》」は逆《ぎゃく》でも可《か》。「（右上《みぎうえ》）女々《めめ》しい→（左上《ひだりうえ》）雄々《おお》しい」などでも、意味《いみ》が合《あ》えば可《か》。

① 61 **楽観《らっかん》**↔**悲観《ひかん》**（88ページ）

アは、「悲観的《ひかんてき》な感《かん》じがする」と「明《あか》るく感《かん》じられてくる」が正《ただ》しい対比関係《たいひかんけい》になっています。「悲観的《ひかんてき》」の反対語《はんたいご》「楽観的《らっかんてき》」が登場《とうじょう》しないため、これを答《こた》えとして選《えら》んだ人《ひと》がいるかもしれません。しかし、「悲観《ひかん》的《てき》」とは「暗《くら》い考《かんが》え方《かた》をすること」ですから、「明《あか》るい」と対比関係《たいひかんけい》にあるものととらえて問題《もんだい》ありません。

① 64 **常識《じょうしき》**↔**非常識《ひじょうしき》**（91ページ）

文章中《ぶんしょうちゅう》には「非常識《ひじょうしき》も大切《たいせつ》」とは書《か》いてありません。だからといって、「ときにはあえて非常識《ひじょうしき》な考《かんが》え方《かた》をしてみないと」などと抜《ぬ》き出《だ》すのではなく、自分《じぶん》なりに多少《たしょう》言《い》いかえてみて簡略化《かんりゃくか》して整理《せいり》することが、文章理解《ぶんしょうりかい》の第一歩《だいいっぽ》となります。

65 軟《やわ》らかい↕硬《かた》い

レベル③

月　日

100点《てん》満点《まんてん》

点《てん》

●解答《かいとう》・解説《かいせつ》109ページ

関連語《かんれんご》

脆《もろ》い⟷堅《かた》い

軟派《なんぱ》⟷硬派《こうは》

軟弱《なんじゃく》⟷強硬《きょうこう》（強固《きょうこ》）

女性的《じょせいてき》⟷男性的《だんせいてき》

ソフト⟷ハード

解説《かいせつ》

「軟《やわ》らかい」は「ぐにゃぐにゃ」（「柔《やわ》らかい」は「ふんわり・しなやか」）のイメージです。「硬《かた》い」は、外《そと》からかかる力《ちから》に強《つよ》く崩《くず》れにくい様子《ようす》です。「堅《かた》い」も同様《どうよう》ですが、これはとくに「信用《しんよう》できる」といった意味合《いみあ》いも持《も》ちます。「脆《もろ》い」は、元《もと》の形《かたち》が崩《くず》れやすい様子《ようす》です。「軟派《なんぱ》」は強《つよ》い主義《しゅぎ》・主張《しゅちょう》を持《も》っていない様子《ようす》を、「硬派《こうは》」はそれらを持《も》っている様子《ようす》を、主《おも》に表《あらわ》します。「軟弱《なんじゃく》」は意志《いし》・態《たい》度《ど》などが定《さだ》まらず頼《たよ》りない様子《ようす》を、「強硬《きょうこう》」は自分《じぶん》の意志《いし》・態度《たいど》などを押《お》しとおそうとする様子《ようす》を、主《おも》に表《あらわ》します。

活用問題《かつようもんだい》

①…14点《てん》×7　全問正解《ぜんもんせいかい》でプラス2点《てん》

① 次《つぎ》の各文《かくぶん》の——を引《ひ》いた語句《ごく》の意味《いみ》に合《あ》う説明《せつめい》を後《あと》の1～7から選《えら》び、各空欄《かくくうらん》に番号《ばんごう》を書《か》き入《い》れなさい。同《おな》じ番号《ばんごう》は一度《いちど》しか使《つか》えません。

ア（　）桜《さくら》の花《はな》はもう少《すこ》しソフトな色合《いろあ》いで描《えが》こう。

イ（　）思《おも》ったより軟《やわ》らかいゴムボールだね、これ。

ウ（　）固《かた》い友情《ゆうじょう》で結《むす》ばれた二人《ふたり》。

エ（　）Bの鉛筆《えんぴつ》よりもHBの鉛筆《えんぴつ》のほうが芯《しん》が硬《かた》い。

オ（　）この国《くに》の外交姿勢《がいこうしせい》は、軟弱《なんじゃく》だ。

カ（　）彼《かれ》は口《くち》が堅《かた》いから、秘密《ひみつ》は話《はな》さないはずだ。

キ（　）ほらほら、表情《ひょうじょう》が硬《かた》いよ。笑《わら》ってごらんよ。

1　ふにゃふにゃしている

2　他《た》の言《い》いなりになる

3　大切《たいせつ》に守《まも》る

4　ふんわりと優《やさ》しい

5　折《お》れにくい

6　こわばっていて不自然《ふしぜん》である

7　揺《ゆ》るぎない

ソフトは「柔《やわ》らかい」、ハードは「硬《かた》い・堅《かた》い」の意味《いみ》。それぞれ、「優《やさ》しい」「厳《きび》しい」の意《い》味《み》でも使《つか》われます。なお、「固《かた》い」は「緩《ゆる》い」の反対語《はんたいご》と考《かんが》えると意味《いみ》をつかめます。

66 好《す》く↔嫌《きら》う

●組《く》み合《あ》わせると「好《す》き嫌《きら》い」「好《こう》悪《お》」

関《かん》連《れん》語《ご》

好《す》き ↔ 嫌《きら》い
愛《あい》好《こう》 ↔ 嫌《けん》悪《お》（憎《ぞう》悪《お》）
愛《あい》する ↔ 憎《にく》む
好《こう》意《い》 ↔ 悪《あく》意《い》
味《み》方《かた》 ↔ 敵《てき》
友《ゆう》情《じょう》 ↔ 敵《てき》意《い》

解《かい》説《せつ》

「愛《あい》する」は、単《たん》に「好《す》く」気《き》持《も》ちを超《こ》えて、強《つよ》い好《こう》意《い》を自《じ》発《はっ》的《てき》に注《そそ》ぐ様《よう》子《す》です。逆《ぎゃく》に、「憎《にく》む」は、単《たん》に「嫌《きら》う」気《き》持《も》ちを超《こ》えた、強《つよ》い非《ひ》難《なん》や強《つよ》い不《ふ》快《かい》感《かん》を意《い》味《み》します。ですから、「好《す》く・嫌《きら》う」をより強《つよ》めた感《かん》情《じょう》が、「愛《あい》する・憎《にく》む」であるということになります。「嫌《けん》悪《お》」は、「嫌《けん》悪《お》感《かん》」「自《じ》己《こ》嫌《けん》悪《お》」という表《ひょう》現《げん》でよく使《つか》われます。「自《じ》己《こ》嫌《けん》悪《お》」は、自《じ》分《ぶん》で自《じ》分《ぶん》を嫌《いや》になることを意《い》味《み》します。

活《かつ》用《よう》問《もん》題《だい》 ①…50点《てん》×2

① 次《つぎ》に示《しめ》す対《たい》比《ひ》の型《かた》を利《り》用《よう》し、例《れい》にならって短《たん》作《さく》文《ぶん》を二《ふた》つ書《か》きなさい。その際《さい》、上《うえ》に示《しめ》した「好《す》く・嫌《きら》う」、あるいは「関《かん》連《れん》語《ご》」を必《かなら》ず用《もち》いること。なお、テーマ・内《ない》容《よう》は自《じ》由《ゆう》です。

> **型《かた》** □は□。しかし、□は□。
>
> **例《れい》** ゆっくりと本《ほん》を読《よ》むことは**好《す》き**だ。しかし、時《じ》間《かん》制《せい》限《げん》をつけられて急《いそ》いで読《どっ》解《かい》問《もん》題《だい》を解《と》くのは**嫌《きら》い**だ。

ア

イ

①……「好《す》き・嫌《きら》い」以《い》外《がい》の言《こと》葉《ば》も積《せっ》極《きょく》的《てき》に使《つか》いましょう。「好《す》き・嫌《きら》い」ではなく「好《す》き・嫌《けん》悪《お》」をセットにするなど、片《かた》方《ほう》を類《るい》義《ぎ》語《ご》に換《か》えてもかまいません（87ページ参《さん》照《しょう》）。

レベル③
月　日
100点《てん》満《まん》点《てん》
点《てん》
●解《かい》答《とう》・解《かい》説《せつ》109ページ

67 親《した》しい ↕ 疎《うと》い

●組《く》み合《あ》わせると「親疎《しんそ》」

関連語《かんれんご》

- 親《した》しむ ↔ 疎《うと》んじる
- 親《した》しい ↔ よそよそしい
- 親近《しんきん》（親密《しんみつ》） ↔ 疎遠《そえん》
- 近《ちか》い ↔ 遠《とお》い
- 近《ちか》しい ↔ 疎《うと》い

解説《かいせつ》

「親《した》しい」は本来《ほんらい》、その相手《あいて》が血筋《ちすじ》の近《ちか》い関係《かんけい》（親族《しんぞく》に類《るい》する関係《かんけい》）であることを意味《いみ》しますが、一般《いっぱん》には、「仲《なか》が良《よ》い」「関係《かんけい》が近《ちか》い」といった意味《いみ》で用《もち》いられます。

「疎《うと》い」は逆《ぎゃく》に「関係《かんけい》が遠《とお》い」という意味《いみ》ですが、必《かなら》ずしも「仲《なか》が悪《わる》い」ということではなく、単《たん》に「関《かか》わりが薄《うす》くなった」という意味《いみ》で用《もち》いられることの多《おお》い言葉《ことば》です。

同様《どうよう》に、「親密《しんみつ》な間柄《あいだがら》」と言《い》えば親《した》しく仲《なか》が良《よ》い関係《かんけい》を、「疎遠《そえん》な関係《かんけい》」と言《い》えば関《かか》わりが薄《うす》いことを意味《いみ》します。

「よそよそしい」は親《した》しみが薄《うす》く冷《つめ》たい態度《たいど》を示《しめ》します。

活用問題《かつようもんだい》　①…15点《てん》×4　②…20点《てん》×2

① 次《つぎ》の文章《ぶんしょう》の空欄《くうらん》を埋《う》めます。後《あと》の□から語句《ごく》を選《えら》んで書《か》きなさい。同《おな》じ語句《ごく》は一度《いちど》しか使《つか》えません。

ア　家族《かぞく》なんだから、「おはようございます」だなんて、（　　　　）言《い》い方《かた》しなくていいでしょ。

イ　きみたちは昔《むかし》から友《とも》だちだったのかい？　なんだか、妙《みょう》に（　　　　）話《はな》しぶりだけど。

ウ　クラスが別々《べつべつ》になったとたん、（　　　　）していたあの子《こ》とも関係《かんけい》が（　　　　）になった。

親《した》しげな　親密《しんみつ》　よそよそしい　親《した》しく　疎遠《そえん》

② 次《つぎ》の各文《かくぶん》の空欄《くうらん》を考《かんが》えて埋《う》めなさい。

ア　「（　　　　）中《なか》にも礼儀《れいぎ》あり」とは、仲《なか》の良《よ》い間柄《あいだがら》であっても礼儀《れいぎ》を大切《たいせつ》にせよ、という意味《いみ》である。

イ　「去《さ》る者《もの》は日々《ひび》に（　　　　）」とは、親《した》しかった人《ひと》への心情《しんじょう》も、離《はな》れて月日《つきひ》が経《た》つうちに薄《うす》らいでいく、という意味《いみ》である（死者《ししゃ》への心情《しんじょう》としても用《もち》いられる）。

「親《した》しむ」は、「仲良《なかよ》くする」の意味《いみ》に加《くわ》え、「馴染《なじ》む」という意味《いみ》も持《も》ちます（読書《どくしょ》に親《した》しむ、など）。「疎《うと》い」には「詳《くわ》しくない」という意味《いみ》もあります（政治《せいじ》に疎《うと》い、など）。

月　日

100点満点《てんまんてん》

点《てん》

●解答《かいとう》・解説《かいせつ》109ページ

月　日

100点《てん》満《まん》点《てん》

点《てん》

●解答《かいとう》・解説《かいせつ》109・110ページ

68 自由《じゆう》↕不自由《ふじゆう》

関《かん》連《れん》語《ご》

自由《じゆう》 ↔ 束縛《そくばく》
解放《かいほう》 ↔ 拘束《こうそく》（束縛《そくばく》）
放任《ほうにん》 ↔ 干渉《かんしょう》
開《ひら》く ↔ 閉《と》ざす
開放《かいほう》 ↔ 閉鎖《へいさ》
オープン ↔ クローズ

解説《かいせつ》

「束縛《そくばく》」「拘束《こうそく》」は本来《ほんらい》、「束《たば》ねる・縛《しば》る・捕《と》らえる」といった意味《いみ》を持《も》ち、転《てん》じて、「自由《じゆう》を制限《せいげん》する」という意味《いみ》になります。「解放《かいほう》」の「解《かい》」は「解《ほど》く・解《ほぐ》す」の意味《いみ》であり、「解放《かいほう》」は「縛《しば》る」の反対《はんたい》（束縛《そくばく》や拘束《こうそく》の状態《じょうたい》から自由《じゆう》にすること）を意味《いみ》します。一方《いっぽう》、「開放《かいほう》」は「開《あ》け放《はな》つ」ですから、「出入《でい》りなどを自由《じゆう》にすること」を意味《いみ》します。「放任《ほうにん》」は相手《あいて》に任《まか》せて自由《じゆう》にさせること、「干渉《かんしょう》」は相手《あいて》を自分《じぶん》の意思《いし》に従《したが》わせようとすることです。

活用問題《かつようもんだい》

① 次《つぎ》の各文《かくぶん》の空欄《くうらん》を、【　】内《ない》に指定《してい》された語句《ごく》を使《つか》って書《か》きなさい。

①ア…30点《てん》　イ…30点《てん》　ウ…40点《てん》

ア【不自由《ふじゆう》】四〇〇字詰《よんひゃくじづ》め原稿用紙《げんこうようし》を数枚与《すうまいあた》えられて、「さあ自由《じゆう》に作文《さくぶん》を書《か》きなさい」と言《い》われると、何《なに》を書《か》けばよいか分《わ》からず、（　　　　）。

イ【開放《かいほう》】校庭《こうてい》は工事《こうじ》のために長期間閉鎖《ちょうきかんへいさ》されていたが、（　　　　）。

ウ【干渉《かんしょう》】子《こ》どもを育《そだ》てるときには、（　　　　）。だからといって、親《おや》が責任《せきにん》を持《も》って決断《けつだん》しなければならないことがらについてまで全《すべ》て子《こ》どもの自由《じゆう》にして放任《ほうにん》するのも、考《かんが》えものだ。

「オープン・クローズ」……「開放《かいほう》・閉鎖《へいさ》」「開《ひら》く・閉《と》ざす」とほぼ同《おな》じ意味《いみ》です。ただし、オープンはとくに「開《あ》けっぴろげ（隠《かく》し事《ごと》をしない様子《ようす》）」の意味《いみ》でも用《もち》いられます。

69 益《えき》↕害《がい》

月　日

100点《てん》満点《まんてん》

点《てん》

●解答《かいとう》・解説《かいせつ》109・110ページ

関連語《かんれんご》

有益《ゆうえき》↕無益《むえき》
無害《むがい》↕有害《ゆうがい》
利益《りえき》↕損害《そんがい》（損失《そんしつ》）
有用《ゆうよう》↕無用《むよう》
便利《べんり》↕不便《ふべん》
メリット↕デメリット

解説《かいせつ》

「益《えき》」は、「良《よ》い影響《えいきょう》を与《あた》える（役立《やくだ》つ・ためになる・得《とく》する）」という意味《いみ》を持《も》ちます。逆《ぎゃく》に、「害《がい》」は、「悪《わる》い影響《えいきょう》を与《あた》える」という意味《いみ》を持《も》ちます。

「有益《ゆうえき》・無益《むえき》」「無害《むがい》・有《ゆう》害《がい》」の関係《かんけい》は、下図《かず》のようになります。「有用《ゆうよう》・無用《むよう》」は、主《おも》に「役立《やくだ》つ・役立《やくだ》たない」の意味《いみ》です。メリット・デメリットは13ページ、利益《りえき》・損害《そんがい》は37ページ参照《さんしょう》。

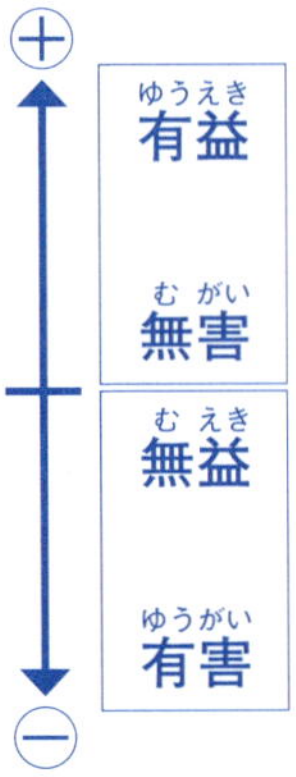

活用問題《かつようもんだい》　①…16点《てん》×6　全問正解《ぜんもんせいかい》でプラス4点《てん》

① 次《つぎ》の文章《ぶんしょう》の空欄《くうらん》を埋《う》めます。後《あと》の□から語句《ごく》を選《えら》んで書《か》きなさい。同《おな》じ語句《ごく》を二度以上《にどいじょう》使《つか》ってもかまいません。

ア「益虫《えきちゅう》・害虫《がいちゅう》」という言葉《ことば》がある。たとえば、花粉《かふん》を運《はこ》び植物《しょくぶつ》の生育《せいいく》を助《たす》けてくれるミツバチは（　　虫《ちゅう》）とされ、ばい菌《きん》を運《はこ》ぶハエは（　　虫《ちゅう》）とされる。だが、これはあくまでも、人間《にんげん》にとって有益《ゆうえき》か（　　）かをもとにした表現《ひょうげん》であることを忘《わす》れてはならない。害虫《がいちゅう》と言《い》われている虫《むし》からすれば、私《わたし》たち人間《にんげん》こそが（　　）な生《い》き物《もの》であるということになろう。

イ「（　　）の長物《ちょうぶつ》」という言葉《ことば》がある。かつては役立《やくだ》ったが今《いま》や役立《やくだ》たなくなり、むしろ邪魔《じゃま》になってしまったもの、といった意味合《いみあ》いで使《つか》われることの多《おお》い表現《ひょうげん》だ。たとえば、かつては大変《たいへん》（　　）であった公衆電話《こうしゅうでんわ》も、携帯電話《けいたいでんわ》が普及《ふきゅう》した今《いま》となっては使《つか》う人《ひと》もほとんどおらず、あるだけ邪魔《じゃま》、というような場合《ばあい》に用《もち》いられる。

益《えき》　無害《むがい》　無益《むえき》　有用《ゆうよう》　有害《ゆうがい》　無用《むよう》　害《がい》

「無用《むよう》」には、「役立《やくだ》たない」という意味以外《いみいがい》にも、「用事《ようじ》がない」「不要《ふよう》である（例《れい》：心配《しんぱい》無用《むよう》）」「禁止《きんし》（例《れい》：天地無用《てんちむよう》＝逆《さか》さにしてはいけない）」などの意味《いみ》があります。

70 有利《ゆうり》↕不利《ふり》

関連語《かんれんご》

好機《こうき》 ↔ 危機《きき》
チャンス ↔ ピンチ
得《とく》 ↔ 損《そん》
優位《ゆうい》 ↔ 劣位《れつい》
分《ぶ》がある ↔ 分《ぶ》が悪《わる》い

解説《かいせつ》

「有利《ゆうり》」とは、他《た》とくらべて条件《じょうけん》や状態《じょうたい》が良《よ》く、良《よ》い結《けっ》果《か》が期待《きたい》できることを表《あらわ》します。「不利《ふり》」とは、逆《ぎゃく》に、他《た》とくらべて条件《じょうけん》や状態《じょうたい》が悪《わる》く、良《よ》い結果《けっか》が期待《きたい》できない（悪《わる》い結果《けっか》が予想《よそう》される）ことを表《あらわ》します。

「好機《こうき》」とは、ちょうどよい機会《きかい》、つまりチャンスのことです。「危機《きき》」とは、悪《わる》い結果《けっか》が予想《よそう》される危険《きけん》なとき、つまりピンチを意味《いみ》します。

「優位《ゆうい》」とは、立場《たちば》や地位《ちい》が上《うえ》である様子《ようす》、「劣位《れつい》」とは、逆《ぎゃく》に立場《たちば》や地位《ちい》が下《した》である様子《ようす》です（→84ページ）。

活用問題《かつようもんだい》 ①…20点《てん》×4　②…20点《てん》

① 次《つぎ》の各文《かくぶん》の空欄《くうらん》に「有利《ゆうり》」か「不利《ふり》」を書《か》き入《い》れなさい。

ア　日本対韓国《にほんたいかんこく》でサッカーの試合《しあい》が行《おこな》われた。日本《にほん》は前《ぜん》半《はん》で得点《とくてん》できず、逆《ぎゃく》に韓国《かんこく》に一点先取《いってんせんしゅ》され（　　　）だった。ところがその後《ご》、後半《こうはん》で巻《ま》き返《かえ》して二点《にてん》を取《と》り逆転《ぎゃくてん》。形勢《けいせい》は一挙《いっきょ》に日本《にほん》（　　　）となった。

イ　四年生《よねんせい》のチームと二年生《にねんせい》のチームがドッジボールで戦《たたか》うことになった。これでは明《あき》らかに二年生《にねんせい》のほうが（　　　）だから、「四年生《よねんせい》は利《き》き手《て》の逆《ぎゃく》の手《て》を使《つか》ってボールを投《な》げる」というルールが加《くわ》えられた。ところが、やってみると二年生《にねんせい》は意外《いがい》に強《つよ》く、結果的《けっかてき》には四年生《よねんせい》にとって（　　　）な試合《しあい》になってしまった。

② 次《つぎ》の文《ぶん》の空欄《くうらん》を、「分《ぶ》がある」か「分《ぶ》が悪《わる》い」のどちらかを使《つか》って書《か》きなさい。

料理《りょうり》に虫《むし》が入《はい》っていたのは事実《じじつ》だ。彼《かれ》の苦情《くじょう》はひどい言葉遣《ことばづか》いだったが、（　　　）。

「分《ぶ》がある・分《ぶ》が悪《わる》い」……「有利《ゆうり》・不利《ふり》」の意味《いみ》。「分《ぶ》」は、傾《かたむ》きの度合《どあ》いのこと。「分《ぶ》がない」「分《ぶ》が良《よ》い」という表現《ひょうげん》も可能《かのう》ですが、あまり用《もち》いられません。

月　日

100点満点《てんまんてん》

点《てん》

●解答《かいとう》・解説《かいせつ》109ページ

71 好都合《こうつごう》⇔不都合《ふつごう》

レベル③

月　日

100点満点《てんまんてん》

点《てん》

●解答《かいとう》・解説《かいせつ》109ページ

関連語《かんれんご》

適切《てきせつ》↔不適切《ふてきせつ》
適当《てきとう》↔不適当《ふてきとう》
適合《てきごう》↔不適合《ふてきごう》
有利《ゆうり》↔不利《ふり》（→99ページ）
向《む》き↔不向《ふむ》き

解説《かいせつ》

「好都合《こうつごう》」とは、ものごとを行《おこな》う際《さい》の条件《じょうけん》などが整《ととの》っていること、つまり都合《つごう》が良《よ》いことを意味《いみ》します。「不都《ふつ》合《ごう》」はその逆《ぎゃく》の意味《いみ》です。

「適切《てきせつ》・適当《てきとう》・適合《てきごう》」に共通《きょうつう》する意味《いみ》は、「状況《じょうきょう》や目的《もくてき》にぴったりと当《あ》てはまる」ということです。「不適切《ふてきせつ》・不適当《ふてきとう》・不適合《ふてきごう》」は、逆《ぎゃく》に、「状況《じょうきょう》や目的《もくてき》に当《あ》てはまらない」ということになります。

「向《む》き・不向《ふむ》き」は、「適《てき》している・適《てき》していない」といった意味《いみ》です。

活用問題《かつようもんだい》　①…20点《てん》×4　②…20点《てん》

① 次《つぎ》の文章《ぶんしょう》の空欄《くうらん》を埋《う》めます。後《あと》の□から語句《ごく》を選《えら》んで書《か》きなさい。同《おな》じ語句《ごく》は一度《いちど》しか使《つか》えません。

ア（　　）なことに、そのお客《きゃく》さんは、私《わたし》が家《いえ》の中《なか》を大掃除《おおそうじ》していたときに突然《とつぜん》やってきた。

イ 雨《あめ》が降《ふ》り体育《たいいく》の授業《じゅぎょう》がつぶれてしまったのは残念《ざんねん》だったが、ちょうど体操着《たいそうぎ》の持参《じさん》を忘《わす》れてしまっていたことを考《かんが》えると、（　　）だったとも思《おも》う。

ウ インターネットを積極的《せっきょくてき》に活用《かつよう》した授業《じゅぎょう》は、今《いま》の時《じ》代《だい》に（　　）した教育《きょういく》のあり方《かた》だ。

エ 葬式《そうしき》だというのにそんな明《あか》るい模様《もよう》の服《ふく》を着《き》て行《い》くなんて、あまりにも（　　）です。

適切《てきせつ》　適合《てきごう》　不都合《ふつごう》　不適切《ふてきせつ》　好都合《こうつごう》

② 次《つぎ》の語句《ごく》の中《なか》から意味上《いみじょう》の仲間《なかま》外《はず》れを一《ひと》つ選《えら》び、マルをつけなさい。

ぴったり　適切《てきせつ》　好都合《こうつごう》　支障《ししょう》　お誂《あつら》え向《む》き

②……「支障《ししょう》」とは、差《さ》し障《さわ》りがあることです。差《さ》し障《さわ》りとは、ものごとを行《おこな》う際《さい》に都合《つごう》が悪《わる》い事情《じじょう》のことです。「お誂《あつら》え向《む》き」とは、希望《きぼう》どおりである様子《ようす》を示《しめ》します。

72 許可《きょか》↔禁止《きんし》

関《かん》連《れん》語《ご》

許《ゆる》す ↔ 禁《きん》じる
許可《きょか》 ↔ 不許可《ふきょか》
容認《ようにん》 ↔ 阻止《そし》
受《う》け入《い》れる ↔ 断《ことわ》る
挑発《ちょうはつ》 ↔ 制止《せいし》

解説《かいせつ》

「許可《きょか》」とは、「これがしたい」といった願《ねが》いを認《みと》め、その行動《こうどう》をとることを許《ゆる》すことです。「禁止《きんし》」は逆《ぎゃく》に、ある行動《こうどう》をとらないよう命《めい》ずることです。「容認《ようにん》」は認《みと》め許《ゆる》すことです。「容《よう》」は「容《い》れる」であり、「受《う》け入《い》れる（受《う》け容《い》れる）」と同様《どうよう》の意味《いみ》です。「阻止《そし》」とは、起《お》こり始《はじ》めた何《なん》らかの行動《こうどう》を中止《ちゅうし》させることです。「阻《そ》」は訓読《くんよ》みでは「阻《はば》む」です。「制止《せいし》」も類似《るいじ》した意味《いみ》で、相手《あいて》の言動《げんどう》をおさえとどめることです。「挑発《ちょうはつ》」は、相手《あいて》が行動《こうどう》を起《お》こしたくなるような刺激《しげき》を、あえて与《あた》えることです。

活用問題《かつようもんだい》　①…20点《てん》×2　②…20点《てん》×3

① **次《つぎ》の各文《かくぶん》の空欄《くうらん》を考《かんが》えて埋《う》めなさい。**

ア　学校《がっこう》のプールでは飛《と》び込《こ》みが禁止《きんし》されているものだが、民営《みんえい》のプールでは（　　　　）。

イ　一部《いちぶ》の合成着色料《ごうせいちゃくしょくりょう》については、食品《しょくひん》への使用《しよう》が許可《きょか》されている国《くに》もあれば、（　　　　）。

② **次《つぎ》の文章《ぶんしょう》の空欄《くうらん》を埋《う》めます。後《あと》の□から語句《ごく》を選《えら》んで書《か》きなさい。同《おな》じ語句《ごく》は一度《いちど》しか使《つか》えません。**

ア　何《なん》としても、敵《てき》の侵入《しんにゅう》を（　　　　）せよ！

イ　発言《はつげん》の機会《きかい》を求《もと》めて「ちょっと待《ま》ってください」と声《こえ》を上《あ》げたら、議長《ぎちょう》に（　　　　）されてしまった。

ウ　そのような自分勝手《じぶんかって》な希望《きぼう》を（　　　　）のは難《むずか》しい。

制止《せいし》　断《ことわ》る　受《う》け入《い》れる　阻止《そし》

「受《う》け入《い》れる・断《ことわ》る」については、42ページ参照《さんしょう》。②……「制止《せいし》」は、相手《あいて》をコントロールし落《お》ち着《つ》かせる目的《もくてき》で止《と》めに入《はい》るようなケースでよく用《もち》いられます。

レベル③

月　日

100点《てん》満《まん》点《てん》

点《てん》

●解答《かいとう》・解説《かいせつ》109・110ページ

73 原因《げんいん》↔結果《けっか》

●組《く》み合《あ》わせると「因果《いんが》」

月　日

100点満点《てんまんてん》　点《てん》

●解答《かいとう》・解説《かいせつ》110ページ

関連語《かんれんご》

因《いん》↔果《か》
理由《りゆう》↔結果《けっか》
動機《どうき》↔結果《けっか》
前提《ぜんてい》↔結論《けつろん》
発端《ほったん》↔結末《けつまつ》（終局《しゅうきょく》）

解説《かいせつ》

どちらかと言《い》うと、「原因《げんいん》」は客観的《きゃっかんてき》に、「理由《りゆう》」は主《しゅ》観的《かんてき》になる傾向《けいこう》があります（「主観《しゅかん》・客観《きゃっかん》」は77ページ参照《さんしょう》）。詳《くわ》しくは下《した》の活用問題《かつようもんだい》で確《たし》かめてみてください。

「動機《どうき》」とは、「人《ひと》が何《なん》らかの意志《いし》を持《も》ったり行動《こうどう》を起《お》こしたりするときのきっかけとなることがら」を主《おも》に意《い》味《み》します。

「前提《ぜんてい》」とは、一般的《いっぱんてき》には「条件《じょうけん》」あるいは「根拠《こんきょ》」といった意味合《いみあ》いで用《もち》いられます（論理学《ろんりがく》における「前《ぜん》提《てい》・結論《けつろん》」には、より明確《めいかく》な定義《ていぎ》があります）。

活用問題《かつようもんだい》　①…20点《てん》×3　②…10点《てん》×4

① 次《つぎ》の各文《かくぶん》の空欄《くうらん》に、「原因《げんいん》」か「理由《りゆう》」を書《か》き入《い》れなさい。

ア 高所《こうしょ》からの落下《らっか》は、コップが割《わ》れる（　　　）となる。

イ コップを割《わ》ってしまった（　　　）は言《い》えない。

ウ あなたがご自分《じぶん》の意見《いけん》にこだわる（　　　）は何《なん》ですか。

② 次《つぎ》の文章《ぶんしょう》の空欄《くうらん》を埋《う》めます。後《あと》の□から語句《ごく》を選《えら》んで書《か》きなさい。同《おな》じ語句《ごく》は一度《いちど》しか使《つか》えません。

ア あなたが教科書《きょうかしょ》の練習問題《れんしゅうもんだい》を全《すべ》て解《と》き終《お》えているという（　　　）で考《かんが》えると、一〇〇《ひゃく》点中《てんちゅう》五二点《ごじゅうにてん》という（　　　）は納得《なっとく》できないのです。

イ ことの（　　　）は刺身《さしみ》にあった。その夜《よる》には吐《は》いてしまい、学校《がっこう》を休《やす》み、授業《じゅぎょう》についていけなくなり、成績《せいせき》が下《さ》がるという（　　　）になった。

発端《ほったん》　前提《ぜんてい》　結果《けっか》　結末《けつまつ》　動機《どうき》

「発端《ほったん》」……「ものごとの始《はじ》まり、ことの起《お》こり」といった意味《いみ》です。「因《いん》・果《か》」……組《く》み合《あ》わせて「因果《いんが》」となります。「因果関係《いんがかんけい》」とは、原因《げんいん》と結果《けっか》の関係《かんけい》のことです。

74

主《しゅ》↕副《ふく》

関連語《かんれんご》

- 正《せい》 ↔ 副《ふく》
- 主《しゅ》 ↔ 従《じゅう》
- メイン ↔ サブ
- 主流《しゅりゅう》（本流《ほんりゅう》） ↔ 支流《しりゅう》
- メジャー ↔ マイナー

解説《かいせつ》

「主《しゅ》」とは、ここでは「中心《ちゅうしん》となるもの」の意味《いみ》です。一方《いっぽう》、「副《ふく》」は、「主《しゅ》を助《たす》け補《おぎな》うもの」を意味《いみ》します。また、「従《じゅう》」は、「主《しゅ》に付属《ふぞく》するもの」を意味《いみ》します。「正《せい》」は「正式《せいしき》なもの」を意味《いみ》し、「正副《せいふく》」と言《い》えば「正式《せいしき》なものと、その補助《ほじょ》となるもの」という意味《いみ》になります。

「メイン・サブ」は「主《しゅ》・副《ふく》」とほぼ同《おな》じ意味《いみ》を持《も》つ英《えい》語《ご》です。「主流《しゅりゅう》（本流《ほんりゅう》）」・「支流《しりゅう》」は本来《ほんらい》は川《かわ》の流《なが》れのことですが、転《てん》じて、ものごとの中心《ちゅうしん》となる流《なが》れと、そこから枝分《えだわ》かれした流《なが》れ、といった意味《いみ》を持《も》ちます。

活用問題《かつようもんだい》

① 次《つぎ》の各文《かくぶん》の空欄《くうらん》を、【　】内《ない》に指定《してい》された語句《ごく》を使《つか》って書《か》きなさい。　①…30点《てん》×2　②…20点《てん》×2

ア　【副《ふく》】「正副校長《せいふくこうちょう》」と言《い》えば、（　　　　）のことである。後者《こうしゃ》は「教頭《きょうとう》」とも呼《よ》ばれる。

イ　【主《しゅ》】国語学習《こくごがくしゅう》では、あくまでも（　　　　）、挿絵《さしえ》は「従《じゅう》」でなければならない。にもかかわらず、言葉《ことば》には目《め》を向《む》けず、挿絵《さしえ》をもとにして文章《ぶんしょう》の意味《いみ》を読《よ》み取《と》ろうとする人《ひと》がいる。

② 次《つぎ》の文章《ぶんしょう》の空欄《くうらん》を埋《う》めます。後《あと》の□から語句《ごく》を選《えら》んで書《か》きなさい。同《おな》じ語句《ごく》は一度《いちど》しか使《つか》えません。

ア　いよいよ今日《きょう》の（　　　　イベント）です！

イ　日本《にほん》の名投手《めいとうしゅ》は次々《つぎつぎ》と（　　　　リーグ）に流《なが》れて行《い》く。表舞台《おもてぶたい》での活躍《かつやく》は嬉《うれ》しいが、複雑《ふくざつ》な心境《しんきょう》だ。

メジャー　メイン　サブ　マイナー

「メジャー・マイナー」……メジャーは、「大規模《だいきぼ》な・一流《いちりゅう》の・主要《しゅよう》な」といった意味《いみ》です。マイナーは、「小規模《しょうきぼ》な・二流《にりゅう》の・あまり重要《じゅうよう》でない」といった意味《いみ》です。

レベル③

月　日

100点満点《てんまんてん》

点《てん》

●解答《かいとう》・解説《かいせつ》 110ページ

75 公《こう》↕私《し》

●組《く》み合《あ》わせると「公私《こうし》」

関連語《かんれんご》

公的《こうてき》↔私的《してき》

公立《こうりつ》↔私立《しりつ》

官《かん》↔民《みん》

公式《こうしき》↔非公式《ひこうしき》

フォーマル↔インフォーマル

解説《かいせつ》

「公《こう》」は「個人《こじん》を離《はな》れている様子《ようす》」を、「私《し》」は「個人《こじん》に関《かか》わっている様子《ようす》」を表《あらわ》します。

「公立学校《こうりつがっこう》」と言《い》えば、都道府県《とどうふけん》・市区町村《しくちょうそん》などの地方《ちほう》公共団体《こうきょうだんたい》が設立《せつりつ》し管理《かんり》する学校《がっこう》を意味《いみ》します（国立学校《こくりつがっこう》を含《ふく》める場合《ばあい》もあります）。一方《いっぽう》、「私立学校《しりつがっこう》」は、個人《こじん》や民間団体《みんかんだんたい》が設立《せつりつ》し管理《かんり》する学校《がっこう》のことです。「国立《こくりつ》・公立《こうりつ》・私立《しりつ》」あるいは「国公立《こっこうりつ》・私立《しりつ》」と分類《ぶんるい》します。「官《かん》」は「国家《こっか》・政府《せいふ》・官庁《かんちょう》」などを意味《いみ》します。「民《みん》」は、公的組織《こうてきそしき》ではない民間団体《みんかんだんたい》などをとくに意味《いみ》します。

活用問題《かつようもんだい》

①…13点《てん》×6　②…11点《てん》×2

① 次《つぎ》の各文《かくぶん》の空欄《くうらん》に、「公《こう》」か「私《し》」の文字《もじ》を書《か》き入《い》れなさい。

ア　授業《じゅぎょう》は（　　的《てき》）な場《ば》だから、授業中《じゅぎょうちゅう》はあだ名《な》ではなく「くん・さん」をつけて呼《よ》ぶようにしなさい。

イ　自宅《じたく》の庭《にわ》は、自分《じぶん》や家族《かぞく》のためだけの（　　的《てき》）な場所《ばしょ》だが、公園《こうえん》は文字《もじ》どおり（　　）の場所《ばしょ》である。言《い》いかえれば、「みんな」の場所《ばしょ》である。

ウ　（　　的《てき》）な場《ば》ではあまり身《み》につけないような私《し》的《てき》な服装《ふくそう》のことを、（　　服《ふく》）と言《い》う。

エ　（　　式《しき》）な記録《きろく》とはならなかったが、今《いま》のタイムは実《じつ》は自己《じこ》ベストだった。惜《お》しいなあ。

② 次《つぎ》の文章《ぶんしょう》の各空欄《かくくうらん》に、「フォーマル」か「インフォーマル」を書《か》き入《い》れなさい。

入学式《にゅうがくしき》・卒業式《そつぎょうしき》、あるいは結婚式《けっこんしき》・お葬式《そうしき》などは、公《こう》的《てき》で（　　　　）な場《ば》である。それに対《たい》して、卒業式後《そつぎょうしきご》の茶話会《さわかい》や結婚式後《けっこんしきご》のパーティーなどは、さほど公的《こうてき》ではない、（　　　　）な場《ば》である。

「公式《こうしき》・非公式《ひこうしき》」……算数《さんすう》で言《い》う「公式《こうしき》」とは異《こと》なります。多《おお》くの人《ひと》が認《みと》めるような表《おもて》だった形式《けいしき》をとったものを「公式《こうしき》」、そうでない個人的《こじんてき》なものを「非公式《ひこうしき》」と言《い》います。

76 先《さき》↔後《あと》

●組《く》み合《あ》わせると「先後《せんご》」

関《かん》連《れん》語《ご》

先《さき》ほど ↔ 後《のち》ほど
先払《さきばら》い ↔ 後払《あとばら》い
先発《せんぱつ》 ↔ 後発《こうはつ》
先手《せんて》 ↔ 後手《ごて》
先攻《せんこう》 ↔ 後攻《こうこう》
先天的《せんてんてき》 ↔ 後天的《こうてんてき》

解《かい》説《せつ》

「先《さき》・後《あと》」は、ものごとの順序《じゅんじょ》を示《しめ》します。「先払《さきばら》い」は、品物《しなもの》を受《う》け取《と》ったりサービスを受《う》けたりする前《まえ》に代金《だいきん》を支払《しはら》うこと、「後払《あとばら》い」は、それらを受《う》けた後《あと》に支払《しはら》うことです。「先発《せんぱつ》・後発《こうはつ》」は、「先《さき》に出発《しゅっぱつ》・後《あと》から出発《しゅっぱつ》」といった意味《いみ》です。「先手《せんて》・後手《ごて》」は、「先《さき》に始《はじ》める・後《あと》に始《はじ》める」という単純《たんじゅん》な意味《いみ》のほかに、「先《さき》に始《はじ》めて有《ゆう》利《り》な立場《たちば》をとる・後《あと》から始《はじ》めたために不利《ふり》な立場《たちば》になる」という意味《いみ》合《あ》いも持《も》っています。

レベル③

月　日

100点《てん》満点《まんてん》

点《てん》

●解答《かいとう》・解説《かいせつ》110ページ

活《かつ》用《よう》問《もん》題《だい》

① 次《つぎ》の文章《ぶんしょう》の空欄《くうらん》を埋《う》めます。後《あと》の□から語句《ごく》を選《えら》んで書《か》きなさい。同《おな》じ語句《ごく》は一度《いちど》しか使《つか》えません。　①…10点《てん》×10

ア　このバスは「運賃《うんちん》（　　　）」の方式《ほうしき》になっている。乗《の》るときに小銭《こぜに》を用意《ようい》しなくていいから楽《らく》だ。

イ　親《おや》から授《さず》かった（　　　）な才能《さいのう》もあるし、努《ど》力《りょく》して身《み》につけた（　　　）な能力《のうりょく》もある。

ウ　先述《せんじゅつ》のアンケート結果《けっか》をもとに行《おこな》った考察《こうさつ》については、ここではあえて述《の》べず、（　　　）する。

エ　（　　　）は、道《みち》を教《おし》えてくださりありがとうございました。おかげさまで定刻《ていこく》に間《ま》に合《あ》いました。（　　　）、改《あらた》めてお礼《れい》をさせてください。

オ　（　　　）の電車《でんしゃ》は各駅停車《かくえきていしゃ》だ。一方《いっぽう》、（　　　）の電車《でんしゃ》は特急列車《とっきゅうれっしゃ》だ。途中《とちゅう》の駅《えき》で追《お》い越《こ》せるはずだ。

カ　（　　　）に決《き》まった相手《あいて》チームのピッチャーは、かつて同《おな》じチームの（　　　）だった選手《せんしゅ》だ。

後日《ごじつ》	後述《こうじゅつ》	先天的《せんてんてき》	後払《あとばら》い	後天的《こうてんてき》	
後発《こうはつ》	先発《せんぱつ》	先輩《せんぱい》	後攻《こうこう》	先日《せんじつ》	先払《さきばら》い

「先攻《せんこう》・後攻《こうこう》」……先《さき》に攻《せ》めること・後《あと》から攻《せ》めること。「先天的《せんてんてき》」……生《う》まれる前《まえ》から備《そな》わっている様子《ようす》。「後天的《こうてんてき》」……生《う》まれた後《あと》に備《そな》わる様子《ようす》。

レベル③ 復習問題《ふくしゅうもんだい》

【1】 1点《てん》×50

ここまでに登場《とうじょう》した反対語《はんたいご》をおさらいします。空欄《くうらん》を埋《う》めなさい（漢字《かんじ》で書《か》ける言葉《ことば》の場合《ばあい》は、できるだけ漢《かん》字《じ》を使《つか》うこと）。

1 （拾《ひろ》う）↔（　）
2 （　）↔（散《ち》る）
3 （つなぐ）↔（　）
4 （　）↔（答《こた》える）
5 （直接《ちょくせつ》）↔（　）
6 （　）↔（現実《げんじつ》）
7 （能動《のうどう》）↔（　）
8 （　）↔（消極《しょうきょく》）
9 （生産《せいさん》）↔（　）
10 （　）↔（偶然《ぐうぜん》）

11 （正常《せいじょう》）↔（　）
12 （　）↔（客観《きゃっかん》）
13 （真《ま》っ直《す》ぐ）↔（　）
14 （　）↔（疑《うたが》う）
15 （心《こころ》ある）↔（　）
16 （　）↔（恥《は》ずかしい）
17 （優越感《ゆうえつかん》）↔（　）
18 （　）↔（臆病《おくびょう》）
19 （容易《ようい》）↔（　）
20 （　）↔（不安定《ふあんてい》）
21 （楽観《らっかん》）↔（　）
22 （　）↔（人工《じんこう》）
23 （発信《はっしん》）↔（　）
24 （　）↔（非常識《ひじょうしき》）
25 （軟《やわ》らかい）↔（　）
26 （　）↔（嫌《きら》う）
27 （親《した》しい）↔（　）
28 （　）↔（不自由《ふじゆう》）
29 （益《えき》）↔（　）
30 （　）↔（不利《ふり》）

月　日

100点満点《てんまんてん》

点《てん》

●解答《かいとう》・解説《かいせつ》 111・112ページ

31 好都合《こうつごう》（　　）↔（　　）

32 （　　）↔ 禁止《きんし》（　　）

33 原因《げんいん》（　　）↔（　　）

34 （　　）↔ 副《ふく》（　　）

35 公《こう》（　　）↔（　　）

36 （　　）↔ 後《あと》（　　）

37 集中《しゅうちゅう》（　　）↔（　　）

38 （　　）↔ 断続《だんぞく》（　　）

39 供給《きょうきゅう》（　　）↔（　　）

40 （　　）↔ 非凡《ひぼん》（　　）

41 信頼感《しんらいかん》（　　）↔（　　）

42 （　　）↔ 意気地《いくじ》がない（　　）

43 優《まさ》る（　　）↔（　　）

44 （　　）↔ 難解《なんかい》（　　）

45 バランス（　　）↔（　　）

46 （　　）↔ ネガティブ（　　）

47 インプット（　　）↔（　　）

48 （　　）↔ 憎《にく》む（　　）

49 チャンス（　　）↔（　　）

50 （　　）↔ 後天的《こうてんてき》（　　）

【2】 3点《てん》×4

次《つぎ》の文章《ぶんしょう》の空欄《くうらん》を埋《う》めます。後《あと》の□から語句《ごく》を選《えら》んで書《か》きなさい。同《おな》じ語句《ごく》は一度《いちど》しか使《つか》えません。

ア インターネットは情報《じょうほう》の海《うみ》だ。有益《ゆうえき》な情報《じょうほう》と無益《むえき》な情報《じょうほう》とを見極《みきわ》めて（　　）する能力《のうりょく》が、そこでは求《もと》められる。

イ 自分《じぶん》の言葉《ことば》はあの人《ひと》を傷《きず》つけなかっただろうか、と、（　　）した。

ウ あの人《ひと》から聞《き》いた治療法《ちりょうほう》は本当《ほんとう》に効果《こうか》があるのだろうか、と、（　　）で試《ため》してみた。

エ 睡眠不足《すいみんぶそく》と成績低下《せいせきていか》との（　　）を確《たし》かめたほうがよさそうだ。

問答無用《もんどうむよう》　取捨選択《しゅしゃせんたく》　因果関係《いんがかんけい》　半信半疑《はんしんはんぎ》　自問自答《じもんじとう》

【3】 4点《てん》

次《つぎ》の語句《ごく》の中《なか》から意味上《いみじょう》の仲間外《なかまはず》れを一《ひと》つ選《えら》び、マルをつけなさい。

積極的《せっきょくてき》　能動的《のうどうてき》　自立的《じりつてき》　必然的《ひつぜんてき》　主体的《しゅたいてき》

【4】 2点《てん》×3
次《つぎ》の文章《ぶんしょう》の空欄《くうらん》に、「プラス」か「マイナス」を書《か》き入《い》れなさい。【　】には、適切《てきせつ》な言葉《ことば》を考《かんが》えて書《か》きなさい。

「失敗《しっぱい》したのはまぐれだよ」

この文《ぶん》はおかしい。（　　　　）の場面《ばめん》でしか使《つか》わないはずの「まぐれ」という言葉《ことば》を、「失敗《しっぱい》」という（　　　　）の場面《ばめん》で使《つか》おうとしているからである。「まぐれ」の代《か》わりに【　　　　】を入《い》れると良《よ》いだろう。

【5】 4点《てん》×2（それぞれ完全解答《かんぜんかいとう》）
次《つぎ》の各文《かくぶん》の説明《せつめい》に最《もっと》もよく合《あ》う反対語《はんたいご》を、それぞれの空欄《くうらん》に書《か》きなさい。

ア　自分中心《じぶんちゅうしん》の見方《みかた》と、多《おお》くの人《ひと》が納得《なっとく》する見方《みかた》。
（　　　　）↕（　　　　）

イ　自分《じぶん》のほうが相手《あいて》より上《うえ》であると感《かん》じる気持《きも》ちと、自分《じぶん》のほうが相手《あいて》より下《した》であると感《かん》じる気持《きも》ち。
（　　　　）↕（　　　　）

【6】 10点《てん》×2
次《つぎ》に示《しめ》す対比《たいひ》の型《かた》のどちらか（あるいは両方《りょうほう》）を利用《りよう》し、短作文《たんさくぶん》を二《ふた》つ書《か》きなさい。その際《さい》、それぞれの【　】内《ない》に指定《してい》された言葉《ことば》を両方必《りょうほうかなら》ず用《もち》いること。「誇《ほこ》らしい」を「誇《ほこ》らしく」とするなど、活用《かつよう》させてもかまいません。なお、テーマ・内容《ないよう》は自由《じゆう》です。

型《かた》 □は、□ではなく、□。
型《かた》 □は□。しかし、□は□。

ア【つながる・切《き》れる】

イ【誇《ほこ》らしい・恥《は》ずかしい】

65～76 解答《かいとう》・解説《かいせつ》

解答《かいとう》

65 **軟《やわ》らかい ↔ 硬《かた》い**（94ページ）

① ア…４　イ…１　ウ…７　エ…５
オ…２　カ…３　キ…６

66 **好《す》く ↔ 嫌《きら》う**（95ページ）

① ア…（例《れい》）他人《たにん》の悪口《わるぐち》を言《い》っているときのあの子《こ》の表情《ひょうじょう》には、嫌悪感《けんおかん》を覚《おぼ》える。しかし、楽《たの》しそうに笑《わら》っているときの表情《ひょうじょう》は、好《す》きだ。　イ…（例《れい》）「いたずら」は、ちょっとした好意《こうい》の表《あらわ》れにも感《かん》じられる。しかし、「からかい」となると、それは悪意《あくい》の表《あらわ》れではないか。

67 **親《した》しい ↔ 疎《うと》い**（96ページ）

① ア…よそよそしい　イ…親《した》しげな
ウ…親《した》しく・疎遠《そえん》

② ア…親《した》しき　イ…疎《うと》し

---

68 **自由《じゆう》 ↔ 不自由《ふじゆう》**（97ページ）

① ア…（例《れい》）逆《ぎゃく》に不自由《ふじゆう》に感《かん》じられる
イ…（例《れい》）最近《さいきん》ようやく工事《こうじ》が終《お》わり、開放《かいほう》された
ウ…（例《れい》）親《おや》は子《こ》どもにあまり干渉《かんしょう》せず自由《じゆう》にさせるのが良《よ》いと言《い》われた

69 **益《えき》 ↔ 害《がい》**（98ページ）

① ア…益虫《えきちゅう》・害虫《がいちゅう》・有害《ゆうがい》・有害《ゆうがい》　イ…無用《むよう》・有用《ゆうよう》

70 **有利《ゆうり》 ↔ 不利《ふり》**（99ページ）

① ア…不利《ふり》・有利《ゆうり》　イ…不利《ふり》・不利《ふり》

② （例《れい》１）分《ぶ》があるのはやはり彼《かれ》のほうだ
（例《れい》２）やはり料理人《りょうりにん》のほうが分《ぶ》が悪《わる》い

71 **好都合《こうつごう》 ↔ 不都合《ふつごう》**（１００ページ）

① ア…不都合《ふつごう》　イ…好都合《こうつごう》　ウ…適合《てきごう》　エ…不適切《ふてきせつ》

② 支障《ししょう》

72 **許可《きょか》 ↔ 禁止《きんし》**（１０１ページ）

① ア…（例《れい》）（飛《と》び込《こ》みが）許可《きょか》されていることもある

イ…(例《れい》)(食品《しょくひん》への使用《しよう》が)禁止《きんし》されている国《くに》もある

② ア…阻止《そし》　イ…制止《せいし》　ウ…受《う》け入《い》れる

73 **原因《げんいん》↔結果《けっか》**（102ページ）

① ア…原因《げんいん》　イ…理由《りゆう》　ウ…理由《りゆう》

② ア…前提《ぜんてい》・結果《けっか》　イ…発端《ほったん》・結末《けつまつ》

74 **主《しゅ》↔副《ふく》**（103ページ）

① ア…(例《れい》)校長《こうちょう》と副校長《ふくこうちょう》

イ…(例《れい》)言葉《ことば》が「主《しゅ》」であり

② ア…メインイベント　イ…メジャーリーグ

75 **公《こう》↔私《し》**（104ページ）

① ア…公的《こうてき》　イ…私的《してき》・公《おおやけ》　ウ…公的《こうてき》・私服《しふく》

エ…公式《こうしき》

② フォーマル・インフォーマル

76 **先《さき》↔後《あと》**（105ページ）

① ア…後払《あとばら》い　イ…先天的《せんてんてき》・後天的《こうてんてき》　ウ…後述《こうじゅつ》

エ…先日《せんじつ》・後日《ごじつ》　オ…先発《せんぱつ》・後発《こうはつ》　カ…後攻《こうこう》・先輩《せんぱい》

ピックアップ解説《かいせつ》

68 **自由《じゆう》↔不自由《ふじゆう》**（97ページ）

①のウは、次《つぎ》のような文章構造《ぶんしょうこうぞう》であることをまず理解《りかい》しなければなりません。「牛乳《ぎゅうにゅう》を飲《の》むのは体《からだ》に良《よ》い。だからといって、飲《の》みすぎは良《よ》くない」。ここでは、「放任《ほうにん》は良《よ》い。だからといって、放任《ほうにん》しすぎは良《よ》くない」ということです。「放任《ほうにん》は良《よ》い」を、【干渉《かんしょう》】を使《つか》って書《か》くと、「干渉《かんしょう》しないのは良《よ》い」ということになるわけです。

69 **益《えき》↔害《がい》**（98ページ）

①のアの三《みっ》つめに「無益《むえき》」は入《はい》りません。害虫《がいちゅう》は、あくまでも「害《がい》がある虫《むし》」ですから、「有害《ゆうがい》」のみ正解《せいかい》です。

73 **原因《げんいん》↔結果《けっか》**（102ページ）

②のアの二《ふた》つめを「結末《けつまつ》」とし、イの二《ふた》つめを「結《けっ》果《か》」とするのは、不正解《ふせいかい》です。「結末《けつまつ》」は、そこに至《いた》るまでの過程《かてい》にいろいろとあって最後《さいご》の最後《さいご》でこうなった、という意味合《いみあ》いを持《も》ちます。途中《とちゅう》があってこその「結《けっ》末《まつ》」です。「結末《けつまつ》」は、イの二《ふた》つめにしか入《はい》りません。

レベル③ 復習問題《ふくしゅうもんだい》　解答《かいとう》・解説《かいせつ》

解答《かいとう》

【1】

1 捨《す》てる（落《お》とす）
2 集《あつ》まる
3 切《き》る
4 問《と》う
5 間接《かんせつ》
6 理想《りそう》（空想《くうそう》）
7 受動《じゅどう》
8 積極《せっきょく》
9 消費《しょうひ》
10 必然《ひつぜん》
11 異常《いじょう》
12 主観《しゅかん》
13 斜《なな》め
14 信《しん》じる
15 心《こころ》ない
16 誇《ほこ》らしい
17 劣等感《れっとうかん》
18 勇敢《ゆうかん》
19 困難《こんなん》
20 安定《あんてい》
21 悲観《ひかん》
22 自然《しぜん》（天然《てんねん》）
23 受信《じゅしん》
24 常識《じょうしき》
25 硬《かた》い
26 好《す》く（好《この》む）
27 疎《うと》い
28 自由《じゆう》
29 害《がい》（損《そん》）
30 有利《ゆうり》
31 不都合《ふつごう》
32 許可《きょか》
33 結果《けっか》
34 主《しゅ》（正《せい》）
35 私《し》
36 先《さき》（前《まえ》）
37 分散《ぶんさん》
38 連続《れんぞく》
39 需要《じゅよう》
40 平凡《へいぼん》
41 不信感《ふしんかん》
42 勇《いさ》ましい（勇気《ゆうき》がある）
43 劣《おと》る
44 平易《へいい》（簡単《かんたん》）
45 アンバランス
46 ポジティブ
47 アウトプット
48 愛《あい》する（可愛《かわい》がる）
49 ピンチ
50 先天的《せんてんてき》

【2】

ア…取捨選択《しゅしゃせんたく》　イ…自問自答《じもんじとう》　ウ…半信半疑《はんしんはんぎ》

エ…因果関係《いんがかんけい》

【3】

必然的《ひつぜんてき》

【4】

プラス・マイナス・偶然《ぐうぜん》（たまたま）

【5】

ア…主観《しゅかん》（主観的《しゅかんてき》）⟷客観《きゃっかん》（客観的《きゃっかんてき》）

イ…優越感《ゆうえつかん》⟷劣等感《れっとうかん》

【6】

ア…（例《れい》）世界地図《せかいちず》では、東端《とうたん》と西端《せいたん》が切《き》れている。しかし、地球儀《ちきゅうぎ》では、それらはつながっている。

イ…（例《れい》）失敗《しっぱい》の経験《けいけん》を重《かさ》ねたことは、恥《は》ずかしいことではなく、むしろ誇《ほこ》らしいことである。

ピックアップ解説《かいせつ》

【2】

「取捨選択《しゅしゃせんたく》」は、必要《ひつよう》なもの・良《よ》いものを選《えら》び取《と》り、不《ふ》要《よう》なもの・悪《わる》いものを捨《す》て去《さ》ることを意味《いみ》します。「拾《ひろ》う・捨《す》てる」の項目《こうもく》（↓66ページ）を参照《さんしょう》してください。

「問答無用《もんどうむよう》」は、あれこれ議論《ぎろん》しても利益《りえき》がないということ、あるいは、それ以上《いじょう》議論《ぎろん》する必要《ひつよう》がないということを意味《いみ》します。「リーダーから、問答無用《もんどうむよう》の命令《めいれい》が下《くだ》った」などと用《もち》いられます。「問答《もんどう》」については69ページを、「無用《むよう》」については98ページを、それぞれ参照《さんしょう》してください。

「半信半疑《はんしんはんぎ》」は、半分《はんぶん》信《しん》じて半分疑《はんぶんうたが》うこと、真偽《しんぎ》（↓125ページ）の判断《はんだん》に迷《まよ》うこと、決断《けつだん》できないこと、といった意味《いみ》です。

【3】

「必然的《ひつぜんてき》」以外《いがい》はいずれも、「自《みずか》ら進《すす》んでものごとを行《おこな》う」という意味合《いみあ》いを持《も》ちます。

レベル④

中学校《ちゅうがっこう》・高校《こうこう》で学習《がくしゅう》するような言葉《ことば》も含《ふく》む、ハードなレベルです。
問題《もんだい》が難《むずか》しく分《わ》からない場合《ばあい》は、
音読《おんどく》したりノートに書《か》き写《うつ》したりしながら取《と》り組《く》むと効果的《こうかてき》です。
労《ろう》を惜《お》しまず、力《ちから》をつけていきましょう。

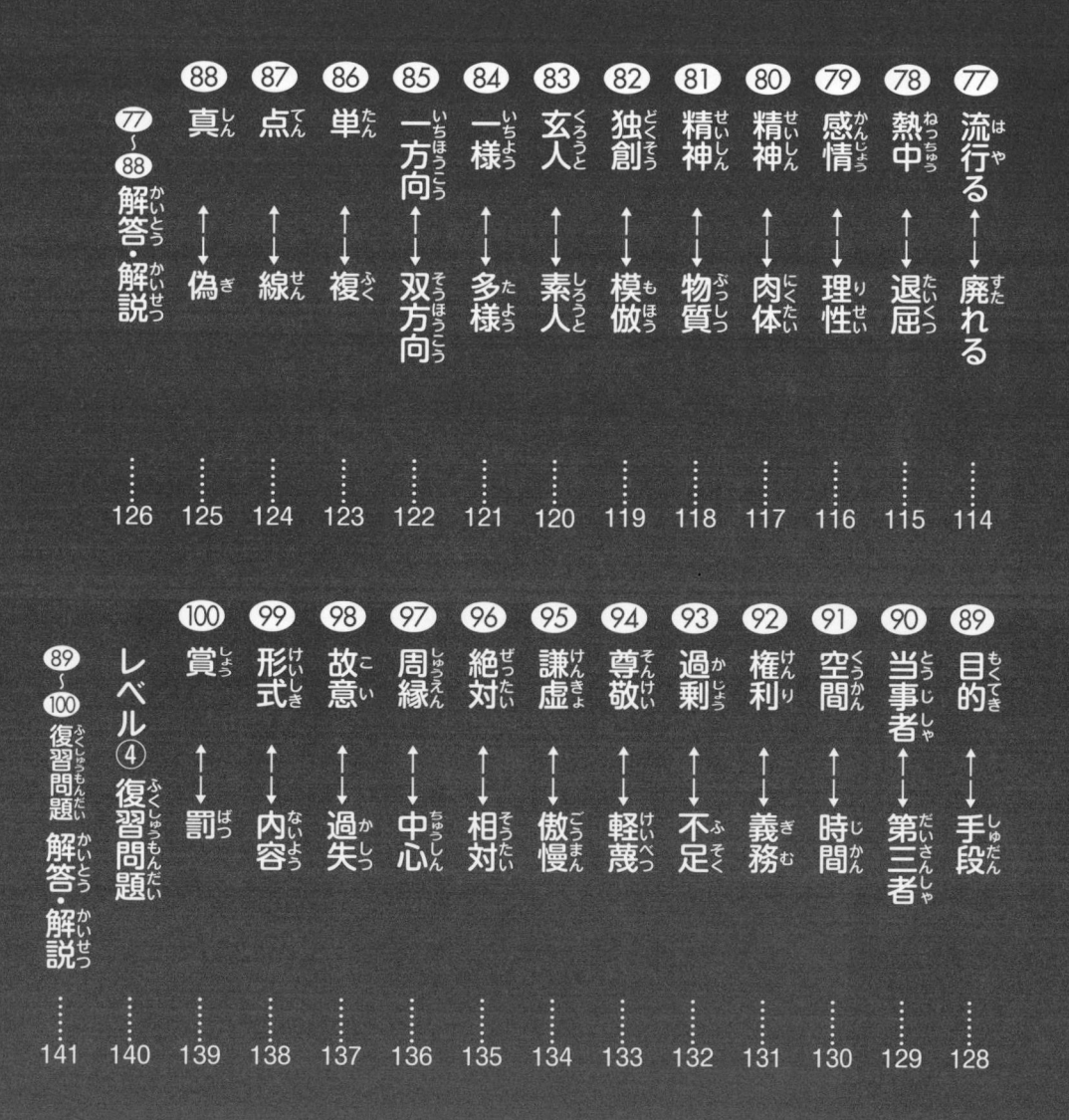

77 流行《はや》る ↕ 廃《すた》れる

●組《く》み合《あ》わせると「流行《はや》り廃《すた》り」

関連語《かんれんご》

流行《りゅうこう》 ↔ 頽廃《たいはい》
発展《はってん》 ↔ 衰退《すいたい》
栄《さか》える ↔ 衰《おとろ》える
一般化《いっぱんか》 ↔ 特殊化《とくしゅか》
人気《にんき》 ↔ 不人気《ふにんき》
ポピュラー ↔ アンポピュラー

解説《かいせつ》

「流行《はや》る（流行《りゅうこう》）」とは、ある一時期《いちじき》、あるものごとが社《しゃ》会《かい》において多《おお》くの人々《ひとびと》に好《この》まれ、主流《しゅりゅう》を占《し》める様子《ようす》です。長期間《ちょうきかん》に渡《わた》って好《この》まれ続《つづ》け定着《ていちゃく》した場合《ばあい》には、流行《りゅうこう》とは表現《ひょうげん》しません。人気《にんき》が出《で》てある程度《ていど》一般化《いっぱんか》※してもそれが短期間《たんきかん》で終《お》わり衰《おとろ》えていく場合《ばあい》に、「流行《りゅうこう》」と表現《ひょうげん》します（※ここでは、普通《ふつう》のこととして広《ひろ》まること↓58ページ）。「廃《すた》れる（頽《すた》れる）」とは、そのように、使《つか》われなくなったり通用《つうよう》しなくなったりして衰《おとろ》える様子《ようす》です。

活用問題《かつようもんだい》　①…14点《てん》×7　全問正解《ぜんもんせいかい》でプラス2点《てん》

① 次《つぎ》の文章《ぶんしょう》の空欄《くうらん》を埋《う》めます。後《あと》の□から語句《ごく》を選《えら》んで書《か》きなさい。同《おな》じ語句《ごく》は一度《いちど》しか使《つか》えません。

ア（　　　　語《ご》）は、時代《じだい》の世相《せそう》を表《あらわ》す言葉《ことば》だ。

イ 一度《いちど》（　　　　）はずのものが一〇年《じゅうねん》、二〇年《にじゅうねん》の時《とき》を経《へ》て再《ふたた》び（　　　　）を博《はく》すということがよくある。

ウ これは、お父《とう》さんが子《こ》どもの頃《ころ》、誰《だれ》もが口《くち》ずさんでいたほど、日本中《にほんじゅう》で（　　　　）歌《うた》なんだよ、と、父《ちち》は懐《なつ》かしそうにつぶやいた。

エ 一年前《いちねんまえ》、「こんなに（　　　　）なタレントなのに知《し》らないのかい」と言《い》われたそのタレントも、今《いま》やテレビに一切登場《いっさいとうじょう》しなくなった。芸能界《げいのうかい》というものは、本当《ほんとう》に（　　　　）が激《はげ》しい。

オ 一時《いちじ》の流行《はや》りに乗《の》って多角経営《たかくけいえい》に打《う》って出《で》た企業《きぎょう》が昨今急速《さっこんきゅうそく》に（　　　　）し、倒産《とうさん》した。

人気《にんき》	流行《りゅうこう》	廃《すた》れた	流行《はや》った
流行《はや》り廃《すた》り	ポピュラー	衰退《すいたい》	一般化《いっぱんか》

「ポピュラー・アンポピュラー」……人気《にんき》・不人気《ふにんき》を意味《いみ》する英語《えいご》。アンポピュラーは日常的《にちじょうてき》にはあまり使《つか》われません。「栄《さか》える」……勢《いきお》いが盛《さか》んになる（強《つよ》まる）こと。

78 熱中《ねっちゅう》↕退屈《たいくつ》

関《かん》連《れん》語《ご》

没頭《ぼっとう》 ↔ 退屈《たいくつ》
凝《こ》る ↔ 飽《あ》きる
酔《よ》う ↔ 覚《さ》める
精出《せいだ》す ↔ 怠《なま》ける
多忙《たぼう》 ↔ 閑散《かんさん》

解《かい》説《せつ》

「熱中《ねっちゅう》」「没頭《ぼっとう》」は、夢中《むちゅう》になって一《ひと》つのことに心《こころ》を注《そそ》ぐことです。「退屈《たいくつ》」は、熱中《ねっちゅう》することもないままに時《じ》間《かん》を持《も》て余《あま》すことであり、ものごとに飽《あ》きてしまう心情《しんじょう》も意《い》味《み》します。「凝《こ》る」は本来《ほんらい》、集《あつ》まり固《かた》まることを意《い》味《み》しますが、ここでは「熱中《ねっちゅう》する」とほぼ同《おな》じ意味《いみ》です。「酔《よ》う」は、ここでは、あるものごとに心《こころ》を奪《うば》われて自《じ》分《ぶん》をコントロールできない状態《じょうたい》になる様子《ようす》を意味《いみ》します。「精出《せいだ》す」は一心不乱《いっしんふらん》に努力《どりょく》する様子《ようす》です。逆《ぎゃく》に、「怠《なま》ける」は、なすべきことをせず力《ちから》を抜《ぬ》いている様子《ようす》です。

活《かつ》用《よう》問《もん》題《だい》 ①…30点《てん》×3 ②…完全解答《かんぜんかいとう》で10点《てん》

① 次《つぎ》の各文《かくぶん》の空欄《くうらん》を、【　】内《ない》に指定《してい》された語句《ごく》を使《つか》って書《か》きなさい。「覚《さ》める」を「覚《さ》めて」とするなど、言葉《ことば》を活用《かつよう》させてもかまいません。

ア【熱中《ねっちゅう》】漫《まん》画好《がず》きの兄《あに》は、「最近《さいきん》は退屈《たいくつ》な漫画《まんが》ばかりでつまらない」と言《い》っていたが、昨日《きのう》買《か》ってきた漫《まん》画本《がぼん》は、（　　　　）。

イ【覚《さ》める】母《はは》は韓流《はんりゅう》スターの歌声《うたごえ》に酔《よ》っているようだが、（　　　　）。

ウ【凝《こ》る】ジグソーパズルに（　　　　）、最近《さいきん》では飽《あ》きてしまったようだ。

② 次《つぎ》の文《ぶん》の空欄《くうらん》を考《かんが》えて埋《う》めなさい。

何《なに》かが流行《はや》るとすぐ夢中《むちゅう》になり、それが廃《すた》れるとすぐ飽《あ》きてしまう彼女《かのじょ》は、本当《ほんとう》に（　　　やすく　　　やすい）人《ひと》だと思《おも》う。人《ひと》づきあいも同《おな》じなんだろうな。

「退屈《たいくつ》だ」とは言《い》えますが「熱中《ねっちゅう》だ」とは言《い》えません（「退屈《たいくつ》する・熱中《ねっちゅう》する」は両方可《りょうほうか》）。「閑散《かんさん》」は主《おも》に静《しず》けさを表《あらわ》しますが、ここでは「暇《ひま》」の意《い》。「多忙《たぼう》」は「非常《ひじょう》に忙《いそが》しい」。

レベル④
月　日
100点《てん》満点《まんてん》
点《てん》
●解答《かいとう》・解説《かいせつ》126・127ページ

79 感情《かんじょう》↕理性《りせい》

レベル④

月　　日

100点《てん》満点《まんてん》　　点《てん》

●解答《かいとう》・解説《かいせつ》126ページ

関連語《かんれんご》

感性《かんせい》↔理性《りせい》
心《こころ》↔頭《あたま》
思《おも》う↔考《かんが》える
非論理的《ひろんりてき》↔論理的《ろんりてき》
非合理的《ひごうりてき》↔合理的《ごうりてき》

解説《かいせつ》

「感情《かんじょう》」とは、喜怒哀楽《きどあいらく》などの気持《きも》ちのことです。「感性《かんせい》」とは、人間《にんげん》が持《も》っている感覚《かんかく》や感情《かんじょう》をひっくるめた呼《よ》び方《かた》です。一方《いっぽう》、「理性《りせい》」とは、筋道《すじみち》を立《た》ててものごとを考《かんが》えるときの頭《あたま》の働《はたら》き、あるいはそのような能力《のうりょく》のことです。感情《かんじょう》（感性《かんせい》）と理性《りせい》の違《ちが》いを、いたって簡単《かんたん》に表《ひょう》現《げん》すれば、「心《こころ》と頭《あたま》」ということになります（より深《ふか》く知《し》りたい人《ひと》は、哲学関連《てつがくかんれん》の本《ほん》を調《しら》べてみましょう）。「論《ろん》理的《りてき》」「合理的《ごうりてき》」とは、ことがらどうしの関係《かんけい》を整理《せいり》しながら、筋道《すじみち》を立《た》ててものごとを考《かんが》えることを意味《いみ》します。

活用問題《かつようもんだい》

①…10点《てん》×4　②…12点《てん》×5

① 次《つぎ》の各文《かくぶん》の空欄《くうらん》に、「思《おも》う」か「考《かんが》える」のいずれかの言葉《ことば》を書《か》き入《い》れなさい。

ア　左《ひだり》へ行《い》こうか右《みぎ》へ行《い》こうか、（　　　）。

イ　今日《きょう》はいい天気《てんき》だなあ、と（　　　）

ウ　このケーキはおいしいと（　　　）。

エ　文章題《ぶんしょうだい》の式《しき》を（　　　）。

② 次《つぎ》の文章《ぶんしょう》の空欄《くうらん》を埋《う》めます。後《あと》の□から語句《ごく》を選《えら》んで書《か》きなさい。同《おな》じ語句《ごく》を二度以上使《にどいじょうつか》ってもかまいません。

人《ひと》が互《たが》いに考《かんが》えを伝《つた》え合《あ》うには、（　　　）が不可欠《ふかけつ》だ。それは（　　　）の産物《さんぶつ》である。一方《いっぽう》、いわゆる（　　　）は、（　　　）を重視《じゅうし》する考《かんが》え方《かた》だ。心《こころ》で心《こころ》に伝《つた》えるというものだが、これには限界《げんかい》がある。（　　　）で伝《つた》える以上《いじょう》に難《むずか》しい。

以心伝心《いしんでんしん》　理性《りせい》　言葉《ことば》　感性《かんせい》

「思《おも》う」は、感性的《かんせいてき》なイメージを広《ひろ》げたり、瞬間的判断《しゅんかんてきはんだん》を下《くだ》したりする際《さい》に用《もち》いられます。
「考《かんが》える」は、理性的《りせいてき》に頭《あたま》を使《つか》い、一定《いってい》の時間《じかん》をかけて判断《はんだん》に至《いた》る際《さい》に用《もち》いられます。

80 精神《せいしん》↕肉体《にくたい》

●組《く》み合《あ》わせると「心身《しんしん》」

関連語《かんれんご》

心《こころ》↔体《からだ》

内《ない》↔外《がい》（↓25ページ）

気力《きりょく》↔体力《たいりょく》

心理的《しんりてき》↔生理的《せいりてき》

メンタル↔フィジカル

解説《かいせつ》

「精神《せいしん》と肉体《にくたい》（身体《しんたい》）」を簡単《かんたん》に言《い》いかえれば「心《こころ》と体《からだ》」です。この場合《ばあい》の「心《こころ》」は、前項《ぜんこう》（↓116ページ）の「感《かん》情《じょう》」を示《しめ》すこともあれば、「理性《りせい》」を示《しめ》すこともあります。感情《かんじょう》も理性《りせい》も、目《め》に見《み》えない「心《こころ》」です。「心《こころ》と体《からだ》」という対比《たいひ》は、「形《かたち》を持《も》たず目《め》に見《み》えない心《こころ》」と「形《かたち》を持《も》ち目《め》に見《み》える体《からだ》」との対比《たいひ》であるという点《てん》を、押《お》さえておきましょう。その意味《いみ》で、精神《せいしん》とは内的《ないてき》なものであり、肉体《にくたい》とは外的《がいてき》なものであると言《い》えます。「生理的《せいりてき》」とは、簡単《かんたん》に言《い》えば「身体《しんたい》に関《かか》わる」といった意味《いみ》です。

活用問題《かつようもんだい》　①…16点《てん》×6　全問正解《ぜんもんせいかい》でプラス4点《てん》

① 次《つぎ》の各文《かくぶん》の―を引《ひ》いた表現《ひょうげん》の中《なか》には、おかしなものが含《ふく》まれています。おかしいと思《おも》う場合《ばあい》は、「精神《せいしん》」「肉体《にくたい》」、あるいは上記《じょうき》の関連語《かんれんご》からふさわしい語句《ごく》を選《えら》び、各空欄《かくくうらん》に書《か》き入《い》れなさい（同《おな》じ語句《ごく》を二度以上《にどいじょう》使《つか》ってもよい）。おかしくないと思《おも》う場合《ばあい》は、空欄《くうらん》にマルを書《か》き入《い》れなさい。

ア「病《やまい》は気《き》から」と言《い》うとおり、多《おお》くの病気《びょうき》は肉体《にくたい》の状《じょう》態《たい》の良《よ》し悪《あ》しだけで重《おも》くも軽《かる》くもなるものだ。

イ　ブラジルのサッカー選手《せんしゅ》はメンタル面《めん》でどうしても日本《にほん》より上《うえ》だから、日本《にほん》の選手《せんしゅ》は技術《ぎじゅつ》・戦術《せんじゅつ》でそれをカバーしなくては。

ウ「ああいうタイプは生理的《せいりてき》に無理《むり》」といった表現《ひょうげん》は、「頭《あたま》で受《う》け入《い》れようとしても体《からだ》が拒否反応《きょひはんのう》を示《しめ》すので無《む》理《り》」という意味《いみ》だ。

エ「心技体《しんぎたい》」とは、思考力《しこうりょく》・技術《ぎじゅつ》・体力《たいりょく》の三《みっ》つを指《さ》す。

ア（　　　）　イ（　　　）

ウ（　　　）・（　　　）

エ（　　　）・（　　　）

「メンタル」……「精神的《せいしんてき》な」「心《こころ》の」といった意味《いみ》（スピリチュアルもほぼ同様《どうよう》、ただしこれは「魂《たましい》の」を含《ふく》む）。「フィジカル」……「肉体的《にくたいてき》な」「体《からだ》の」といった意味《いみ》。

月　日

100点満点《てんまんてん》

点《てん》

●解答《かいとう》・解説《かいせつ》126・127ページ

81 精神《せいしん》↕物質《ぶっしつ》

●組《く》み合《あ》わせると「物心《ぶっしん》」

月　日

100点《てん》満点《まんてん》　点《てん》

●解答《かいとう》・解説《かいせつ》126ページ

関《かん》連《れん》語《ご》

心《こころ》↔物《もの》

内《ない》↔外《がい》（→25ページ）

文化《ぶんか》↔文明《ぶんめい》

心理的《しんりてき》↔物理的《ぶつりてき》

生物《せいぶつ》↔無生物《むせいぶつ》

解《かい》説《せつ》

「精神《せいしん》（心《こころ》）」の反対語《はんたいご》は大《おお》きく二《ふた》つあり、一《ひと》つは前項《ぜんこう》（→117ページ）の「肉体《にくたい》（身体《しんたい》・体《からだ》）」、もう一《ひと》つは「物質《ぶっしつ》（物《もの》）」です。肉体《にくたい》を、物質的《ぶっしつてき》なものの一《ひと》つの例《れい》である（物体《ぶったい》である）ととらえると、両者《りょうしゃ》は同《おな》じ意味合《いみあ》いを持《も》つとも言《い》えます。「物《もの》と心《こころ》」は通常《つうじょう》、「物《もの》は豊《ゆた》かになったが心《こころ》は豊《ゆた》かになっていない」といった、現代《げんだい》の文明社会《ぶんめいしゃかい》を批判《ひはん》するような文脈《ぶんみゃく》の中《なか》で対比《たいひ》される傾向《けいこう》にあります。なお、「物心《ぶっしん》」を「ものごころ」と読《よ》むと別《べつ》の意味《いみ》（「分別《ふんべつ》」の意《い》→91ページ）になってしまうため、要注意《ようちゅうい》です。

活《かつ》用《よう》問《もん》題《だい》　①…25点《てん》×2　②…25点《てん》×2

① 次《つぎ》の文章《ぶんしょう》の空欄《くうらん》に、「精神《せいしん》」か「物質《ぶっしつ》」を書《か》き入《い》れなさい。

文化《ぶんか》とは、主《おも》に人間《にんげん》の（　　　　）的《てき》な活動《かつどう》の結果《けっか》生《う》み出《だ》された、言語《げんご》、習慣《しゅうかん》、伝統《でんとう》、芸術《げいじゅつ》などを意味《いみ》する。一方《いっぽう》、文明《ぶんめい》とは、主《おも》に（　　　　）的《てき》・技術的《ぎじゅつてき》な発達《はったつ》（機械文明《きかいぶんめい》など）を意味《いみ》する。

② 次《つぎ》の文章《ぶんしょう》を読《よ》み、後《あと》の問《と》いに答《こた》えなさい。

あまり仲《なか》の良《よ》くないはずのテツコが、珍《めずら》しく声《こえ》をかけてきた。次《つぎ》の日曜《にちよう》、一緒《いっしょ》に映画《えいが》を見《み》に行《い》こう、と言《い》うのだ。どうしよう、断《ことわ》りたいな。あまり面白《おもしろ》そうな映画《えいが》でもないし、テツコと一緒《いっしょ》に行《い》くのはいやだし。そこで、「映画館《えいがかん》は遠《とお》いから無理《むり》。日曜《にちよう》は家族《かぞく》と出《で》かけるから時間《じかん》もとれないし」と伝《つた》えた。

〈問《と》い〉断《ことわ》った心理的理由《しんりてきりゆう》に——を、物理的理由《ぶつりてきりゆう》に〜〜〜を、それぞれ引《ひ》きなさい。

無生物《むせいぶつ》（→49ページ）は、「物質《ぶっしつ》」の類義語《るいぎご》として挙《あ》げています。一方《いっぽう》、生物《せいぶつ》と「精神《せいしん》」は類義語《るいぎご》とまでは言《い》えません。「精神《せいしん》」は、生物《せいぶつ》の中《なか》でも人間特有《にんげんとくゆう》の存在《そんざい》です。

82

独創《どくそう》↕模倣《もほう》

関《かん》連《れん》語《ご》

創造《そうぞう》 ↔ 模倣《もほう》
創《つく》る ↔ 模《も》する
原本《げんぽん》（原物《げんぶつ》） ↔ 複製《ふくせい》
オリジナル ↔ レプリカ（コピー）
クリエーション ↔ イミテーション

解《かい》説《せつ》

「創《そう》」には、「初《はじ》めてつくる」あるいは「始《はじ》める」という意味合《いみあ》いがあります。「独創《どくそう》」とは、独自《どくじ》の発想《はっそう》でものをつくり出《だ》すことです。「創造《そうぞう》」は、新《あたら》しいものを初《はじ》めてつくり出《だ》すことです。一方《いっぽう》、「模倣《もほう》」とは、他《た》のものごとを真似《まね》することです。「模《も》する」は、他《た》を真似《まね》してつくることです。もとのもの（原本《げんぽん》・原物《げんぶつ》）を真似《まね》してつくったそっくりなものを、複製《ふくせい》と言《い》います。「オリジナル」は、「独創的《どくそうてき》」あるいは「原物《げんぶつ》・原作《げんさく》」という意味《いみ》です。「レプリカ」は、「模写《もしゃ》・複製《ふくせい》・模造品《もぞうひん》」の意味《いみ》です。

活《かつ》用《よう》問《もん》題《だい》

① 次《つぎ》の文章《ぶんしょう》を読《よ》み、後《あと》の空欄《くうらん》を考《かんが》えて埋《う》めなさい。 ①…100点（完全解答《かんぜんかいとう》）

学校《がっこう》ではよく、他人《たにん》の真似《まね》をせず自分《じぶん》だけのオリジナルを創《つく》れ、と指導《しどう》される。図画工作《ずがこうさく》でも作文《さくぶん》でも、子《こ》どもたちはいつも独創《どくそう》を求《もと》められ、模倣《もほう》の排除《はいじょ》を要求《ようきゅう》される。しかし、考《かんが》えてもみてほしい。どんな画家《がか》も、駆《か》け出《だ》しの頃《ころ》は他《た》の優《すぐ》れた画家《がか》の真似《まね》をして絵《え》を描《か》いていた。どんな歌手《かしゅ》も、人気歌手《にんきかしゅ》の歌《うた》い方《かた》を真似《まね》して練習《れんしゅう》し、少《すこ》しずつ独自《どくじ》の歌《うた》い方《かた》を見《み》つけていった。どんな作家《さっか》も、好《す》きな作家《さっか》の文体《ぶんたい》や世界観《せかいかん》を模《も》しつつ、徐々《じょじょ》に自分《じぶん》なりの文学《ぶんがく》を構築《こうちく》していった。そう。あらゆる創造《そうぞう》は、模倣《もほう》から生《う》まれるのである。模倣《もほう》なきところに独創《どくそう》は生《う》まれないと言《い》っても良《よ》い。真似《まね》は、あなたが思《おも》うほど簡単《かんたん》なことではない。どんなに真似《まね》をしても自己《じこ》の「色《いろ》」は消《け》せない、消《き》えない。安心《あんしん》して真似《まね》し、独創《どくそう》の道《みち》を進《すす》もう。

右《みぎ》の文章《ぶんしょう》は、「（　　　　）より（　　　　）」という一般的《いっぱんてき》な教《おし》えを疑《うたが》い、「（　　　　）より（　　　　）」という逆説的《ぎゃくせつてき》な発想《はっそう》を持《も》つことの重要性《じゅうようせい》を、伝《つた》えている。

「クリエーション」……創造《そうぞう》・創作《そうさく》を意味《いみ》する英語《えいご》（creation）。「イミテーション」……模倣《もほう》・真似《まね》、模造品《もぞうひん》を意味《いみ》する英語《えいご》(imitation)。

レベル④

月　日

100点満点《てんまんてん》

点《てん》

●解答《かいとう》・解説《かいせつ》126ページ

83

玄人《くろうと》↕素人《しろうと》

レベル④

月　日

100点満点《てんまんてん》

点《てん》

●解答《かいとう》・解説《かいせつ》126ページ

関連語《かんれんご》

プロフェッショナル↔アマチュア
熟達《じゅくたつ》↔未熟《みじゅく》
一人前《いちにんまえ》↔半人前《はんにんまえ》
古参《こさん》（古顔《ふるがお》）↔新参《しんざん》（新顔《しんがお》）
専門家《せんもんか》↔門外漢《もんがいかん》

解説《かいせつ》

「玄人《くろうと》」とは、その道《みち》の技芸《ぎげい》に熟達《じゅくたつ》した人《ひと》、また、それを専門《せんもん》とし職業《しょくぎょう》とする人《ひと》のことです。「素人《しろうと》」とは、その道《みち》の技芸《ぎげい》に未熟《みじゅく》な人《ひと》、また、それを専門《せんもん》とせず職業《しょくぎょう》としない人《ひと》のことです。プロフェッショナル（プロ）は玄人《くろうと》と、アマチュア（アマ）は素人《しろうと》とほぼ同《おな》じですが、とくに、プロはその道《みち》を職業《しょくぎょう》としている人《ひと》、アマは職業《しょくぎょう》としていない人《ひと》を意味《いみ》します。「熟達《じゅくたつ》」とは経験《けいけん》を積《つ》み高《たか》い技術《ぎじゅつ》を有《ゆう》する様子《ようす》、「未熟《みじゅく》」とはまだそのような段階《だんかい》に達《たっ》していない様子《ようす》です。「門外漢《もんがいかん》」は専門外《せんもんがい》の人《ひと》のことです。

活用問題《かつようもんだい》　①…50点《てん》×2

① 次《つぎ》に示《しめ》す対比《たいひ》の型《かた》を利用《りよう》し、例《れい》にならって短作文《たんさくぶん》を二《ふた》つ書《か》きなさい。その際《さい》、上《うえ》に示《しめ》した「玄人《くろうと》・素人《しろうと》」、あるいは「関連語《かんれんご》」を必《かなら》ず用《もち》いること。なお、テーマ・内容《ないよう》は自由《じゆう》です。

型《かた》　□は□。しかし、□は□。

例《れい》　少年野球《しょうねんやきゅう》の選手《せんしゅ》は、まだまだ野球《やきゅう》の**素人《しろうと》**だ。しかし、プロ野球選手《やきゅうせんしゅ》は、文句《もんく》のつけようもない**玄人《くろうと》**だ。

ア

イ

「一人前《いちにんまえ》・半人前《はんにんまえ》」……技芸《ぎげい》などが一定《いってい》のレベルに達《たっ》している人《ひと》と、達《たっ》していない人《ひと》。
「古参《こさん》・新参《しんざん》」……以前《いぜん》からその職《しょく》に就《つ》いている人《ひと》と、その職《しょく》に就《つ》いて間《ま》もない人《ひと》。

84

一様《いちよう》↕多様《たよう》

関連語《かんれんご》

画一性《かくいつせい》 ↔ 多様性《たようせい》
一面的《いちめんてき》 ↔ 多面的《ためんてき》
同一《どういつ》 ↔ 不同《ふどう》
モノトニー ↔ バラエティ
アンバランス ↔ バランス

解説《かいせつ》

「一様《いちよう》」とは、複数《ふくすう》（二《ふた》つ以上《いじょう》）のものごとの様子《ようす》がどれも同《おな》じでそろっていることを意味《いみ》します。「多様《たよう》」とは、逆《ぎゃく》に、その様子《ようす》がバラエティに富《と》んでいる（種類《しゅるい》が豊富《ほうふ》で、個々《ここ》に変化《へんか》や違《ちが》いがある）ことを意味《いみ》します。「画《かく》一性《いっせい》」は「一様性《いちようせい》」とほぼ同《おな》じ意味《いみ》ですが、「一様性《いちようせい》」以上《いじょう》に否定的《ひていてき》な意味合《いみあ》いが強《つよ》く、個々全《ここすべ》てが同様《どうよう》であることを批判《ひはん》する表現《ひょうげん》です（「画一的《かくいつてき》」とも言《い》います）。「一面的《いちめんてき》」もそれに似《に》て、考《かんが》え方《かた》などが一《ひと》つの面《めん》に偏《かたよ》っていることを批判《ひはん》する際《さい》に多《おお》く使《つか》われます。

活用問題《かつようもんだい》

① 次《つぎ》の文章《ぶんしょう》の空欄《くうらん》を埋《う》めます。後《あと》の□から語句《ごく》を選《えら》んで書《か》きなさい。同《おな》じ語句《ごく》は一度《いちど》しか使《つか》えません。 ①…20点《てん》×5

ア 公立学校《こうりつがっこう》の良《よ》さは、（　　　　）な子《こ》がいるということだ。成績《せいせき》、体力《たいりょく》、家庭環境《かていかんきょう》、あるいは障害《しょうがい》の有《う》無《む》に至《いた》るまで、様々《さまざま》な子《こ》がいる。それは、社会《しゃかい》の縮図《しゅくず》と言《い》っても良《よ》い。私立学校《しりつがっこう》にも（　　　　）がないわけではないが、公立《こうりつ》とはくらべものにならない。（　　　　的《てき》）なものの考《かんが》え方《かた》を身《み》につけさせたければ、公立《こうりつ》への進学《しんがく》もあながち捨《す》てたものではない。

イ ダンスなどで皆《みな》が（　　　　）な動《うご》きをし、同《おな》じように歌《うた》い踊《おど》る姿《すがた》を見《み》て、一部《いちぶ》の大人《おとな》は眉《まゆ》をひそめる。個性《こせい》がない、（　　　　的《てき》）だ、などと。しかし、統一《とういつ》された動《うご》きを協力《きょうりょく》して作《つく》り上《あ》げようとする中《なか》でこそ、他者《たしゃ》と自己《じこ》との違《ちが》い、つまりは個性《こせい》に気《き》づき、それを思《おも》いやるような精神《せいしん》を持《も》つことができるのではないだろうか。

一様《いちよう》	多面《ためん》	多様《たよう》	画一《かくいつ》	多様性《たようせい》

多様《たよう》であることは、一《ひと》つに偏《かたよ》らずバランスがとれていることだとも言《い》えます。「モノトニー」……単調《たんちょう》で変化《へんか》がないことを意味《いみ》します（単一色《たんいつしょく》による描画《びょうが》表現《ひょうげん》も指《さ》します）。

レベル④

月　日

100点《てん》満点《まんてん》

点《てん》

●解答《かいとう》・解説《かいせつ》127ページ

レベル④

月　日

100点《てん》満点《まんてん》

点《てん》

●解答《かいとう》・解説《かいせつ》127ページ

85 一方向《いちほうこう》⇔双方向《そうほうこう》

関連語《かんれんご》

独話《どくわ》（独白《どくはく》）⇔対話《たいわ》

モノローグ⇔ダイアローグ

発信《はっしん》⇔受発信《じゅはっしん》（↓90ページ）

伝《つた》える⇔伝《つた》え合《あ》う

アンバランス⇔バランス

解説《かいせつ》

「双方向《そうほうこう》」とは、情報《じょうほう》の発信者《はっしんしゃ》が一方的《いっぽうてき》に（一方向《いちほうこう》で）情報《じょうほう》を伝《つた》えるのではなく、受信者《じゅしんしゃ》からも何《なん》らかの情報《じょうほう》を発信《はっしん》できるような、バランスのとれた状態《じょうたい》を意味《いみ》します。

「独話《どくわ》」とは、独《ひと》り言《ごと》、あるいは、大勢《おおぜい》の前《まえ》で一人《ひとり》で語《かた》ることです。「対話《たいわ》」とは、二人《ふたり》の人《ひと》が互《たが》いに言葉《ことば》をやりとりしながら話《はな》すことです。

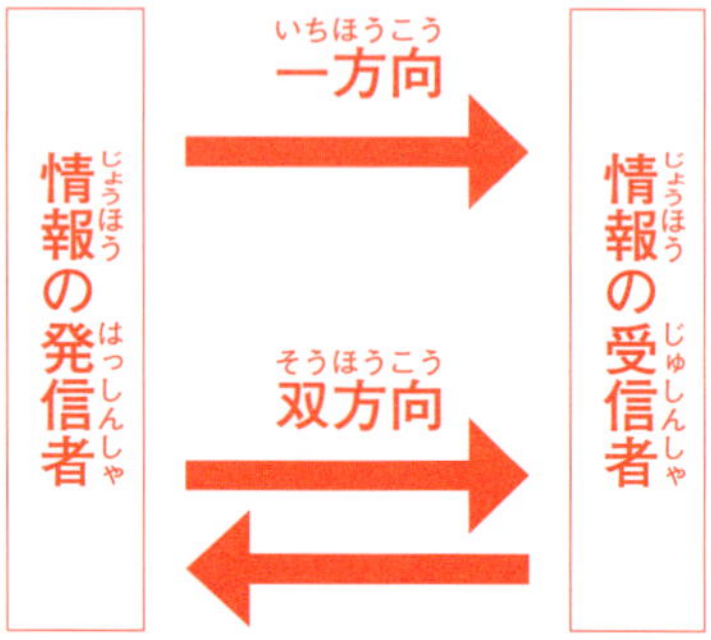

活用問題《かつようもんだい》

① メディアにおける情報《じょうほう》の受発信《じゅはっしん》のあり方《かた》について、次《つぎ》の文章中《ぶんしょうちゅう》で「今《いま》や常識《じょうしき》」とされているものを、後《あと》のア〜エの図《ず》から二《ふた》つ選《えら》び、記号《きごう》にマルをつけなさい。

①…100点《てん》（完全解答《かんぜんかいとう》）

「一方向《いちほうこう》よりも双方向《そうほうこう》・多方向《たほうこう》」というのは、今《いま》やメディアの常識《じょうしき》となっている。テレビでは、番組制作者《ばんぐみせいさくしゃ》が一方的《いっぽうてき》に情報《じょうほう》を流《なが》すのではなく、電話《でんわ》・メール等《とう》によって視聴者《しちょうしゃ》が参加《さんか》できる番組《ばんぐみ》づくりが主流《しゅりゅう》となっている。また、ツイッター・フェイスブック等《とう》のソーシャルメディアでは、テレビ局等《きょくとう》の組織《そしき》とは無縁《むえん》の個人《こじん》が、簡単《かんたん》に情報《ほう》の発信者《はっしんしゃ》・受信者《じゅしんしゃ》となることができる。そこには、「一組織《いちそしき》と多数《たすう》」ではなく「多数《たすう》と多数《たすう》」が情報《じょうほう》を同時《どうじ》にやりとりするという「多方向性《たほうこうせい》」が存在《そんざい》する。

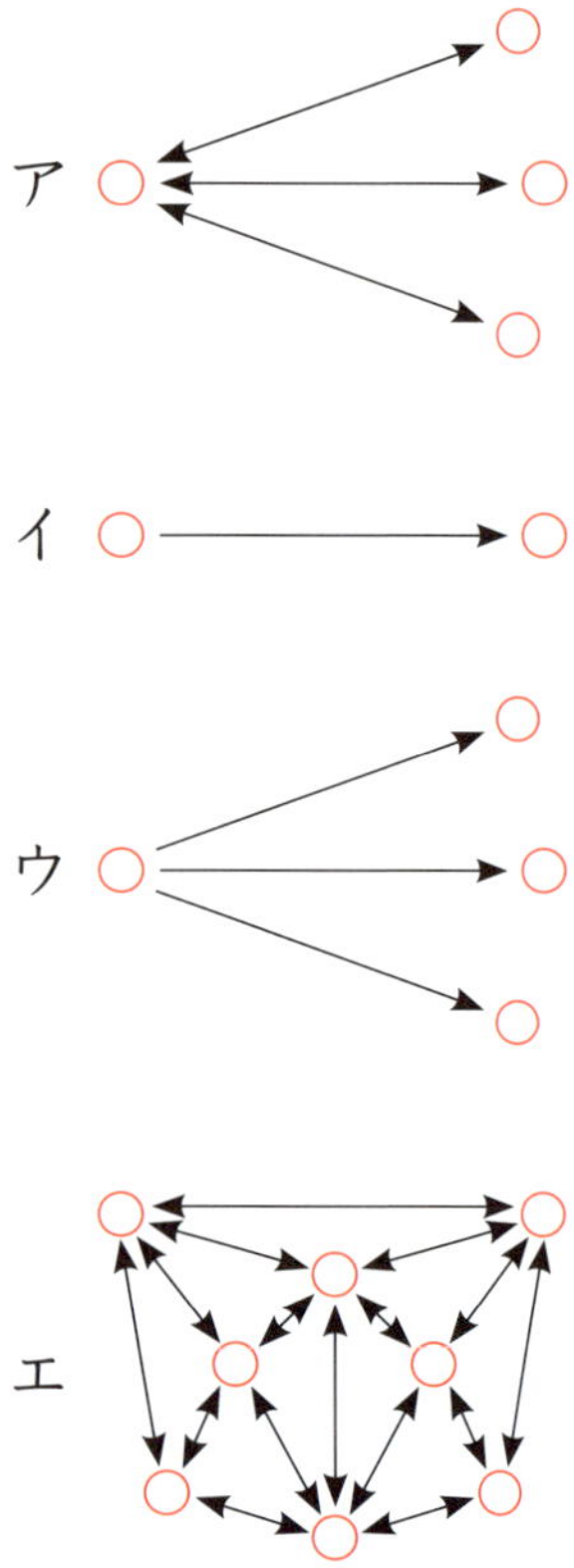

「モノローグ・ダイアローグ」……独話《どくわ》・対話《たいわ》を表《あらわ》す英語《えいご》（monologue・dialogue）。「アンバランス・バランス」……87ページ参照《さんしょう》。

86 単《たん》↕複《ふく》

●組《く》み合《あ》わせると「単複《たんぷく》」

関連語《かんれんご》

単数《たんすう》↕複数《ふくすう》
単純《たんじゅん》↕複雑《ふくざつ》
簡単《かんたん》↕複雑《ふくざつ》
単独《たんどく》↕共同《きょうどう》
単発《たんぱつ》↕連発《れんぱつ》

解説《かいせつ》

「単《たん》」には「一《ひと》つ」の意味《いみ》が、「複《ふく》」には「二重《にじゅう》」や「重《かさ》ねる」といった意味《いみ》があります。「単数《たんすう》」は数《かず》が一《ひと》つであることを、「複数《ふくすう》」は数《かず》が二《ふた》つ以上《いじょう》であることを示《しめ》します。「単純《たんじゅん》」は、良《よ》い意味《いみ》でも悪《わる》い意味《いみ》でも使《つか》われます。「単《たん》純《じゅん》すぎる考《かんが》え方《かた》」と言《い》えば、一面的《いちめんてき》（↓121ページ）で浅《あさ》い考《かんが》え方《かた》というマイナスの意味《いみ》であり、「単純明快《たんじゅんめいかい》な説《せつ》明《めい》」と言《い》えば、シンプルで分《わ》かりやすい説明《せつめい》というプラスの意味《いみ》です。「複雑《ふくざつ》」は、ものごとが込《こ》み入《い》っている様《よう》子《す》であり、どちらかと言《い》えばマイナスの意味《いみ》に傾《かたむ》きます。

活用問題《かつようもんだい》

① 次《つぎ》の文章《ぶんしょう》の空欄《くうらん》を埋《う》めます。後《あと》の□から語句《ごく》を選《えら》んで書《か》きなさい。同《おな》じ語句《ごく》は一度《いちど》しか使《つか》えません。

①…16点《てん》×6　全問正解《ぜんもんせいかい》でプラス4点《てん》

ア　あれこれ議論《ぎろん》しているけれど、（　　　）に考《かんが》えれば、続《つづ》けるかやめるかという二者択一《にしゃたくいつ》の問題《もんだい》にすぎない。

イ　東京《とうきょう》の地下鉄路線図《ちかてつろせんず》は（　　　）すぎて、不慣《ふな》れな人《ひと》にはちんぷんかんぷんだろうな。

ウ　この二時間《にじかん》ドラマは、（　　　）の放送《ほうそう》らしい。続《つづ》きがもっと見《み》たかったな。

エ　（　　　）赴任《ふにん》とは、家族《かぞく》を置《お》いて一人《ひとり》で離《はな》れた任地《にんち》に出《で》かけ、そこで仕事《しごと》をし生活《せいかつ》を送《おく》ることだ。

オ　現場《げんば》には少《すく》なくとも三人《さんにん》の足跡《あしあと》が見《み》つかった。この事件《じけん》は（　　　）の犯人《はんにん》によるものと思《おも》われる。

カ　見学中《けんがくちゅう》は、必《かなら》ず班行動《はんこうどう》しなければなりません。勝手《かって》に班《はん》を離《はな》れるなどという（　　　）行動《こうどう》をしてはいけません。

単身《たんしん》　複数《ふくすう》　単純《たんじゅん》　複雑《ふくざつ》　単発《たんぱつ》　連発《れんぱつ》　単独《たんどく》

「単独《たんどく》・共同《きょうどう》」は、「一人《ひとり》で行《おこな》う・二人以上《ふたりいじょう》で行《おこな》う」といった意味《いみ》です。「単発《たんぱつ》・連発《れんぱつ》」は、「一度《いちど》で終《お》わる（続《つづ》かない）・一度《いちど》で終《お》わらない（続《つづ》く）」といった意味《いみ》です。

レベル④

月　日

100点満点《てんまんてん》

点《てん》

●解答《かいとう》・解説《かいせつ》127ページ

月　日

100点満点《てんまんてん》

点《てん》

●解答《かいとう》・解説《かいせつ》127ページ

87 点《てん》↔線《せん》

関連語《かんれんご》

点的《てんてき》 ↔ 線的《せんてき》

線《せん》 ↔ 面《めん》

面《めん》 ↔ 立体《りったい》

切《き》れる ↔ つながる（↓68ページ）

断続《だんぞく》 ↔ 連続《れんぞく》

解説《かいせつ》

「点《てん》と線《せん》」「線《せん》と面《めん》」「面《めん》と立体《りったい》」の共通点《きょうつうてん》は、いずれも、空間的《くうかんてき》な広《ひろ》がりの度合《どあ》いが小《ちい》さいものと大《おお》きいものとの対比《たいひ》であるということです。点《てん》が集《あつ》まって線《せん》になり、線《せん》が集《あつ》まって面《めん》になり、面《めん》が集《あつ》まって立体《りったい》になります。こういった図形《ずけい》のイメージは、比喩《ひゆ》としてよく用《もち》いられます（具体的《ぐたいてき》には活用問題《かつようもんだい》で確認《かくにん》してください）。

「点《てん》」には「切《き》れている」イメージが、「線《せん》」には「つながっている」イメージがあります。それぞれ、「断続《だんぞく》的《てき》」「連続的《れんぞくてき》」と表現《ひょうげん》することもできます。

活用問題《かつようもんだい》

① 次《つぎ》の各文《かくぶん》の空欄《くうらん》に、「点《てん》」か「線《せん》」を書《か》き入《い》れなさい。 ①…ア14点《てん》×2　イ12点《てん》×6

ア 算数《さんすう》のテストでの計算《けいさん》ミス。体育《たいいく》の授業《じゅぎょう》での突《つ》き指《ゆび》。給食《きゅうしょく》のときにスープをこぼしたこと。どれも（　　）でとらえればバラバラなことがらだけど、（　　）でとらえればそこに関連性《かんれんせい》が見《み》えてくる。要《よう》するに、不《ふ》注意《ちゅうい》なんだ。あるいは、寝不足《ねぶそく》も影響《えいきょう》しているかもね。

イ 寒《さむ》い季節《きせつ》だ。だから、風邪《かぜ》を予防《よぼう》する必要《ひつよう》がある。だから、なるべく空気《くうき》を入《い》れ換《か》えたほうがいい。だから、窓《まど》を開《あ》けよう。……こういった説明《せつめい》は（　　）的《てき》で分《わ》かりやすい。理由《りゆう》と結論《けつろん》につながりが見《み》える。かといって、いつもいつも（　　）的《てき》に説明《せつめい》していては、疲《つか》れてしまう。「寒《さむ》いから窓《まど》を開《あ》けよう」と言《い》えば、離《はな》れた（　　）と（　　）を結《むす》んだ感《かん》じがして分《わ》かりづらいが、これはこれで味《あじ》わいのある話《はな》し方《かた》だとも言《い》える。（　　）的《てき》な論理《ろんり》を分《わ》かっている人《ひと》どうしが、あえてこのような（　　）的《てき》な会話《かいわ》を交《か》わしたりするのは、それはそれで、なかなか知的《ちてき》な印象《いんしょう》を受《う》ける。

線《せん》→面《めん》→立体《りったい》という空間的広《くうかんてきひろ》がりについては、130ページも参照《さんしょう》してください。

88 真《しん》↔偽《ぎ》

●組《く》み合《あ》わせると「真《しん》偽《ぎ》」

関《かん》連《れん》語《ご》

本当《ほんとう》 ↔ 嘘《うそ》
本物《ほんもの》 ↔ 偽物《にせもの》
真実《しんじつ》 ↔ 虚偽《きょぎ》
事実《じじつ》 ↔ 虚構《きょこう》
実話《じつわ》 ↔ 作《つく》り話《ばなし》
ノンフィクション ↔ フィクション

解《かい》説《せつ》

「真《しん》」は、「本当《ほんとう》」とほぼ同《おな》じ意味《いみ》です。「偽《ぎ》」は「嘘《うそ》」とほぼ同《おな》じ意味《いみ》ですが、「偽《ぎ》」のほうが「嘘《うそ》」よりもやや作《さく》為的《いてき》（意図的《いとてき》・意識的《いしきてき》）な印象《いんしょう》を受《う》けます。だますつもりでだます、その度合《どあ》いが強《つよ》いとき、「偽《いつわ》る」という表現《ひょうげん》になるわけです。「虚偽《きょぎ》」とは、本当《ほんとう》ではないことを本当《ほんとう》であるかのように見《み》せかけることを意味《いみ》します。「虚構《きょこう》」は、主《おも》に、実際《じっさい》に起《お》きたわけではないことを、あたかも実際《じっさい》に起《お》きたことであるかのように仕立《した》てることです。

活《かつ》用《よう》問《もん》題《だい》

①…16点《てん》×6　全問正解《ぜんもんせいかい》でプラス4点《てん》

① 次《つぎ》の文章《ぶんしょう》の空欄《くうらん》を埋《う》めます。後《あと》の□から語句《ごく》を選《えら》んで書《か》きなさい。同《おな》じ語句《ごく》は一度《いちど》しか使《つか》えません。

ア「このドラマは（　　　）です」という断《ことわ》り書《が》きが表示《ひょうじ》されることが多《おお》いのは、そのドラマを（　　　）であるかのように受《う》け止《と》める人《ひと》がいるからである。

イ 音楽《おんがく》を聴《き》いて（　　　）に感動《かんどう》した直後《ちょくご》というのは、その感動《かんどう》を言葉《ことば》にすることなどできないものだ。

ウ 男《おとこ》は、（　　　）の名前《なまえ》を使《つか》って犯行《はんこう》に及《およ》んだ。

エ 学問《がくもん》、芸術《げいじゅつ》、スポーツ。どんな分野《ぶんや》であっても、結《けっ》局《きょく》は、（　　　）だけが残《のこ》る。偽物《にせもの》は、選《えら》ばれずに消《き》えていくのである。

オ「電話番号《でんわばんごう》が新《あたら》しくなった、と孫《まご》から電話《でんわ》がきたんじゃがのう。こんな物騒《ぶっそう》な時代《じだい》じゃから、（　　　）のほどを確《たし》かめてからでないと」

真偽《しんぎ》　フィクション　事実《じじつ》　偽《いつわ》り　本物《ほんもの》　真《しん》

「ノンフィクション」は、事実《じじつ》に基《もと》づいて書《か》かれた記録作品《きろくさくひん》などのことです。「フィクション」は、事実《じじつ》に基《もと》づかない虚構《きょこう》（作《つく》り話《ばなし》）のことです（とくに小説《しょうせつ》・物語《ものがたり》など）。

レベル④

月　日

100点満点《てんまんてん》

点《てん》

●解答《かいとう》・解説《かいせつ》127ページ

77〜88 解答《かいとう》・解説《かいせつ》

解答《かいとう》

77 ① **流行《はや》る ←→ 廃《すた》れる**（114ページ）

ア…流行語《りゅうこうご》　イ…廃《すた》れた・人気《にんき》　ウ…流行《はや》った

エ…ポピュラー・流行《はや》り廃《すた》り　オ…衰退《すいたい》

78 ① **熱中《ねっちゅう》 ←→ 退屈《たいくつ》**（115ページ）

ア…（例《れい》）熱中《ねっちゅう》して読《よ》んでいるようだ

イ…（例《れい》）そのうち覚《さ》めるはずだ

ウ…（例《れい》）凝《こ》っていた友《とも》だちも

② 熱《ねっ》しやすく冷《さ》めやすい

79 ① **感情《かんじょう》 ←→ 理性《りせい》**（116ページ）

ア…考《かんが》える　イ…思《おも》う　ウ…思《おも》う　エ…考《かんが》える

② 言葉《ことば》・理性《りせい》・以心伝心《いしんでんしん》・感性《かんせい》・言葉《ことば》

80 ① **精神《せいしん》 ←→ 肉体《にくたい》**（117ページ）

ア…精神《せいしん》（心《こころ》・メンタル）　イ…フィジカル（肉《にく》体《たい》・体力《たいりょく》）　ウ…○・○　エ…精神《せいしん》・○

81 ① **精神《せいしん》 ←→ 物質《ぶっしつ》**（118ページ）

精神《せいしん》・物質《ぶっしつ》

② あまり面白《おもしろ》そうな映画《えいが》でもないし、テツコと一緒《いっしょ》に行《い》くのはいやだし・映画館《えいがかん》は遠《とお》いから無理《むり》。日曜《にちよう》は家《か》族《ぞく》と出《で》かけるから時間《じかん》もとれないし

82 ① **独創《どくそう》 ←→ 模倣《もほう》**（119ページ）

模倣《もほう》・独創《どくそう》・独創《どくそう》・模倣《もほう》

（模倣《もほう》を「真似《まね》」「真似《まね》すること」「模《も》する」、独創《どくそう》を「創造《そうぞう》」「創《つく》ること」「創《つく》る」などとするのも可《か》）

83 ① **玄人《くろうと》 ←→ 素人《しろうと》**（120ページ）

ア…（例《れい》）ブラックジャックは無資格《むしかく》という点《てん》ではアマチュアだ。しかし、その技術《ぎじゅつ》の高《たか》さではプロだ。

イ…（例《れい》）熟達《じゅくたつ》した柔道選手《じゅうどうせんしゅ》は動《うご》きが滑《なめ》らかだ。しかし、未熟《みじゅく》な選手《せんしゅ》は動《うご》きが硬《かた》い。

84 ① **一様《いちよう》↔多様《たよう》**（121ページ）

ア…多様《たよう》・多様性《たようせい》・多面的《ためんてき》　イ…一様《いちよう》・画一的《かくいつてき》

85 ① **一方向《いちほうこう》↔双方向《そうほうこう》**（122ページ）

ア・エ

86 ① **単《たん》↔複《ふく》**（123ページ）

ア…単純《たんじゅん》　イ…複雑《ふくざつ》　ウ…単発《たんぱつ》

エ…単身《たんしん》　オ…複数《ふくすう》　カ…単独《たんどく》

87 ① **点《てん》↔線《せん》**（124ページ）

ア…点《てん》・線《せん》　イ…線《せん》・線《せん》・点《てん》・点《てん》・線《せん》・点《てん》

88 ① **真《しん》↔偽《ぎ》**（125ページ）

ア…フィクション・事実《じじつ》　イ…真《しん》　ウ…偽《いつわ》り

エ…本物《ほんもの》　オ…真偽《しんぎ》

ピックアップ解説《かいせつ》

78 **熱中《ねっちゅう》↔退屈《たいくつ》**（115ページ）

②を「酔《よ》いやすく覚《さ》めやすい」とするのは、5点《てん》。「人《ひと》づきあい」についても触《ふ》れられていることを考《かんが》えると、ここでは、慣用表現《かんようひょうげん》である「熱《ねっ》しやすく冷《さ》めやすい」がベスト。熱中《ねっちゅう》の「熱《ねつ》」と「冷《れい》」との対比関係《たいひかんけい》による表現《ひょうげん》。

80 **精神《せいしん》↔肉体《にくたい》**（117ページ）

①エの「思考力《しこうりょく》」は理性《りせい》の産物《さんぶつ》ですから、これを「精《せい》神《しん》（感情《かんじょう》と理性《りせい》）の一部《いちぶ》」ととらえることが可能《かのう》ですが、「心《こころ》（精神《せいしん》）」という大《おお》きなくくりの表現《ひょうげん》を、「思考力《しこうりょく》」という一部《いちぶ》の表現《ひょうげん》に絞《しぼ》り込《こ》んで置《お》き換《か》えるのは、不適切《ふてきせつ》です。ここはやはり、「精神《せいしん》」と置《お》き換《か》えるべきです。

85 **一方向《いちほうこう》↔双方向《そうほうこう》**（122ページ）

①の図《ず》について。イは明《あき》らかに「一方向《いちほうこう》」ですから不《ふ》正解《せいかい》。ウは矢印《やじるし》の数《かず》こそ「多《おお》い」ですが、これはまだ「一組織《いちそしき》と多数《たすう》」が「一方向《いちほうこう》」で向《む》き合《あ》っているにすぎません。テレビについてはア（双方向《そうほうこう》）、ソーシャルメディアについてはエ（多方向《たほうこう》）が、その説明図《せつめいず》となります。なお、ソーシャルメディアとは、インターネット上《じょう》で個人《こじん》と個人《こじん》が幅広《はばひろ》くつながることを可能《かのう》にする、社会《しゃかい》的《てき》な（ソーシャルな）情報伝達手段《じょうほうでんたつしゅだん》の総称《そうしょう》です。

月　　日

100点《てん》満点《まんてん》　　点《てん》

●解答《かいとう》・解説《かいせつ》141ページ

89 目的《もくてき》↕手段《しゅだん》

関《かん》連《れん》語《ご》

目的《もくてき》↕方法《ほうほう》
目標《もくひょう》↕方法《ほうほう》（手段《しゅだん》）
目当《めあ》て↕手立《てだ》て
目的《もくてき》↕過程《かてい》
ゴール↕プロセス

解《かい》説《せつ》

「目的《もくてき》」とは、これを成《な》し遂《と》げたい、ここまでたどり着《つ》きたいと思《おも》うような「ゴール」に近《ちか》い意味《いみ》を持《も》ちます。「手段《しゅだん》」とは、そのゴールにたどり着《つ》くための「方法《ほうほう》」を意味《いみ》します。目的《もくてき》に至《いた》るまでの「過程《かてい》」に注目《ちゅうもく》すると、「手段《しゅだん》」を「プロセス※」と表現《ひょうげん》することもできます（※英語《えいご》で過程《かてい》の意味《いみ》）。「目当《めあ》て」は目的《もくてき》、「手立《てだ》て」は手段《しゅだん》のことです。なお、「目的《もくてき》」は「国語力《こくごりょく》を高《たか》めるのが目的《もくてき》」などとやや抽象的《ちゅうしょうてき》に使《つか》うのに対《たい》し、「目標《もくひょう》」は「反対語《はんたいご》を一〇〇セット覚《おぼ》えるのが目標《もくひょう》」などと具体的《ぐたいてき》に使《つか》います。

活《かつ》用《よう》問《もん》題《だい》

①　次《つぎ》の各文《かくぶん》の空欄《くうらん》に、「目的《もくてき》」か「手段《しゅだん》」のいずれかを書《か》き入《い》れなさい。　①…10点《てん》×10

ア　よりハイレベルな私立中学《しりつちゅうがく》を受験《じゅけん》するのは、合格《ごうかく》した後《あと》の六年間《ろくねんかん》でよりハイレベルな勉強《べんきょう》をすることこそを（　　　　）としているはずだ。

それなのに、受験勉強《じゅけんべんきょう》という「（　　　　）」の段《だん》階《かい》で疲《つか》れてしまい、入学直後《にゅうがくちょくご》から勉強《べんきょう》への拒否感《きょひかん》をつのらせてしまっているようでは、お話《はなし》にならない。

イ　薬《くすり》を飲《の》むのは、病気《びょうき》を治《なお》すという（　　　　）のための（　　　　）である。

病気《びょうき》を治《なお》すのは、健康《けんこう》を維持《いじ》するという（　　　　）のための（　　　　）である。

健康《けんこう》を維持《いじ》するのは、幸福《こうふく》な人生《じんせい》を送《おく》っていくという（　　　　）のための（　　　　）である。

このように、多《おお》くの（　　　　）は、（　　　　）であるとも言《い》えるわけだ。

月　日

100点《てん》満点《まんてん》

点《てん》

●解答《かいとう》・解説《かいせつ》141ページ

90

当事者《とうじしゃ》↕第三者《だいさんしゃ》

関連語《かんれんご》

関係者《かんけいしゃ》↔部外者《ぶがいしゃ》（局外者《きょくがいしゃ》）

関係《かんけい》↔無関係《むかんけい》

直接《ちょくせつ》↔間接《かんせつ》（↓70ページ）

直面《ちょくめん》↔傍観《ぼうかん》

介入《かいにゅう》↔傍観《ぼうかん》

解説《かいせつ》

「当事者《とうじしゃ》」とは、そのことがらに直接関係《ちょくせつかんけい》する人《ひと》のことです。「第三者《だいさんしゃ》」とは、そのことがらに直接《ちょくせつ》は関係《かんけい》しない人《ひと》です（間接的《かんせつてき》に関係《かんけい》がある場合《ばあい》もあれば、全《まった》く関係《かんけい》がない場合《ばあい》もあります）。なぜ「三《さん》」なのかと言《い》えば、たいていの場合《ばあい》、「当事者《とうじしゃ》」とは〝二者《にしゃ》〟いるからです。たとえば、いじめの当事者《とうじしゃ》は、いじめた人《ひと》といじめられた人《ひと》です。それをそばで見《み》ていた（傍観《ぼうかん》していた）人《ひと》は、第三者《だいさんしゃ》です。もし、その人《ひと》が途中《とちゅう》でいじめを止《と》めに入《はい》るなどして「介入《かいにゅう》」すれば、その人《ひと》は当事者《とうじしゃ》に近《ちか》づきます。

活用問題《かつようもんだい》

①…20点《てん》×4　②…20点《てん》

① 次《つぎ》の各文《かくぶん》の――を引《ひ》いた人物《じんぶつ》は当事者《とうじしゃ》か第三者《だいさんしゃ》かを考《かんが》え、そのどちらかを空欄《くうらん》に書《か》きなさい。

ア バレンタインの前日《ぜんじつ》、意中《いちゅう》のマサシの気《き》を引《ひ》こうとあれこれ考《かんが》え準備《じゅんび》していたライバル関係《かんけい》の二人《ふたり》だったが、当日《とうじつ》になると、最近《さいきん》の転入生《てんにゅうせい》のユミがさりげなくマサシに声《こえ》をかけ、二人《ふたり》は結《むす》ばれてしまった。漁夫《ぎょふ》の利《り》とはこのことだわ、と二人《ふたり》は思《おも》った。（　　　）

イ 人《ひと》ごとのように突《つ》っ立《た》っているあの男性《だんせい》が、実《じつ》は、今回《こんかい》の一件《いっけん》での渦中《かちゅう》の人物《じんぶつ》です。（　　　）

ウ 事故現場《じこげんば》には多《おお》くの野次馬《やじうま》がいた。（　　　）

エ 弟《おとうと》と囲碁《いご》で対局《たいきょく》しているのを横《よこ》で眺《なが》めていた祖父《そふ》が、次《つぎ》はこうしたほうがいい、それじゃあダメだなどと口《くち》うるさい。岡目八目《おかめはちもく》とはこのことだ。（　　　）

② 次《つぎ》の空欄《くうらん》に、「当事者《とうじしゃ》」か「第三者《だいさんしゃ》」を書《か》き入《い》れなさい。

今日《きょう》の国会中継《こっかいちゅうけい》は、（　　　）であるはずの国民《こくみん》を蚊帳《かや》の外《そと》に置《お》くような議論《ぎろん》をしているように聞《き》こえた。

「傍観《ぼうかん》」……「傍《ぼう》」は、「傍《かたわ》ら・傍《そば》」と読《よ》み、「横《よこ》」「近《ちか》く」といった意味《いみ》です。傍観《ぼうかん》とは、無関係《むかんけい》な立場《たちば》をとりながら横《よこ》で（近《ちか》くで）ただ見《み》ていることを意味《いみ》します。

91 空間《くうかん》↕時間《じかん》

●組《く》み合《あ》わせると「時空間《じくうかん》」「時空《じくう》」

レベル④

月　日

100点満点《てんまんてん》　点《てん》

●解答《かいとう》・解説《かいせつ》141ページ

関連語《かんれんご》

場所《ばしょ》 ↕ 時《とき》

どこ ↕ いつ

距離《きょり》 ↕ 時間《じかん》

地理《ちり》 ↕ 歴史《れきし》

三次元《さんじげん》 ↕ 四次元《よじげん》

解説《かいせつ》

「空間《くうかん》」とは、「空《あ》いている場所《ばしょ》」、あるいは、「上下四方《じょうげしほう》への無限《むげん》の広《ひろ》がり」を意味《いみ》します。三《みっ》つの次元《じげん》、すなわち「縦《たて》（長《なが》さ）・横《よこ》（幅《はば》）・高《たか》さ（深《ふか》さ）」を持《も》った立体的《りったいてき》な広《ひろ》がりを、三次元空間《さんじげんくうかん》と表現《ひょうげん》します。縦《たて》・横《よこ》だけならば二次元空間《にじげんくうかん》（面《めん》）となります。長《なが》さだけによって成《な》り立《た》つ一次元空間《いちじげんくうかん》（線《せん》）は、通常《つうじょう》はあまり「空間《くうかん》」とは表現《ひょうげん》しません（１２４ページも参照《さんしょう》）。「地理《ちり》」とは、山川《さんせん》・海陸《かいりく》などの空間的状態《くうかんてきじょうたい》を主《おも》に指《さ》し、「歴史《れきし》」とは、時間《じかん》的観点《てきかんてん》から見《み》た人間社会《にんげんしゃかい》の移《うつ》り変《か》わりの状態《じょうたい》を指《さ》します。

活用問題《かつようもんだい》

①…10点《てん》×4　②…12点《てん》×5

① 次《つぎ》の各文《かくぶん》の空欄《くうらん》に、「空間《くうかん》」か「時間《じかん》」を書《か》き入《い》れなさい。

ア　どこでもドアは、（　　　　）を自由《じゆう》に行《い》き来《き》するための道具《どうぐ》だ。一方《いっぽう》、タイムマシンは、主《おも》に（　　　　）を自由《じゆう》に行《い》き来《き》するための道具《どうぐ》だ。その意味《いみ》では、タイムマシンは「いつでもマシン」とも呼《よ》べるだろう。

イ　小学校五年生《しょうがっこうごねんせい》の社会科《しゃかいか》では、日本《にほん》の国土《こくど》についてなど、地理的《ちりてき》・（　　　　）的観点《てきかんてん》での学習《がくしゅう》が重視《じゅうし》される。それに対《たい》して、六年生《ろくねんせい》では、日本《にほん》の歴史《れきし》についてなど、（　　　　）的観点《てきかんてん》での学習《がくしゅう》が重視《じゅうし》される。

② 次《つぎ》の各文《かくぶん》は、空間《くうかん》と時間《じかん》、どちらの観点《かんてん》で述《の》べられているか。当《あ》てはまるほうを、各空欄《かくくうらん》に書《か》きなさい。

ア　いつまでも待《ま》たせないでくれ。（　　　　）

イ　どこまでも広《ひろ》がる草原《そうげん》。（　　　　）

ウ　このスペースでは仕事《しごと》ができない。（　　　　）

エ　そのスイッチには手《て》が届《とど》きません。（　　　　）

オ　空前絶後《くうぜんぜつご》の大事件《だいじけん》が起《お》きた。（　　　　）

92 権利《けんり》↕義務《ぎむ》

関連語《かんれんご》

自由《じゆう》↔束縛《そくばく》
自由《じゆう》↔責任《せきにん》
権利《けんり》↔責務《せきむ》
資格《しかく》↔無資格《むしかく》
青信号《あおしんごう》↔赤信号《あかしんごう》

解説《かいせつ》

「権利《けんり》」とは、ものごとを自由《じゆう》に行《おこな》ったり、他人《たにん》に対《たい》して要求《ようきゅう》したりすることのできる資格《しかく》・能力《のうりょく》を意味《いみ》します。「義務《ぎむ》」とは、人《ひと》がその立場《たちば》や役目《やくめ》に応《おう》じてしなければならない務《つと》めのことです。より簡単《かんたん》に言《い》えば、「権利《けんり》」とは「することができること」、「義務《ぎむ》」とは「しなければならないこと」です。その最《もっと》も分《わ》かりやすい例《れい》として、青信号《あおしんごう》と赤信号《あかしんごう》を関連語《かんれんご》に入《い》れました。青信号《あおしんごう》は権利《けんり》(進《すす》むことができる)、赤信号《あかしんごう》は義務《ぎむ》(止《と》まらなければならない)です。「自由《じゆう》・束縛《そくばく》」については97ページ参照《さんしょう》。

活用問題《かつようもんだい》

① 次《つぎ》の文章《ぶんしょう》の空欄《くうらん》に、「権利《けんり》」か「義務《ぎむ》」を書《か》き入《い》れなさい。　①…14点《てん》×7　全問正解《ぜんもんせいかい》でプラス2点《てん》

義務《ぎむ》教育《きょういく》という言葉《ことば》がある。これを、「子《こ》どもが勉強《べんきょう》する（　　　）」だと思《おも》っている人《ひと》が多《おお》い。しかし、正確《せいかく》には、「親《おや》が子《こ》に教育《きょういく》を受《う》けさせる（　　　）」なのだ。子《こ》どもが持《も》つのは、（　　　）ではなく（　　　）、すなわち学習権《がくしゅうけん》である。だから、極端《きょくたん》な話《はなし》だが、教育《きょういく》を受《う》けさせる（　　　）を果《は》たすために親《おや》が「学校《がっこう》に行《い》きなさい」と言《い》い続《つづ》けており、同時《どうじ》に、子《こ》どものほうが問題《もんだい》を抱《かか》え「学校《がっこう》に行《い》きたくない」と言《い》い続《つづ》けている場合《ばあい》、それは義務《ぎむ》教育《きょういく》という定《さだ》めに反《はん》しているとは言《い》い切《き》れない。ただし、フリースクール等《とう》の場《ば》を利用《りよう》して、普通《ふつう》教育《きょういく》(学校《がっこう》教育《きょういく》)に代《か》わるような教育《きょういく》を受《う》ける場《ば》を子《こ》どもに与《あた》えていくといった（　　　）、あるいは責務《せきむ》は、相変《あいか》わらず親《おや》に残《のこ》り続《つづ》ける。

学《まな》びたくない子《こ》どもなど存在《そんざい》しない。どんな子《こ》でも、知的《ちてき》欲求《よっきゅう》を持《も》っている。学習《がくしゅう》の（　　　）を子《こ》ども自《みずか》らが行使《こうし》できるよう、大人《おとな》は、「学校《がっこう》」以外《いがい》の場《ば》も普通《ふ つう》教育《きょういく》の場《ば》として認《みと》める社会《しゃかい》を構築《こうちく》していくべきだろう。

大《おお》きな自由《じゆう》や幅広《はばひろ》い権利《けんり》を持《も》っている人《ひと》には、同時《どうじ》に、大《おお》きな責任《せきにん》と幅広《はばひろ》い義務《ぎむ》が生《しょう》じます。たとえば、決定権《けっていけん》を持《も》ったリーダーは、その決定《けってい》に対《たい》し大《おお》きな責任《せきにん》を持《も》ちます。

レベル④

月　日

100点満点《てんまんてん》

点《てん》

●解答《かいとう》・解説《かいせつ》141ページ

93 過剰《かじょう》↔不足《ふそく》

●組《く》み合《あ》わせると「過不足《かふそく》」

月　日

100点満点《てんまんてん》

点《てん》

●解答《かいとう》・解説《かいせつ》142ページ

関連語《かんれんご》

超過《ちょうか》 ↔ 不足《ふそく》

余《あま》る ↔ 足《た》りない

過多《かた》 ↔ 過少《かしょう》

過大《かだい》 ↔ 過小《かしょう》

上回《うわまわ》る ↔ 下回《したまわ》る

ざら ↔ まれ

解説《かいせつ》

過剰《かじょう》は「あり余《あま》る」、不足《ふそく》は「足《た》りない」の意味《いみ》です。過剰《かじょう》の過《か》は「過《す》ぎる」、剰《じょう》は「余《あま》る」の意味《いみ》を持《も》ちます。超過《ちょうか》は過剰《かじょう》と似《に》た意味《いみ》です（超《ちょう》は「超《こ》える」）。過多《かた》・過少《かしょう》は「多《おお》すぎる・少《すく》なすぎる」、過大《かだい》・過小《かしょう》は「大《おお》きすぎる・小《ちい》さすぎる」という意味《いみ》です。「ざら」は、「たくさんあって珍《めずら》しくない」といった意味《いみ》です。「まれ」は、「ほんのわずかだけ存在《そんざい》し、珍《めずら》しい」といった意味《いみ》です（↓58ページ）。

活用問題《かつようもんだい》　①…20点《てん》×5

① 次《つぎ》の文章《ぶんしょう》の空欄《くうらん》を埋《う》めます。後《あと》の□から語句《ごく》を選《えら》んで書《か》きなさい。同《おな》じ語句《ごく》は一度《いちど》しか使《つか》えません。

ア 今回《こんかい》は、作品《さくひん》に対《たい》して（　　）な評価《ひょうか》をいただき光栄《こうえい》です。未熟者《みじゅくもの》ではありますが、今後《こんご》も精進《しょうじん》いたします。

イ 震度七《しんどなな》の地震《じしん》に対《たい》してこの被害想定《ひがいそうてい》というのは、影響《えいきょう》を（　　）評価《ひょうか》しているように思《おも》える。より大《おお》きな被害《ひがい》を見込《みこ》むべきだ。

ウ このお湯《ゆ》の量《りょう》では、スープの味《あじ》が濃《こ》くなりすぎてしまいますよ。五〇《ごじゅう》ミリリットルほど（　　）しています。

エ あのクラスの平均点《へいきんてん》は、いつも他《た》のクラスの平均点《へいきんてん》を軽《かる》く一五点《じゅうごてん》は（　　）いる。不思議《ふしぎ》だ。

オ 昨今《さっこん》は情報《じょうほう》（　　）のため、そこに含《ふく》まれるデマなど、根拠《こんきょ》の薄《うす》い怪《あや》しげな情報《じょうほう》の数々《かずかず》を選《よ》り分《わ》ける力《ちから》をつけなければなりません。

上回《うわまわ》って　過小《かしょう》　過多《かた》　不足《ふそく》　過少《かしょう》　過大《かだい》

94

尊《そん》敬《けい》 ↕ 軽《けい》蔑《べつ》

関《かん》連《れん》語《ご》

尊敬《そんけい》 ↔ 侮蔑《ぶべつ》
敬《うやま》う ↔ 侮《あなど》る
崇《あが》める ↔ 蔑《さげす》む
畏《おそ》れる ↔ 蔑《ないがし》ろにする
見《み》上《あ》げる ↔ 見《み》下《さ》げる（見《み》下《くだ》す）

解説《かいせつ》

「尊敬《そんけい》」とは、相手《あいて》（対象《たいしょう》）の人格《じんかく》や行為《こうい》に高《たか》い価値《かち》を認《みと》め、重《おも》んじることです。相手《あいて》を見上《みあ》げることとも言《い》えます。「敬《うやま》う」もほぼ同《おな》じ意味《いみ》です。「軽蔑《けいべつ》」とは、逆《ぎゃく》に、相手《あいて》の人格《じんかく》や行為《こうい》の価値《かち》を低《ひく》いものとして軽《かろ》んじることです。相手《あいて》を見下《みさ》げる（見下《みくだ》す）こととも言《い》えます。「侮《あなど》る」「蔑《さげす》む」もほぼ同《おな》じ意味《いみ》です。「崇《あが》める」は、尊敬《そんけい》の度《ど》合《あ》いがより高《たか》い表現《ひょうげん》です。「尊敬《そんけい》」がより強《つよ》まると「崇《すう》拝《はい》」になります。「畏《おそ》れる」は、近《ちか》づきがたいほどの敬意《けいい》を相手《あいて》に感《かん》じるときに用《もち》います。「畏敬《いけい》」とも表現《ひょうげん》します。

活《かつ》用《よう》問《もん》題《だい》

① 次《つぎ》の文章《ぶんしょう》の空欄《くうらん》を埋《う》めます。後《あと》の□から語句《ごく》を選《えら》んで書《か》きなさい。同《おな》じ語句《ごく》は一度《いちど》しか使《つか》えません。　①…20点《てん》×5

ア　この子《こ》は、全国大会《ぜんこくたいかい》で入賞《にゅうしょう》した選手《せんしゅ》だ。小学生《しょうがくせい》だと思《おも》って（　　　）なかれ。

イ　「あの先生《せんせい》はプロだ」などと子《こ》どもが言《い》うときというのは、その教師《きょうし》に対《たい》する（　　　）のような感情《かんじょう》を抱《いだ》いていることが多《おお》い。いわば、「すごすぎて近《ちか》づけない」といった心情《しんじょう》である。

ウ　正《ただ》しい（　　　語《ご》）の使《つか》い方《かた》を知《し》らない日本《にほん》人《じん》が、あまりにも多《おお》い。

エ　試合《しあい》の応援《おうえん》のとき、自分《じぶん》のチームに「がんばれ」と応援《おうえん》するのではなく、相手《あいて》のチームに「くたばれ、負《ま》けろ」などという言葉《ことば》を発《はっ》していた彼《かれ》に対《たい》して、私《わたし》は（　　　）の心情《しんじょう》を抱《いだ》く。

オ　彼女《かのじょ》はあまり成績《せいせき》が上《あ》がらないようだが、日々《ひび》の努《ど》力《りょく》を怠《おこた》らずひたむきに頑張《がんば》っている。（　　　）を表《ひょう》したい。

敬意《けいい》　畏《おそ》れ　軽蔑《けいべつ》　尊敬《そんけい》　侮《あなど》る　見《み》上《あ》げる

「蔑《ないがし》ろにする」……「無《な》きが代《しろ》」の変化《へんか》した言葉《ことば》。存在《そんざい》するのに存在《そんざい》しないかのようにする、つまり「軽視《けいし》する」ことです。「見《み》上《あ》げる・見《み》下《くだ》す」……84ページ参照《さんしょう》。

レベル④

月　日

100点《てん》満《まん》点《てん》

点《てん》

●解答《かいとう》・解説《かいせつ》142ページ

95 謙虚《けんきょ》↕傲慢《ごうまん》

関連語《かんれんご》

謙遜《けんそん》 ↔ 不遜《ふそん》
謙《へりくだ》る ↔ 傲《おご》る（驕《おご》る・奢《おご》る）
謙《へりくだ》る ↔ 高《たか》ぶる
控《ひか》えめ ↔ 大《おお》げさ
自嘲《じちょう》 ↔ 自慢《じまん》

解説《かいせつ》

「謙虚《けんきょ》」とは、自分《じぶん》の主張《しゅちょう》を強《つよ》く押《お》し出《だ》すようなことをせず、控《ひか》えめで、相手《あいて》の意見《いけん》などを素直《すなお》に受《う》け入《い》れるような態度《たいど》を意味《いみ》します。「謙《へりくだ》る」「謙遜《けんそん》」も同様《どうよう》です。

一方《いっぽう》、「傲慢《ごうまん》」とは、相手《あいて》を軽視《けいし》して見下《みくだ》し、礼儀《れいぎ》を失《うしな》ったような態度《たいど》を意味《いみ》します。「傲《おご》る」「高《たか》ぶる」「不《ふ》遜《そん》」も同様《どうよう》です。「傲慢不遜《ごうまんふそん》」と続《つづ》ける表現《ひょうげん》もあります。

「自嘲《じちょう》」は、卑下《ひげ》することであり（↓84ページ）、「謙《けん》遜《そん》」とはやや異《こと》なります。「自嘲《じちょう》」が感情的《かんじょうてき》な様子《ようす》であるのに対《たい》し、「謙虚《けんきょ》」は冷静《れいせい》であり理性的《りせいてき》です。

活用問題《かつようもんだい》

① 次《つぎ》の文章《ぶんしょう》の空欄《くうらん》に、「謙虚《けんきょ》」か「傲慢《ごうまん》」を書《か》き入《い》れなさい。

①…14点《てん》×7　全問正解《ぜんもんせいかい》でプラス2点《てん》

（　　　　）は悪《わる》いこと、（　　　　）は良《よ》いことだ——そう考《かんが》えている人《ひと》が多《おお》い。とくに日本人《にほんじん》に多《おお》い。もちろん、礼《れい》を重《おも》んじ、傲《おご》り高《たか》ぶらず、自《みずか》らの問題点《もんだいてん》と相手《あいて》の優《すぐ》れた点《てん》に目《め》を向《む》けていくという姿勢《しせい》は、素晴《すば》らしいことだ。しかし、そういった姿勢《しせい》の重要性《じゅうようせい》が強調《きょうちょう》される反動《はんどう》として、単《たん》に「自信《じしん》を持《も》った言動《げんどう》」をする人《ひと》までもが悪者《わるもの》にされてしまう風潮《ふうちょう》に、待《ま》ったをかけたい。

たとえば、リーダーに立候補《りっこうほ》し、「私《わたし》は○○に自信《じしん》があります、私《わたし》に一票《いっぴょう》を入《い》れてください」と主張《しゅちょう》するのを見《み》て、「あいつは自慢《じまん》げなやつだ、（　　　　）だ」と思《おも》ってしまう感覚《かんかく》は、どこかおかしい。立候補者《りっこうほしゃ》は、他者《たしゃ》を見下《みくだ》しているわけではない。自己《じこ》を高《たか》く見《み》ることが、相手《あいて》を低《ひく》く見《み》ることと完全一致《かんぜんいっち》すると考《かんが》えるのは、間違《まちが》っている。私《わたし》たち日本人《にほんじん》には、（　　　　）より（　　　　）という一般的《いっぱんてき》な発想《はっそう》をあえて疑《うたが》い、（　　　　）より（　　　　）という逆説的《ぎゃくせつてき》な発想《はっそう》を持《も》つくらいがちょうどよいのではないか、とさえ思《おも》えてくるのだ。

「友《とも》だちにジュースをおごる（奢《おご》る・驕《おご》る）」のように「自分《じぶん》の金《かね》で他人《たにん》に飲食物《いんしょくぶつ》などを振《ふ》る舞《ま》う」場合《ばあい》の「おごる」も、「傲慢《ごうまん》」と同《おな》じ意味合《いみあ》いから生《う》まれた言葉《ことば》です。

月　日

100点満点《てんまんてん》

点《てん》

●解答《かいとう》・解説《かいせつ》142ページ

96 絶対《ぜったい》↔相対《そうたい》

関連語《かんれんご》

一《いち》 ↔ 多《た》
無関係《むかんけい》 ↔ 関係《かんけい》
切《き》れる ↔ つながる（→68ページ）
不動《ふどう》 ↔ 動《どう》
必然《ひつぜん》 ↔ 偶然《ぐうぜん》（→75ページ）

解説《かいせつ》

「絶対《ぜったい》」とは、他《た》に比較《ひかく》するものや対立《たいりつ》するものがない様子《ようす》、他《た》との関係《かんけい》が切《き》れた中《なか》で成立《せいりつ》している様子《ようす》を意味《いみ》します。一方《いっぽう》、「相対《そうたい》」とは、他《た》との比較《ひかく》や対立《たいりつ》の中《なか》で成立《せいりつ》している様子《ようす》、他《た》との関係《かんけい》（つながり）の中《なか》で成立《せいりつ》している様子《ようす》を表《あらわ》します。

「絶対《ぜったい》」は、最上位《さいじょうい》、最下位《さいかい》、唯一無二《ゆいいつむに》、完全《かんぜん》、不動《ふどう》、必然《ひつぜん》、といったイメージを持《も》ちます。「相対《そうたい》」は、何《なに》とくらべるかによって変化《へんか》・変動《へんどう》します。相対的《そうたいてき》に考《かんが》えるとき、そこには多様《たよう》な基準《きじゅん》、多様《たよう》な結論《けつろん》が生《しょう》じます。

レベル④

月　日

100点満点《てんまんてん》　　点《てん》

●解答《かいとう》・解説《かいせつ》142ページ

活用問題《かつようもんだい》　①…10点《てん》×4　②…10点《てん》×6

① 次《つぎ》の各文《かくぶん》について、それが絶対的《ぜったいてき》なイメージを伝《つた》えているならば「絶対的《ぜったいてき》」、相対的《そうたいてき》なイメージを伝《つた》えているならば「相対的《そうたいてき》」と、各空欄《かくくうらん》に書《か》き入《い》れなさい。

ア オリンピックで金《きん》メダルを八個《はちこ》も獲得《かくとく》した彼《かれ》は、史上最強《しじょうさいきょう》のスイマーだと言《い》えるだろう。（　　）

イ 「最近忘《さいきんわす》れ物《もの》が多《おお》いぞ」と叱《しか》られたが、自分《じぶん》ではそうでもないと思《おも》う。二週間《にしゅうかん》で二回《にかい》、教科書《きょうかしょ》を忘《わす》れただけなんだけどな。（　　）

ウ 地球《ちきゅう》から見《み》ると太陽《たいよう》が動《うご》いているように見《み》えるが、実際《じっさい》に動《うご》いているのは地球《ちきゅう》のほうだ。（　　）

エ 宇宙《うちゅう》より大《おお》きなものはない。（　　）

② 次《つぎ》の語句《ごく》を意味《いみ》の上《うえ》から二《ふた》つに分類《ぶんるい》し、後《あと》の空欄《くうらん》に並《なら》べなさい（それぞれ順不同《じゅんふどう》）。

必然的《ひつぜんてき》　比較的《ひかくてき》　絶対的《ぜったいてき》　唯一《ゆいいつ》　相対的《そうたいてき》　多様《たよう》

（　　・　　・　　）

（　　・　　・　　）

「不動《ふどう》・動《どう》」については、45ページ参照《さんしょう》。「一《いち》・多《た》」については、121ページ参照《さんしょう》。

97 周縁《しゅうえん》↔中心《ちゅうしん》

レベル④

月　日

100点《てん》満点《まんてん》

点《てん》

●解答《かいとう》・解説《かいせつ》142・143ページ

関連語《かんれんご》

周辺《しゅうへん》↔中心《ちゅうしん》
周《まわ》り↔真ん中《まなか》
従《じゅう》↔主《しゅ》
他《た》↔自《じ》（→59ページ）
脇役《わきやく》↔主役《しゅやく》

解説《かいせつ》

「周縁《しゅうえん》」は、周《まわ》り・周辺《しゅうへん》とほぼ同《おな》じ意味《いみ》です。「周縁《しゅうえん》・中心《ちゅうしん》」は、前後《ぜんご》、上下《じょうげ》、内外《ないがい》などと同《おな》じように、図形《ずけい》的《てき》・空間的《くうかんてき》な表現《ひょうげん》です。このような表現《ひょうげん》は、比喩《ひゆ》として用《もち》いられることが多々《たた》あります。たとえば、「子《こ》ども・大人《おとな》」「メンバー・リーダー」「他者《たしゃ》・自己《じこ》」「野《や》党《とう》・与党《よとう》」「脇役《わきやく》・主役《しゅやく》」等々《とうとう》です（いずれも、「周縁《しゅうえん》・中心《ちゅうしん》」の順）。

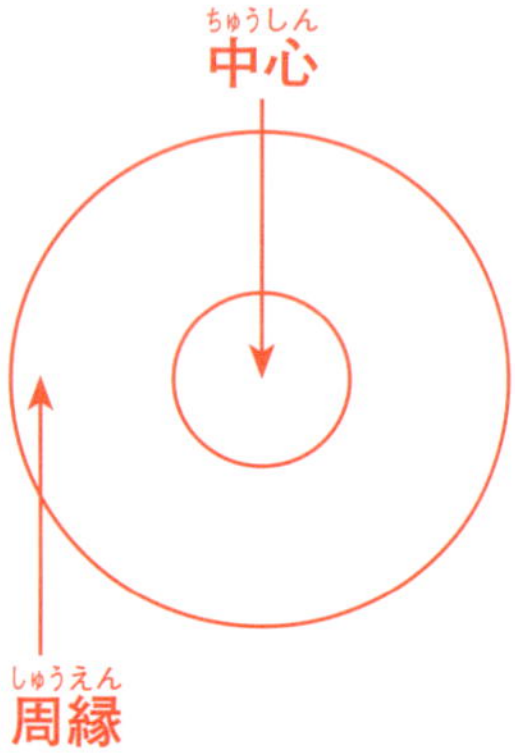

活用問題《かつようもんだい》

① 次《つぎ》の各文《かくぶん》の空欄《くうらん》を、【　】内《ない》に指定《してい》された語句《ごく》を使《つか》って書《か》きなさい。　①…50点《てん》×2

ア　【周縁《しゅうえん》】　文学《ぶんがく》、音楽《おんがく》、美術《びじゅつ》、スポーツ等《とう》で新《あたら》しいジャンルを切《き》り開《ひら》くのは、既《すで》にあるジャンルの中心《ちゅうしん》にいるような人々《ひとびと》ではなく、（　　　　）。それはまた、現在主流《げんざいしゅりゅう》となっているジャンルに何《なん》らかの疑問《ぎもん》を持《も》ち、変革《へんかく》の必要性《ひつようせい》を感《かん》じている人々《ひとびと》でもある。

イ　【中心《ちゅうしん》】　日本人《にほんじん》は、何《なに》か新《あたら》しい方法《ほうほう》を導入《どうにゅう》しようとするとき、その根拠《こんきょ》としてすぐ海外《かいがい》を引《ひ》き合《あ》いに出《だ》す。「こういった方法《ほうほう》は、既《すで》に諸外国《しょがいこく》では取《と》り入《い》れられています」などと。まるで、「外国《がいこく》でやっていることは全《すべ》て正《ただ》しい」と言《い》っているかのようだ。それは、日本《にほん》人《じん》が、自分《じぶん》たちを「世界《せかい》の周縁《しゅうえん》」としての存在《そんざい》ととらえているということ、逆《ぎゃく》に言《い》えば、（　　　　）を意味《いみ》する。

「従《じゅう》・主《しゅ》」については103ページ参照《さんしょう》。

98 故意《こい》↕過失《かしつ》

関連語《かんれんご》

わざと（ことさら）↔うっかり
必然《ひつぜん》↔偶然《ぐうぜん》（→75ページ）
作為《さくい》↔無作為《むさくい》
自覚《じかく》↔無自覚《むじかく》
意識的《いしきてき》↔無意識的《むいしきてき》

解説《かいせつ》

「故意《こい》」とは、何《なん》らかの行為《こうい》を「わざと」行《おこな》うことです。「過失《かしつ》」とは、わざとではなく不注意等《ふちゅういとう》からミスしてしまうことです（「過《あやま》ち」もほぼ同《おな》じ）。なお、「過失《かしつ》」は、「注意《ちゅうい》すればそのミスを避《さ》けることができたのに」というような意味合《いみあ》いを含《ふく》みます。「作為《さくい》」とは、見《み》せかけるために故意《こい》に手《て》を加《くわ》えることです。「無作為《むさくい》」は、そのような作為《さくい》がないことです。「自覚《じかく》」とは、自分自身《じぶんじしん》の状態《じょうたい》をはっきり分《わ》かっている様子《ようす》です。「自覚的《じかくてき》に行《おこな》う」と言《い》えば、「分《わ》かった上《うえ》で行《おこな》う」という意味《いみ》になります。

活用問題《かつようもんだい》　①…50点《てん》×2

① 次《つぎ》に示《しめ》す対比《たいひ》の型《かた》のどちらか（あるいは両方《りょうほう》）を利《り》用《よう》し、短作文《たんさくぶん》を二《ふた》つ書《か》きなさい。その際《さい》、それぞれの【　】内《ない》に指定《してい》された言葉《ことば》を両方必《りょうほうかなら》ず用《もち》いること。なお、テーマ・内容《ないよう》は自由《じゆう》です。

型《かた》　□は、□ではなく、□。
型《かた》　□は□。しかし、□は□。

ア【わざと・うっかり】

イ【故意《こい》・過失《かしつ》】

「意識的《いしきてき》・無意識的《むいしきてき》」……行為《こうい》に対《たい》する自覚《じかく》がある様子《ようす》・ない様子《ようす》。①……イの書《か》き出《だ》し例《れい》：「駐輪禁止《ちゅうりんきんし》という立《た》て札《ふだ》の真《ま》ん前《まえ》に自転車《じてんしゃ》を止《と》めているのは、過失《かしつ》ではなく、…」

月　日

100点満点《てんまんてん》

点《てん》

●解答《かいとう》・解説《かいせつ》142ページ

99 形式《けいしき》↕内容《ないよう》

レベル④

月　日

100点満点《てんまんてん》

点《てん》

● 解答《かいとう》・解説《かいせつ》142ページ

関《かん》連《れん》語《ご》

形式《けいしき》↔実質《じっしつ》
名目《めいもく》↔実質《じっしつ》（組《く》み合《あ》わせると「名実《めいじつ》」）
外的《がいてき》↔内的《ないてき》
外観《がいかん》↔内実《ないじつ》
記号《きごう》↔意味《いみ》

解説《かいせつ》

「形式《けいしき》」とは、ものごとの表《おもて》に現《あらわ》れている形《かたち》のことです。「内容《ないよう》」とは、その形《かたち》の内部《ないぶ》にある中身《なかみ》のことです。たとえば、コップが「形式《けいしき》」、水《みず》が「内容《ないよう》」です。人《ひと》の顔《かお》などの外見《がいけん》が「形式《けいしき》」、性格《せいかく》などの内面《ないめん》が「内容《ないよう》」です。数値《すうち》やデータが「形式《けいしき》」、その数値《すうち》やデータが意味《いみ》するところが「内容《ないよう》」です。ものの名前《なまえ》が「形式《けいしき》」、その名前《なまえ》が意《い》味《み》するものが「内容《ないよう》」です。なお、「名目《めいもく》」は、表向《おもてむ》きの名前《なまえ》・表向《おもてむ》きの理由《りゆう》などを意味《いみ》します。また、「内容《ないよう》」は、「実質《じっしつ》」「内実《ないじつ》」などと言《い》いかえることができます。

活用問題《かつようもんだい》 ①…14点《てん》×7　全問正解《ぜんもんせいかい》でプラス2点《てん》

① 次《つぎ》の文章《ぶんしょう》の空欄《くうらん》に、「形式《けいしき》」か「内容《ないよう》」を書《か》き入《い》れなさい。

国語《こくご》の勉強《べんきょう》には、二《ふた》つの目的《もくてき》がある。

第一《だいいち》に、（　　　　）によって（　　　　）をコントロールする力《ちから》をつけることだ。

たとえば、「赤組《あかぐみ》は一位《いちい》、白組《しろぐみ》は二位《にい》」という文《ぶん》を、「赤組《あかぐみ》は一位《いちい》、でも、白組《しろぐみ》は二位《にい》」とするだけで、文意《ぶんい》は大《おお》きく変《か》わる。「でも」という一《ひと》つの言葉《ことば》（記号《きごう》）を入《い》れるか入《い》れないかという「（　　　　）」の操作《そうさ》が、文《ぶん》の意味《いみ》という「（　　　　）」をコントロールするわけだ。

第二《だいに》に、（　　　　）そのものへの理解《りかい》を深《ふか》めることだ。それは、言葉《ことば》によって表現《ひょうげん》する「実質《じっしつ》」への理解《りかい》である。たとえば、生物多様性《せいぶつたようせい》とは何《なに》か、民主主義《みんしゅしゅぎ》とは何《なに》かなどといった、世《よ》の中《なか》の事実《じじつ》、価値《かち》、意味《いみ》を数多《かずおお》く知《し》ることだ。しかし、この勉強《べんきょう》にはゴールが見《み》えない。

そもそも、それを学《まな》ぶためには、理科《りか》・社会《しゃかい》、道徳《どうとく》などの授業《じゅぎょう》がちゃんと用意《ようい》されている。国語《こくご》で優先《ゆうせん》すべきは、言葉《ことば》という（　　　　）を使《つか》いこなす力《ちから》を磨《みが》くことだ。（　　　　）の学習《がくしゅう》は、優先順位《ゆうせんじゅんい》が下《さ》がるのである。

「外観《がいかん》」とは、「外側《そとがわ》から見《み》た様子《ようす》」「見《み》かけ」「うわべ」などを意味《いみ》します。「外《がい》・内《ない》」について書《か》かれた25ページも参照《さんしょう》のこと。

100 賞《しょう》↔罰《ばつ》

●組《く》み合《あ》わせると「賞罰《しょうばつ》」

関連語《かんれんご》

賞《しょう》する ↔ 罰《ばっ》する
許《ゆる》す ↔ 罰《ばっ》する
ほめる ↔ 叱《しか》る
褒賞《ほうしょう》 ↔ 懲罰《ちょうばつ》
飴《あめ》（アメ） ↔ 鞭《むち》（ムチ）

解説《かいせつ》

「賞《しょう》」「褒賞《ほうしょう》」は、優《すぐ》れた成果《せいか》を上《あ》げたことに対《たい》する褒《ほう》美《び》を意味《いみ》します。「罰《ばつ》」「懲罰《ちょうばつ》」は、罪《つみ》や過《あやま》ちを繰《く》り返《かえ》させないようにするために懲《こ》らしめること（お仕置《しお》き）を意味《いみ》します。「賞《しょう》する」は、価値《かち》を認《みと》めてほめ称《たた》えること（または賞《しょう》を与《あた》えること）、「罰《ばっ》する」は、罰《ばつ》を与《あた》えることを意味《いみ》します。「飴《あめ》と鞭《むち》」は、甘《あま》くすることと厳《きび》しくすることを両方備《りょうほうそな》えた指導法《しどうほう》（あるいは支配《しはい》の方法《ほうほう》）を意味《いみ》します。「賞《しょう》と罰《ばつ》」と言《い》いかえることもできます。なお、慣用的《かんようてき》には「アメとムチ」とも表記《ひょうき》します。

レベル④
月　日
100点満点《てんまんてん》
点《てん》
●解答《かいとう》・解説《かいせつ》142ページ

活用問題《かつようもんだい》 ①…40点《てん》×2　②…20点《てん》

① 次《つぎ》の各文《かくぶん》の空欄《くうらん》を、【　】内《ない》に指定《してい》された語句《ごく》を使《つか》って書《か》きなさい（イは二《ふた》つとも使《つか》うこと）。

ア【賞《しょう》する】人間《にんげん》は、ほめられたときと叱《しか》られたときとでは、ほめられたときのほうが高《たか》い意欲《いよく》を持続《じぞく》することができるのではないか。罰《ばっ》することで指導《しどう》するのではなく、（　　　　）。

イ【叱《しか》る・罰《ばっ》する】ほめることで指導《しどう》せよ、と多《おお》くの教育者《きょういくしゃ》は語《かた》る。たしかに、ほめること、あるいは賞《しょう》することでやる気《き》が引《ひ》き出《だ》されることは多《おお》いかもしれない。しかし、（　　　　）。

② 次《つぎ》の語句《ごく》の中《なか》から意味上《いみじょう》の仲間外《なかまはず》れを一《ひと》つ選《えら》び、マルをつけなさい。

飴《あめ》と鞭《むち》　罪《つみ》と罰《ばつ》　賞《しょう》と罰《ばつ》　賞賛《しょうさん》と処罰《しょばつ》

関連語《かんれんご》の「許《ゆる》す」は、ここでは、「罰《ばつ》」というマイナス状態《じょうたい》をゼロに戻《もど》すことです。それに対《たい》して、「賞《しょう》する」は、ゼロからプラスに引《ひ》き上《あ》げることです。

レベル④ 復習問題《ふくしゅうもんだい》

【1】 2点《てん》×30

ここまでに登場《とうじょう》した反対語《はんたいご》をおさらいします。空欄《くうらん》を埋《う》めなさい（漢字《かんじ》で書《か》ける言葉《ことば》の場合《ばあい》は、できるだけ漢《かん》字《じ》を使《つか》うこと）。ただし、5は「肉体《にくたい》」以外《いがい》で答《こた》えること。

1 （流行《はや》る）↕（　　）

2 （　　）↕（退屈《たいくつ》）

3 （感情《かんじょう》）↕（　　）

4 （　　）↕（肉体《にくたい》）

5 （精神《せいしん》）↕（　　）

6 （　　）↕（模倣《もほう》）

7 （玄人《くろうと》）↕（　　）

8 （　　）↕（多様《たよう》）

9 （一方向《いちほうこう》）↕（　　）

10 （　　）↕（複《ふく》）

11 （点《てん》）↕（　　）

12 （　　）↕（偽《ぎ》）

13 （目的《もくてき》）↕（　　）

14 （　　）↕（第三者《だいさんしゃ》）

15 （空間《くうかん》）↕（　　）

16 （　　）↕（義務《ぎむ》）

17 （過剰《かじょう》）↕（　　）

18 （　　）↕（軽蔑《けいべつ》）

19 （謙虚《けんきょ》）↕（　　）

20 （　　）↕（相対《そうたい》）

21 （周縁《しゅうえん》）↕（　　）

22 （　　）↕（過失《かしつ》）

23 （形式《けいしき》）↕（　　）

24 （　　）↕（罰《ばつ》）

25 （過大《かだい》）↕（　　）

26 （　　）↕（まれ）

27 （控《ひか》えめ）↕（　　）

28 （　　）↕（主役《しゅやく》）

29 （わざと）↕（　　）

30 （　　）↕（無作為《むさくい》）

月　日

100点満点《てんまんてん》

点《てん》

●解答《かいとう》・解説《かいせつ》143ページ

【2】 6点《てん》×6　全問正解《ぜんもんせいかい》でプラス4点《てん》

次《つぎ》の文章《ぶんしょう》の空欄《くうらん》を埋《う》めます。後《あと》の□から語句《ごく》を選《えら》んで書《か》きなさい。同《おな》じ語句《ごく》は一度《いちど》しか使《つか》えません。

ア　（　　　　的《てき》）に見《み》れば、年上《としうえ》の人《ひと》も年下《としした》であり、優《すぐ》れた人《ひと》も劣《おと》っている。単《たん》に何《なに》と比較《ひかく》するかの問題《もんだい》だ。

イ　あの老人《ろうじん》は、五〇年《ごじゅうねん》以上《いじょう》この仕事一筋《しごとひとすじ》で人生《じんせい》を送《おく》ってきた、（　　　　）の職人《しょくにん》です。玄人《くろうと》とは、ああいう人《ひと》のことを言《い》うのです。

ウ　同《おな》じ地域《ちいき》の同《おな》じ学年《がくねん》の子《こ》どもたちが集《あつ》まっているとはいえ、その性格《せいかく》は（　　　　）、多種多様《たしゅたよう》だ。

エ　その笑《わら》い話《ばなし》、どこかで聞《き》いたことがあるなあ。独創《どくそう》性《せい》が感《かん》じられないよ。（　　　　）でしょ。

オ　（　　　　）は小説《しょうせつ》よりも奇《き》なりと言《い》うからね。思《おも》いがけない幸運《こううん》が、程《ほど》なくめぐってくるかもよ。

カ　その学校《がっこう》での授業《じゅぎょう》についていけるだけの実力《じつりょく》を認《みと》められたということ、授業《じゅぎょう》を受《う》ける資格《しかく》があるという認《にん》定《てい》、それが（　　　　）ということだ。

合格《ごうかく》　二番煎《にばんせん》じ　相対《そうたい》　十人十色《じゅうにんといろ》　事実《じじつ》　ベテラン

89～100 解答《かいとう》・解説《かいせつ》

解答《かいとう》

89

① **目的《もくてき》↔手段《しゅだん》**（128ページ）

ア…目的《もくてき》・手段《しゅだん》　イ…目的《もくてき》・手段《しゅだん》・目的《もくてき》・手段《しゅだん》・目的《もくてき》・手段《しゅだん》・目的《もくてき》・手段《しゅだん》

90

① **当事者《とうじしゃ》↔第三者《だいさんしゃ》**（129ページ）

ア…第三者《だいさんしゃ》　イ…当事者《とうじしゃ》　ウ…第三者《だいさんしゃ》　エ…第三者《だいさんしゃ》

② 当事者《とうじしゃ》

91

① **空間《くうかん》↔時間《じかん》**（130ページ）

ア…空間《くうかん》・時間《じかん》　イ…空間《くうかん》・時間《じかん》

② ア…時間《じかん》　イ…空間《くうかん》　ウ…空間《くうかん》　エ…空間《くうかん》　オ…時間《じかん》

92

① **権利《けんり》↔義務《ぎむ》**（131ページ）

義務《ぎむ》・義務《ぎむ》・義務《ぎむ》・権利《けんり》・義務《ぎむ》・義務《ぎむ》・権利《けんり》

① **93** **過剰《かじょう》↔不足《ふそく》**（132ページ）

ア…過大《かだい》　イ…過小《かしょう》　ウ…不足《ふそく》

エ…上回《うわまわ》って　オ…過多《かた》

① **94** **尊敬《そんけい》↔軽蔑《けいべつ》**（133ページ）

ア…侮《あなど》る　イ…畏《おそ》れ　ウ…尊敬語《そんけいご》

エ…軽蔑《けいべつ》　オ…敬意《けいい》

① **95** **謙虚《けんきょ》↔傲慢《ごうまん》**（134ページ）

傲慢《ごうまん》・謙虚《けんきょ》・傲慢《ごうまん》・傲慢《ごうまん》・謙虚《けんきょ》・謙虚《けんきょ》・傲慢《ごうまん》

① **96** **絶対《ぜったい》↔相対《そうたい》**（135ページ）

ア…絶対的《ぜったいてき》　イ…相対的《そうたいてき》　ウ…相対的《そうたいてき》　エ…絶対的《ぜったいてき》

② 必然的《ひつぜんてき》・絶対的《ぜったいてき》・唯一《ゆいいつ》／比較的《ひかくてき》・相対的《そうたいてき》・多様《たよう》

① **97** **周縁《しゅうえん》↔中心《ちゅうしん》**（136ページ）

ア…（例《れい》）そのジャンルの周縁《しゅうえん》にいるような人々《ひとびと》である

イ…（例《れい》）自分《じぶん》たちを「世界《せかい》の中心《ちゅうしん》」としての存在《そんざい》ではないととらえているということ／自分《じぶん》たちが「世《せ》界《かい》の中心《ちゅうしん》」にいるとはとらえていないということ

① **98** **故意《こい》↔過失《かしつ》**（137ページ）

ア…（例《れい》）前回《ぜんかい》ぶつかったのは、たしかにわざとやったことだ。しかし、今回《こんかい》はうっかりぶつかってしまったただけだ。

イ…（例《れい》）駐輪禁止《ちゅうりんきんし》という立《た》て札《ふだ》の真《ま》ん前《まえ》に自転車《じてんしゃ》を止《と》めているのは、過失《かしつ》ではなく、故意《こい》であろう。

① **99** **形式《けいしき》↔内容《ないよう》**（138ページ）

形式《けいしき》・内容《ないよう》・形式《けいしき》・内容《ないよう》・内容《ないよう》・形式《けいしき》・内容《ないよう》

① **100** **賞《しょう》↔罰《ばつ》**（139ページ）

ア…（例《れい》）賞《しょう》することで指導《しどう》すべきであろう

イ…（例《れい》）叱《しか》ること、あるいは罰《ばつ》することでこそやる気《き》が引《ひ》き出《だ》されることもあるはずだ／ときには叱《しか》ること、あるいは罰《ばつ》することをしなければ、気持《きも》ちが緩《ゆる》んでしまうのではないか

② 罪《つみ》と罰《ばつ》

ピックアップ解説《かいせつ》

97 周縁《しゅうえん》←→中心《ちゅうしん》（136ページ）

①のイについて。「諸外国《しょがいこく》では取《と》り入《い》れられています」という日本人《にほんじん》の言葉《ことば》の裏《うら》には、「諸外国《しょがいこく》を基準《きじゅん》にすれば間違《まちが》いない」「諸外国《しょがいこく》の考《かんが》え方《かた》を中心《ちゅうしん》とするのが正《ただ》しい」といった発想《はっそう》があります。言《い》いかえれば、それは、「日本《にほん》は中心《ちゅうしん》ではない」という発想《はっそう》なのです。

レベル④ 復習問題《ふくしゅうもんだい》 解答《かいとう》・解説《かいせつ》

解答《かいとう》

【1】下記《かき》

【2】

ア…相対的《そうたいてき》　イ…ベテラン　ウ…十人十色《じゅうにんといろ》

エ…二番煎《にばんせん》じ　オ…事実《じじつ》　カ…合格《ごうかく》

ピックアップ解説《かいせつ》

【2】

エの「二番煎《にばんせん》じ」とは、一度《いちど》煎《せん》じた茶《ちゃ》をもう一度《いちど》煎《せん》じたもの、転《てん》じて「新《あたら》しさのない模倣《もほう》」を意味《いみ》します。

【1】

1 廃《すた》れる
2 熱中《ねっちゅう》（没頭《ぼっとう》）
3 理性《りせい》
4 精神《せいしん》（心《こころ》）
5 物質《ぶっしつ》（物《もの》）
6 独創《どくそう》（創造《そうぞう》）
7 素人《しろうと》
8 一様《いちよう》
9 双方向《そうほうこう》
10 単《たん》
11 線《せん》
12 真《しん》
13 手段《しゅだん》（方法《ほうほう》）
14 当事者《とうじしゃ》
15 時間《じかん》
16 権利《けんり》
17 不足《ふそく》
18 尊敬《そんけい》
19 傲慢《ごうまん》（不遜《ふそん》）
20 絶対《ぜったい》
21 中心《ちゅうしん》
22 故意《こい》
23 内容《ないよう》（実質《じっしつ》）
24 賞《しょう》
25 過小《かしょう》
26 ざら
27 大《おお》げさ
28 脇役《わきやく》
29 うっかり
30 作為《さくい》

【参考文献】

『字通』平凡社
『大辞泉』小学館
『新明解国語辞典 第七版』三省堂
『日本国語大辞典 第二版』小学館
『活用自在 反対語対照語辞典』柏書房
『三省堂 反対語便覧［新装版］』三省堂
『類語国語辞典』角川学芸出版
『ちがいがわかる 類語使い分け辞典』小学館
『てにをは辞典』三省堂
『感情表現辞典』東京堂出版
『日本大百科全書』小学館
『高校生のための評論文キーワード100』中山元著／ちくま新書
少納言：KOTONOHA「現代日本語書き言葉均衡コーパス」
https://shonagon.ninjal.ac.jp/
『小津安二郎の反映画』吉田喜重著／岩波現代文庫（45ページ活用問題の作成時に参照）
『日本語の論理』外山滋比古著／中公文庫（124ページ活用問題イの作成時に参照）

◆「見出し語（反対語100セット）」及び「関連語（950語超：“組み合わせると○○”も含む）」を五十音順に網羅した【索引PDF】を、ウェブサイトからダウンロードできます。
ぜひご活用ください（PDFを開く際はパスワード antonym100 を入力）。

詳しくは福嶋隆史ホームページへ：yokohama-kokugo.jp

偏差値20アップは当たり前！
ふくしま式《しき》「本当《ほんとう》の語彙力《ごいりょく》」が身《み》につく問題集《もんだいしゅう》［小学生版《しょうがくせいばん》］

2012年 4 月 24 日　初版発行
2025年 4 月 18 日　28刷発行

著　者……福嶋《ふくしま》隆史《たかし》
発行者……塚田太郎
発行所……株式会社大和出版
東京都文京区音羽1-26-11　〒112-0013
電話　営業部03-5978-8121／編集部03-5978-8131
https://daiwashuppan.com
印刷所……信毎書籍印刷株式会社
製本所……株式会社積信堂

ISBN978-4-8047-6200-5